러시아의 심장부

중앙연방관구

한국외국어대학교 러시아연구소
HK 연구사업단 학술연구총서 **16**

러시아의 심장부

중앙연방관구

최우익 · 김선래 · 김준석 · 장세호 · 황성우 공저

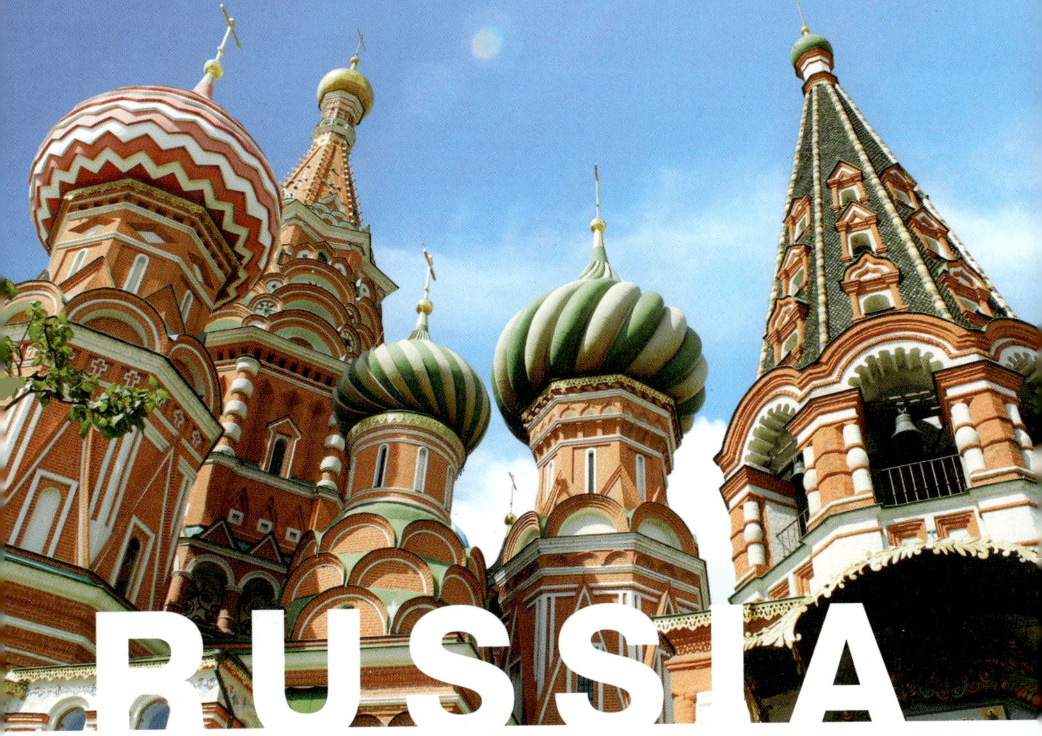

HUiNE

머리말

러시아에서 불어오는 바람이 심상치 않다. 조용히 흐르는 바람이지만 그 속에서 기가 느껴진다. 2012년부터 시작된 푸틴 집권 3기의 주요 정책 중 하나는 바로 러시아 극동 개발과 동북아 국가 협력에 대한 것이다. 이러한 정책 방향 기저에는 서방에 대한 견제도 깔려 있다. 한편 우리 정부의 대통령 공약 때부터 있었던 내용이지만 우리나라에서도 작년부터 부쩍 '유라시아 이니셔티브' 정책에 대한 목소리가 높아지고 있다. 이러한 배경에서 실제로 최근 한국과 러시아는 여러 측면에서 서로 협력할 수 있는 방안을 구상하거나 강구하고 있는 상태이며, 따라서 이를 보면서 혹자는 새로운 한·러 관계의 도래를 점치기도 한다.

하지만 2014년부터 불거진 우크라이나 사태로 러시아와 서방의 관계는 1990년 소비에트 연방 해체 이래 가장 냉랭한 상태가 되었다. 서방의 러시아 제재에 공식적으로 참여하고 있지는 않지만, 우리도 역시 이러한 분위기에서 자유로울 수 없는 처지다. 역시 한·러 관계는 여기까지인가? 아마 한국과 러시아 관계에 관심 있는 이들은 한두 번씩 이러한 생각으로 머리를 갸웃했을 것이다.

그런데 한국과 러시아의 관계는 장기적인 관점에서 바라볼 필요가 있다. 1884년 조러 통상 조약부터 시작하여 한·러 관계는 이미 130년이 넘었고, 그동안의 국제관계나 경제 협력, 그리고 사회·문화적 교류의 폭과 깊이를 고려할 때 앞으로도 최소 100년 이상은 서로 중요한 관계일 수밖에 없다. 공식적으로도 현재 한·러 관계는 전략적 동반자 관계로 표현된다.

이 책의 연구는 바로 이러한 장기적 관점에서, 그리고 수사에 그치는 것이 아니라 한국과 러시아를 실제 전략적 동반자 관계로 보는 시각에서 진행되었다. 한국외국어대학교 러시아연구소는 한국연구재단의 후원으로(KRF-2009-362-B00005) 10년의 목표 속에서 러시아 지역 연구를 수행하고 있다. 이 연구의 내용을 짧게 요약하면 러시아와 러시아 지역을 인문학적 관점에서 재구성하고 분석하는 것이다. 이것은 러시아를 긴 호흡에서 보고자 하는 연구이다. 그리고 이러한 연구 성과를 활용해 한·러 관계를 돈독히 하고 나아가 우리의 국익을 확보하는 데 기여코자 하는 것이 이 연구의 궁극적인 목표이다.

러시아는 현재 8개 연방관구로 나뉘어 있는데, 한국외국어대학교 러시아연구소는 이에 대해 연방관구 연구서를 출판하고 있다. 2012년에 북서연방관구 연구서인 『북방의 등대: 러시아 북서연방관구』를 출판한 데 이어 올해 2015년에는 중앙연방관구 연구서를 출판하게 되었다. 이 책의 1부는 중앙연방관구의 역사, 정치, 경제, 사회, 문화에 대한 연구로 나뉘어 있으며, 2부는 연구자들의 현지답사기로 구성되어 있다. 이 책의 제목에서도 알 수 있듯, 중앙연방관구는 수도 모스크바가 있는 러시아의 심장부에 해당한다. 모스크바 연방시를 둘러싼 17개 주 또한 역사, 정치, 경제, 사회, 문화적으로 러시아의 근간을 이룬다.

1부 1장에서 황성우 교수는 모스크바 공국을 중심으로 러시아 중앙연방관구의 역사를 간결하면서도 깊이 있게 서술하고 있다. 또한, 모스크바와 트베리의 숨 막히는 경쟁 관계를 조명하면서 중앙연방관구의 역사가 간단치 않은 긴장의 연속이었음을 드러내고 있다.

1부 2장에서 장세호 교수는 지방선거를 통해 중앙연방관구의 정치 지형도를 분석하고 있다. 특히 2014년 지방선거에 초점을 두고 있는데, 이를 통해 독자는 러시아 전체 지방과 중앙연방관구를 비교할 수 있을 뿐만 아니라 중앙연방관구 각 주의 정치 상황에 대한 풍부한 자료를 얻을 수 있다.

1부 3장에서 김선래 교수는 각 주의 경제 개황을 자세하게 소개하고 있을 뿐만 아니라, 중앙연방관구에 속해 있는 중앙경제지구와 중앙-흑토경제지구에 대한 분석을 통해 중앙연방관구 경제를 입체적으로 알기 쉽게 설명하고 있다.

1부 4장에서 최우익 교수는 중앙연방관구의 사회적 특징과 삶의 질에 대해 상세히 분석하고 설명하고 있다. 각 사회 지표별로 중앙연방관구 각 지역에서 일어나는 사회현상을 분석하면서 독자들의 러시아 사회에 대한 공간적 이해를 가능케 하고 있다.

1부 5장에서 김준석 교수는 모스크바를 중심으로 중앙연방관구 고유의 풍부한 문화유산을 소개하고 있다. 과거뿐 아니라 근현대 러시아 중앙문화의 경향, 새롭게 조성되는 모스크바 문화 프로그램의 내용까지 담고 있는 이 글은 이제껏 숨겨진 러시아 문화의 보고로 독자들을 안내할 것이다.

2부에 실린 최우익 교수와 황성우 교수 4편의 현지답사기를 읽으며 독자들은 마치 모스크바 근교를 산책하는 듯한 느낌이 들 것이다. 하지만 간단히 감흥만 기술한 것처럼 보이는 이 현지답사기를 통해서도 필자들은 러시아의 역사와 현재, 그리고 미래를 펼쳐 독자들에게 보여주고 있다

앞에서도 밝힌 것처럼 이 연구서는 러시아를 장기적 안목에서 바라보며 탐색하는 과정에서 저술되었다고 할 수 있다. 또 다르게 표현하면 러시아의 속이 무엇인지, 그 실체가 무엇인지 끝없이 파헤치는 과정에서 이 연구서가 출판되었다고 할 수 있다. 그 연구가 결실을 다 거두었다고 단언할 수는 없지만, 적어도 독자들에게 러시아에 대한 새로운 혜안을 제공했다고 자부할 수는 있다. 부디 독자들의 깊은 관심과 성원, 그리고 따끔한 질정을 구하는 바이다.

2015년 5월

한국외국어대학교 러시아연구소
인문한국(HK) 연구사업단 일동

목 차

2부 러시아 중앙연방관구 현지답사기

일러두기

- 러시아어를 한글로 표기할 경우 국립국어원(http://www.korean.go.kr)의 외래어표기법을 따랐다. 단, 일반적으로 널리 알려져 쓰이는 용어는 통례에 따라 표기했다.
- 러시아의 지역명을 한글로 표기할 때 주 단위 이상은 어미를 떼고 어근이 되는 본래 지역명을 찾아 기록했고, 그 이하의 단위는 어미를 살려 소리 나는 대로 표기했다. 단, 일반적으로 널리 알려져 쓰이는 용어는 통례에 따라 표기했다.
- 각종 편집 기호와 각주 및 참고문헌의 작성 방식은 한국외국어대학교 러시아연구소 학술지『슬라브연구』편집 규정을 따랐다.

개관

—

러시아 중앙연방관구

(Центральный федеральный округ)

러시아 중앙연방관구
(Центральный федеральный округ)

설립

- 2000년 5월 13일 설립
- 현 대통령 전권대표(2012년 5월 23일 ~ 현재):
  알렉산드르 드미트리예비치 베글로프
  (Александр Дмитриевич Беглов)
  - 1956년 5월 19일 바쿠 출생
  - 전 연방대통령행정실 부실장

구성

행정중심지

- 모스크바 시
  - 설립연도: 1147년 이전
  - 면적: 2,511km^2
  - 인구: 1,219만 명 (2015)

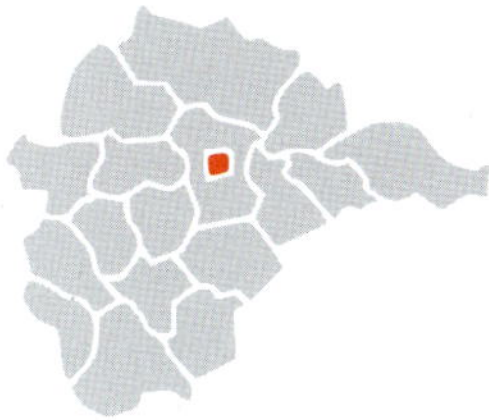

영토

- 전체 면적 : 652,800km^2 (러시아 영토의 3.8%)

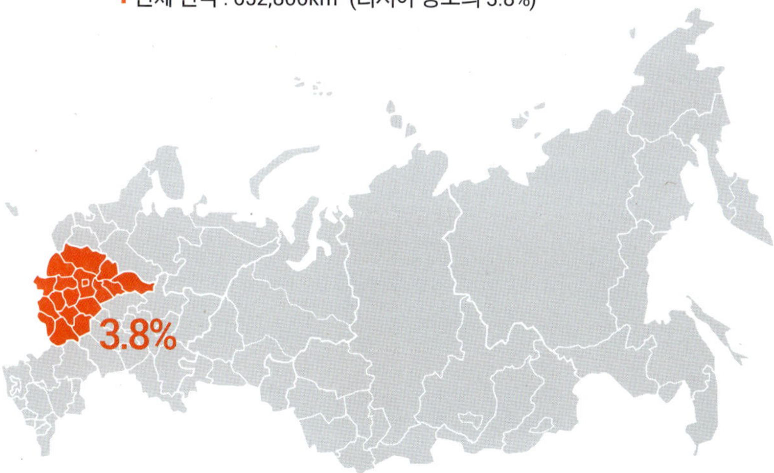

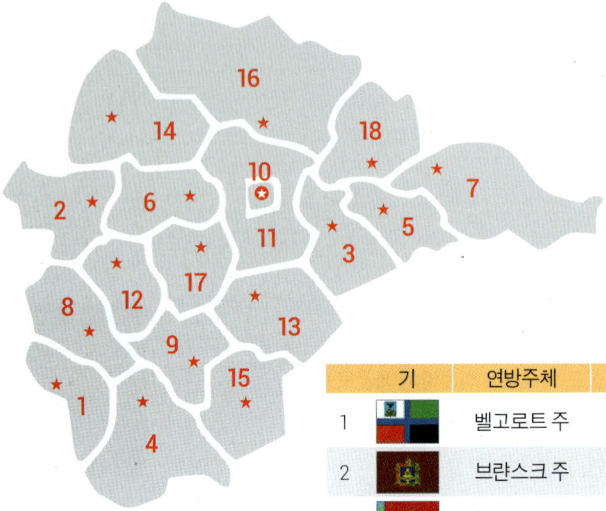

	기	연방주체	행정중심지
1		벨고로트 주	벨고로트
2		브랸스크 주	브랸스크
3		블라디미르 주	블라디미르
4		보로네시 주	보로네시
5		이바노보 주	이바노보
6		칼루가 주	칼루가
7		코스트로마 주	코스트로마
8		쿠르스크 주	쿠르스크
9		리페츠크 주	리페츠크
10		모스크바	
11		모스크바 주	크라스노고르스크
12		오룔 주	오룔
13		랴잔 주	랴잔
14		스몰렌스크 주	스몰렌스크
15		탐보프 주	탐보프
16		트베리 주	트베리
17		툴라 주	툴라
18		야로슬라블 주	야로슬라블

인구

인구 (2015년 기준)

- 인구: 38,951,479명 (러시아 전체 인구의 26.6%)
- 인구밀도: 1km^{2}당 59.5명
- 도시인구 비중: 81.7%, 농촌인구 비중: 18.3%

중앙연방관구 민족구성 비율

(단위: %)

민족	비율
러시아인	89.10
우크라이나인	1.34
아르메니아인	0.71
타타르인	0.69
아제르바이잔인	0.34
벨라루스인	0.34
우즈베크인	0.24
유대인	0.18
그루지아인	0.17
몰다브인	0.17
타지크인	0.16
모르도비아인	0.13
츠간인	0.13
추바시인	0.10
키르기스인	0.08
체첸인	0.07
독일인	0.07
한국인/고려인	0.06
기타	0.03

생산

지역총생산

- 지역총생산: 17조 4,330억 루블 (러시아 국내총생산의 34.9%의 해당)
- 1인당 지역총생산: 451,537루블

2014년 러시아 연방관구별 지역총생산

(단위: %)

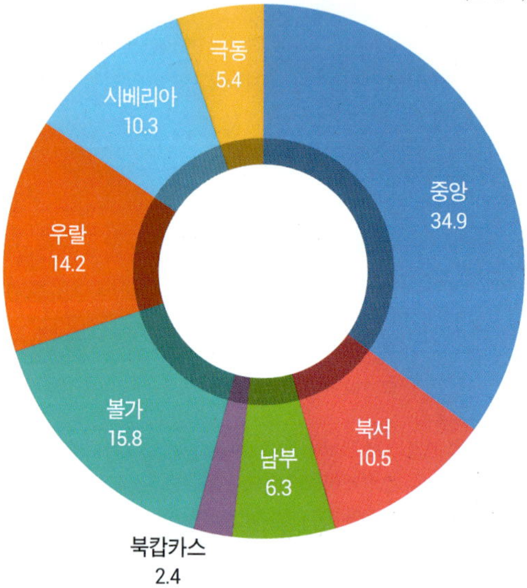

2014년 러시아 연방관구별 1인당 지역총생산

(단위: 천 루블)

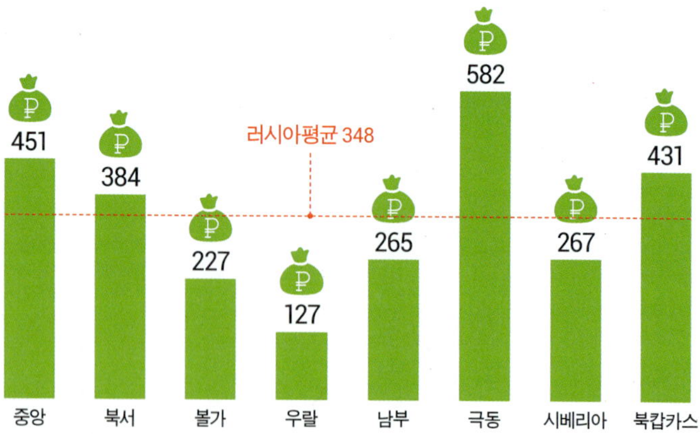

공업

- 2014년 기준 러시아 연방 공업생산 전체 규모 중 12.3% 차지
- 주요 부문: 기계, 목공, 제철, 경공업, 금속가공

농업

- 2014년 기준 러시아 농업생산 전체 규모 중 24.8% 차지
- 주요 부문: 곡물 생산, 채소 재배, 목축업.
- 2014년 농업 총생산액: 9,160억 1,400만 루블
  (곡물: 2,584만 톤, 목축: 413만 톤)

2014년 러시아 연방관구별 농업생산량

(단위: %)

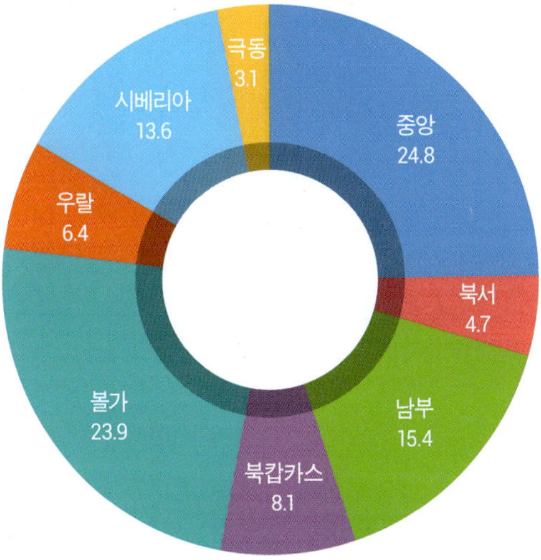

러시아 연방관구별 생산량 분포

2014년 기준으로 러시아 전체에서 중앙연방관구의 농업 생산량은 24.8%, 광업 생산량은 15.5%, 제조업 생산량은 32.5%, 에너지 생산량은 30.4%로 나타난다.

2014년 러시아 연방관구별 생산량 분포

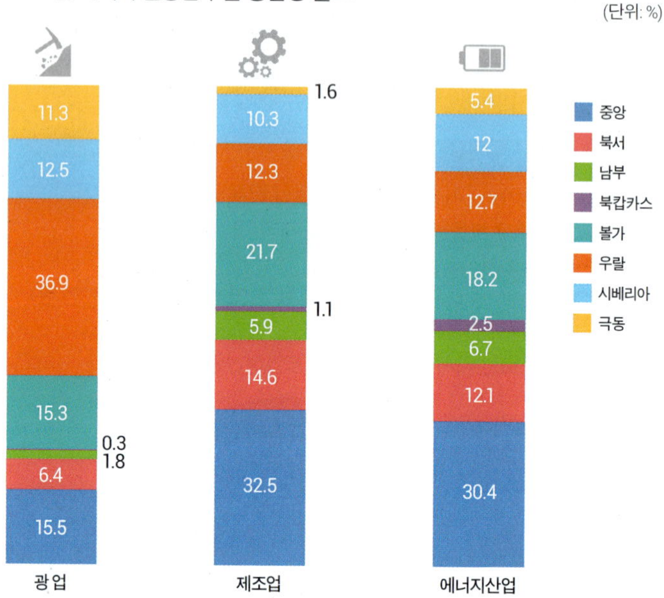

2014년 대외무역 규모

- 3,893억 3,700만 US달러
  (수출: 2,192억 7,100만 US 달러, 수입: 1,700억 6,600만 US 달러)

교통

- 중앙연방관구는 러시아에서 가장 발달한 교통 인프라를 구축하고 있으며, 지경학적으로 매우 중요한 역할을 하고 있다. 특히 모스크바의 경우 국내외적으로 항공교통의 중심지를 이루고 있으며 모스크바에만 주요 4개의 공항이 있어 국제항공의 거점이라 할 수 있다.
- 러시아 전체 화물 운송량 중 중앙연방관구의 비중은 다음과 같다.

철도
2억2천만 톤
(러시아 연방 전체의 16.1%)

자동차
4억3천만 톤
(러시아 연방 전체의 17.4%)

건설

- 2014년 중앙연방관구의 주택보급률은 523m²(인구 1,000명 기준)로 러시아 전체 평균보다 높은 수치로 연방관구 중 3위를 차지한다.
- 2010년 러시아 전체 지역에서 중앙연방관구에 위치한 주거지역은 80만m² 이다. 러시아 연방관구들 중 가장 많은 주거지역을 나타내고 있다.

2014년 러시아 연방관구별 주택보급률

(단위: 천 명당, m²)

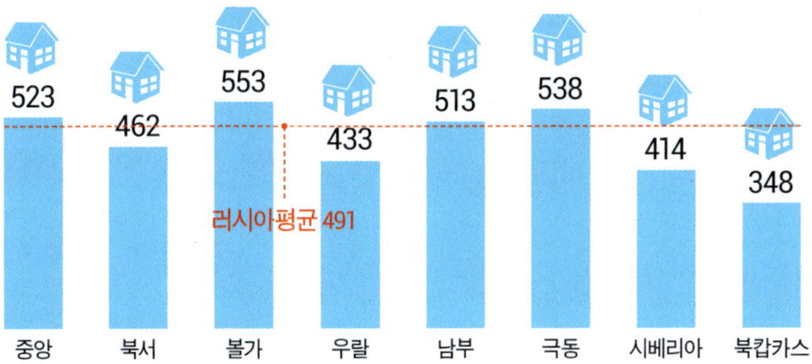

생활 수준

- 2014년 중앙연방관구의 1인당 소득은 33,467루블로, 러시아 평균 수치(25,928루블)보다 높으며 전체 연방관구 중 1위를 차지한다.

2014년 러시아 연방관구별 1인당 소득

(단위: 루블)

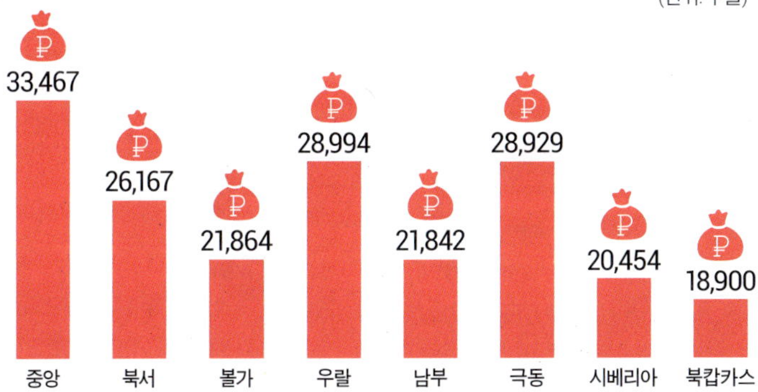

교육

- 보통교육기관(주간) 수: 9,891개 (사립 308곳 포함)
- 특수목적 중등학교(국립) 수: 723개
- 고등교육기관 수: 377개 (사립 190곳 포함)

※ 벨고로트 주(7), 브랸스크 주(5), 이바노보 주(8), 칼루가 주(3), 코스트로마 주(3), 쿠르스크 주(10), 리페츠크 주(6), 모스크바 시(223), 모스크바 주(38), 오룔 주(5), 랴잔 주(9), 스몰렌스크 주(8), 탐보프 주(4), 트베리 주(7), 툴라 주(9), 블라디미르 주(4), 보로네시 주(19), 야로슬라블 주(9).

관구 내 학생 수

보통교육기관(주간)
3,207,100명 재학

특수목적 중등학교
442,800명 재학

고등교육기관
1,746,900명 재학

보건

의료기관 수
2,665개

병상 수
340,000개

외래진료 수
3,176개

전문의 수
198,100명

간호사 수
386,300명

※ 인구 1만 명당 의사 수는 51.0명으로 연방관구 중 3위를 차지.

※ 인구 1만 명당 간호사 수는 99.5명으로 연방관구 중 6위를 차지.

고용

- 2014년 중앙연방관구 실업자 수는 698,000명으로 러시아 연방 전체 실업자 수의 16.9%에 해당한다.
- 중앙연방관구의 공식 실업률은 3.3%로 연방관구 중 8위를 차지해 러시아 전체에서 가장 낮다.

2014년 러시아 연방관구별 경제활동인구 대비 실업률

(단위: %, 노동인구)

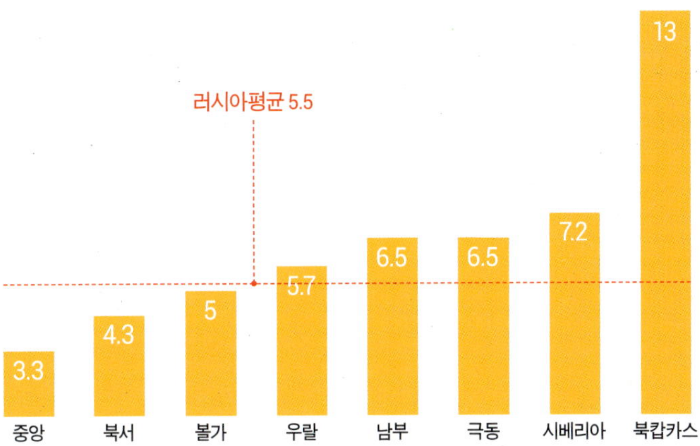

※ 참고자료
http://cfo.gov.ru
http://wikipedia.ru
http://www.gks.ru

1부

러시아 중앙연방관구 연구

1장

역사

모스크바 공국을 중심으로

황성우

1장

역사 - 모스크바 공국을 중심으로

1. 중앙연방관구 역사 개관

오늘날 러시아 중앙연방관구에 속한 행정 주체는 모두 18개이다. 우리나라의 특별시와 유사한 모스크바 시를 비롯해, 오블라스티, 즉 '주'(州, область)의 지위를 갖고 있는 행정 주체가 17개이다. 중앙연방관구에 속한 오블라스티는 벨고로트, 브랸스크, 블라디미르, 보로네시, 이바노보, 칼루가, 코스트로마, 쿠르스크, 리페츠크, 오룔, 랴잔, 스몰렌스크, 탐보프, 트베리, 툴라, 야로슬라블, 모스크바(Московская область) 등 총 17개이다. 중앙연방관구는 2000년 5월 13일 러시아 연방 대통령령에 의해 편제됐지만, 18개 행정 주체들은 대부분 짧게는 소비에트 연방 시기, 더 먼 과거로 거슬러 올라가면 예카테리나 2세(1762~1796)의 지방개혁에 따라 주의 지위를 획득했다. 더욱이 이들 행정 주체가 속한 대부분의 지역은 초기 러시아 역사의 중심무대였던 동유럽 평원에 자리 잡고 있다. 그런 까닭에 중앙연방관구에 속한 지역은 주로 키예프 루시(Киевская Русь) 시기에 역사에 등장했다가, 중세 이후 지역 패권을 장악한 모스크바 공국의 영토로 편입됐다고 볼 수 있으며, 그 결과 중앙연방관구 지역의 역사는 고대 키예프 루시 및 중세 이후 모스크바 공국의 역사와 맥을 같이한다.

단일한 중앙집권국가가 아닌 도시국가, 지역 국가의 성격을 띠고 있던 키예프 루시는 11세기 중반 이후 내부 분열의 과정을 겪었다. 즉 블라디미르 1세(980~1015)와 함께 키예프 루시의 전성기를 이끌던 야로슬라프 무드리(Ярослав Мудрый, 1019~1054)가 사망한 1054년 이후, 키예프 루시는 점진적으로 작은 지역공국으로 분열됐다. 그 이유 중 하나는 원래부터 키예프 루시가 단일한 중앙집권국가가 아니었던 까닭도 있지만, 무엇보다도 키예프 루시가 내부적으로 장자상속제가 아닌 이른바 '형제 분할 상속제'(rota system)라는 권력 계승 원칙을 갖고 있었기 때문이다. 이 원칙은 키예프 공국의 권위가 위협을 받지 않고 굳건할 때는 그나마 유지됐으나, 키예프 공국 통치자의 권위가 약화될 경우에는 분열의 빌미를 제공하는 원칙이 돼버렸다.

그 결과 야로슬라프 무드리 이후, 즉 블라디미르 모노마흐(Владимир Мономах, 1112~1125)와 그의 아들 므스티슬라프 블라디미로비치(Мстислав Владимирович, 1125~1132)가 사망한 이후에는 역사가 기억할만한 키예프 루시의 통치자는 존재하지 않았다고도 할 수 있다. 그런 까닭에 므스티슬라프 공후의 사망 이후 키예프 루시는 와해됐다고 주장하는 학자들도 있다.[1] 즉 11세기 중반 이후 분열된 키예프 루시의 공국들은 키예프(Киевское княжество), 노브고로트(Новгородская княжество), 갈리치아-볼리냐(Галицко-волынское княжество), 투로프(Турово-пинское княжество), 체르니고프(Черниговское княжество), 페레야슬라블(Переяславское княжество), 폴로츠크(Полоцкое княжество), 스몰렌스크(Смоленское княжество), 블라디미르-수즈달(Владимиро-суздальское княжество), 랴잔(Рязанское княжество) 공국 등으로 분열됐고, 이 지역은 오늘날 우크라이나에 속하거나 혹은 러시아의 다른 연방관구에 속하는 지역이 됐다. 그나마 오늘날 중앙연방관구에 속하는 지역을 관할했던 대표적인 공국들은 노브고로트, 스몰렌스크, 블라디미르-수즈달, 체르니고프, 랴잔 공국들이다.

따라서 이 글에서는 오늘날 중앙연방관구에 속하는 18개 행정 주체 중심지들이 역사무대에 등장해 중세 시기 모스크바 공국에 편입된 과정을 중심으로 중앙연방관구 지역의 역사를 간단히 살펴보고자 한다. 그리고 중세 모스크바 공국과 치열한 경쟁관계에 있었던 트베리 공국에 대해서는 별도의 목차를 두고 설명하고자 한다. 또한 과거 모스크바 공국의 중심지이자, 오늘날 모스크바 주의 주도 모스크바, 그리고 특별시로서 모스크바에 대해서도 별도의 목차를 구성해 과거의 역사적 내용을 중심으로 서술하고자 한다.

먼저 벨고로트 주 지역에는 예전에 알란 족이 살고 있었으며, 8세기 이후에는 동슬라브족인 세베레냐닌인(Северенянин)들이 거주했다. 8세기부터 9세기 사이에 이곳은 상대적으로 동유럽 평원 동쪽에 자리 잡고 있으면서 유대교를 믿고 있던 하자르 국가의 영향권 아래 놓여 있다가, 하자르 국가가 키예프 루시에 편입된 이후에는 키예프 루시의 체르니고프 공국 관할에 속해 있었다. 몽골의 침입 이후 벨고로트 주민들은 몽골의 압제를 피해 인접국인 리투아니아로 이주하기도 했으며, 이반 3세(1462~1505) 통치 시기였던 1500년부터 모스크바 공국의 영토로 편입됐다.

벨고로트 지역은 상대적으로 남쪽에 위치해 있기 때문에, 본의 아니게 러시아의 남쪽 최전방 지역을 담당하는 국경 역할을 했다. 따라서 벨고로트는 주로 군사 및 행정 기능을 수행하는 도시로 발전했는데, 17세기 초 이 지역에 군사 방어선이 구축됐을 때, 그 길이가 800km에 달하기도 했다. 당시 우크라이나 지역에 거주하던 코사크들은 악덕 지주들의 횡포와 과도한 세금을 피해 벨고로트 지역으로 이주해 살고 있었는데, 이들이 러시아 국경을 지키는 수비병 역할을 했다. 이후 흐멜니치키(Хмельницький, Богдан Михаилович, 1595~1657)의 봉기와 코사크 사이에 벌어진 전쟁으로 많은 수의 코사크들이 이 지역으로 이주해왔다. 표트르 대제(1689~1725) 시기였던 1708년 폴타바 전투 이후 이 지역은 키예프와 아조프 현(губерния)에 속해 있다가 1727년 벨고로트 현으로 분리돼 위상이 승격됐다. 이후 1775년과 1779년 사이에 벨고로트 현의 대부분 지역은 쿠르스크 현에 편입됐고, 남부 지역은 보로네시 현으로 편입됐다. 제1차 세계대전의 와중에 독일과 체결한 브레스트-리톱스크 조약에 따라 벨고로트의 대부분 지역을 독일군이 점령했고, 일부 지역은 당시 제정러시아로부터 독립했던 우크라이나의 영토로 편입됐다. 브레스트-리톱스크 조약이 체결된 후 몇 달이 지나지 않아 독일이 전쟁에 패하면서 독일과 소비에트 정부가 체결한 브레스트-리톱스크 조약이 무효가 되자, 벨고로트 지역은 러시아 소비에트 사회주의공화국(РСФСР, 이후 러시아공화국)으로 편입됐다. 이후 벨고로트는 러시아 공화국 내 쿠르스크와 보로네시 현의 일부로 속해 있다가 1954년 두 현에서 분리돼 독자적인 벨고로트 주로 재탄생했고, 오늘날까지 행정 주체의 변화 없이 주의 지위를 유지하고 있다.

제2차 세계대전인 '대조국전쟁'(1941-1945)에 벨고로트 지역은 1941년 10월부터 나치 독일군에게 점령당해 이듬해 7월경에는 완전히 독일군 수중에 떨어졌다가 1943년 8월에 가서야 해방됐다. 그 결과 브레즈네프가 서기장이던 시절에 소련 정부는 대조국전쟁 중에 벨고로트 주민들이 전투에 적극적으로 참여하며 보여준 희생정신과 전쟁이 끝난 후 헌신적으로 도시를 복구한 노력을 높이 사 벨고로트 주에 레닌훈장을 수여했다. 이후 1980년에 벨고로트 시는 대조국전쟁 1급 훈장을 받았으며, 2007년 푸틴 정부가 수여하는 '군사 명예 도시' 칭호도 수여받았다.

브랸스크 주의 중심도시인 브랸스크는 985년에 역사 무대에 등장했다. 그 이전에 주변 지역에는 슬라브족들이 거주했는데, 그들은 데스나(Десна) 강과 오카(Ока) 강 사이 지역에 주로 살고 있었다. 이 지역은 체르니고프와 노브고로트-세베르(Новгород-северское княжество) 공국의 관할에 놓여 있다가 몽골의 침략을 받게 됐다. 몽골의 침략으로 체르니고프 공국이 와해된 이후에는 스몰렌스크 공국의 영향력 아래 놓이기도 했으며, 1356년에 리투아니아 공국의 영토로 편입됐다. 1500년과 1503년 사이에 3년 동안 지속된 모스크바 공국과 리투아니아 공국의 '베드로사 전투'(Битва на р. Ведроша)[2] 이후에 모스크바 공국의 영토

그림 1 데스나 강 (출처: www.yandex.ru)

로 편입됐다.

이후 17세기 초반 로마노프 왕조 초기에 폴란드와 휴전 협정을 체결하면서 브랸스크의 남서부 지역이 잠시 폴란드에 속하는 일도 있었지만, 기본적으로 브랸스크는 러시아 남서 국경지대의 전진 방어기지로서 리투아니아와 폴란드의 침입에 대비하는 요새 역할을 했다. 브랸스크는 1937년에 가서야 독자적으로 주의 행정 지위를 획득했다. 브랸스크 주는 대조국전쟁이 발발하고 몇 달이 지난 1941년 8월부터 1941년

그림 2 러시아-리투아니아 전쟁(1500~1503) (출처: www.yandex.ru)

10월에 걸쳐 벨고로트, 쿠르스크 주처럼 나치 독일군에게 점령당했고, 1943년 8월과 9월 사이에 해방됐다. 전쟁 중에 브랸스크 지역에서는 우리에게 '빨치산'으로 알려진 '파르티잔' 활동이 활발하게 전개됐는데 약 6만 명이 활동할 정도로 그 수가 많았다. 그런 까닭에 브랸스크 지역은 독일의 공격을 자주 받을 수밖에 없었는데, 실제 브랸스크 지역에 대한 독일군의 공격으로 브란스크 주 내 111,000개 촌락 및 가옥이 파괴됐고, 도시 주택의 약 70%가 소실됐으며, 수많은 산업시설이 파괴되는 등 피해가 막대했다. 1967년 1월 브레즈네프 시기에 소련 정부는 대조국전쟁 동안 브랸스크 주민들의 공훈을 인정해 브랸스크에 레닌 훈장을 수여했다.

블라디미르 주의 중심도시인 블라디미르는 1108년에 건설됐다. 블라디미르 도시의 창건과 관련해 일부 학자들이 다른 의견을 내기도 하지만, 일반적으로 인정하고 있는 사실은 러시아 '원초연대기'(Повесть временных лет, 지나간 시절의 이야기)에 나와 있듯이, 1108년 블라디미르 모노마흐가 도시를 창건했다는 것이다. 1958년 도시 창건 850주년 행사를 거행하면서 창건과 관련된 역사 논쟁은 일단락됐다. 과거에 이 지역은 로스토프-수즈달 공국에 속한 작은 마을이었는데, 모스크바를 창건한 유리 돌고루키(Юрий Долгорукий)의 아들 안드레이 보골륩스키(1157~1174)가 통치하던 시기에 블라디미르-수즈달 공국의 중심지가 됐다. 1237년 몽골의 침략으로 도시가 완전히 파괴되기 전까지 블라디미르의 전성기는 지속됐다. 또한 1164년 안드레이 보골륩스키가 키예프와 별도로 이곳에 수좌대주교(митрополит, 府主教) 관구를 건설하려고 시도했을 만큼 블라디미르는 고대 러시아인들에게 종교적 정신적 안식처이기도 했다. 그런 까닭에 1300년에는 몽골의 침략으로 와해된 키예프를 대신해 러시아의 교회 조직을 부활시키기 위해 이곳에 수좌대

그림 3 블라디미르 소재 드미트로프스키 교회(좌)와 우스펜스키 교회(우) (출처: www.yandex.ru)

주교구가 건설됐으나, 러시아 정교회의 최고 수장인 수좌대주교가 모스크바에 머물기를 선호하면서 1326년 러시아 교회의 중심지는 블라디미르에서 모스크바로 이전됐다.

블라디미르가 언제 모스크바 공국의 영토로 편입됐는지 정확히 알려지지 않았지만, 1326년 블라디미르에 있던 수좌대주교 관구가 모스크바로 이전한 시점을 편입 연도로 보는 것이 타당할 듯하다. 왜냐하면 블라디미르에 수좌대주교가 거주하고 있을 때에도, 그 당시 러시아 교회 지도자이자 수좌대주교인 표트르는 블라디미르보다도 모스크바에 거주하길 선호했고, 그의 사후 수좌대주교가 된 페오그노스트(Феогност) 역시 블라디미르에 거주하지 않고 모스크바에 머물렀기 때문이다. 러시아 정교회의 수장이자 교회의 최고 지도자인 수좌대주교들이 블라디미르보다 모스크바를 선호했던 가장 큰 이유는 당시 블라디미르에는 지역을 통치하는 공후가 없었기 때문이다. 자신들을 보호

해줄 공후가 존재하지 않는 이상 블라디미르는 그들의 거주공간일 수 없었다. 더욱이 1326년 수좌대주교 표트르가 사망했을 때, 모스크바에 머물고 있던 차기 수좌대주교 페오그노스트에게 모스크바 공후 이반 1세(1326~1341)는 블라디미르에 있는 우스펜스키 성당과 동일한 교회를 모스크바에 세우고 그를 위한 거처까지 만들어주겠다고 제안했다. 평소에도 모스크바에 머물기를 좋아했던 페오그노스트는 이반 1세의 제안을 거절할 명분이 없었다. 그 결과 수좌대주교가 머물며 교회 업무를 보는 모스크바는 자연스럽게 러시아 정교회의 중심지가 될 수 있었고, 그런 까닭에 블라디미르가 모스크바에 편입된 시점을 이때로 볼 수 있는 것이다.

보로네시 주의 중심지인 보로네시는 다른 도시에 비해 상대적으로 역사가 짧다. 물론 아주 옛날부터 이 지역에 사람들이 거주했다는 기록도 있으나, 확실하지 않다. 또한 1177년에 보로네시라는 명칭이 처음 사용됐다는 기록도 있으나, 일반적으로 인정받고 있는 도시 창건 연도는 1585년이다. 이반 4세의 아들이자 그의 후계자인 표도르 1세(Фёдор Иванович, 1584~1598)가 외부 이민족의 침략을 막기 위해 이곳에 요새를 건설하면서 도시의 역사가 시작됐다고 보고 있다. 보로네시 주가 러시아 연방의 행정 주체로 편입된 시기는 소연방 시기였던 1934년 6월 13일이다.

이바노보 주의 중심도시인 이바노보의 역사도 짧다. 이바노보가 역사무대에 등장한 시점은 1561년 이반 4세가 통치하던 시기이며, 1929년에 소연방의 행정 주체로 편입됐고, 1936년 행정 관할 지역이 분할돼, 일부 지역이 야로슬라블 주에 편입됐다.

칼루가 주의 중심도시이자 삼성과 LG 공장 덕분에 우리에게 잘 알려진 칼루가는 중세에 처음으로 역사 무대에 등장했다. 14세기 중반 모스크바 공국의 남서쪽 방어를 목적으로 요새가 건설되면서 칼루가의 역사는 시작됐다. 행정 주체로서 칼루가 주는 1944년에 만들어졌으며, 이후 러시아 연방의 문화, 교육, 과학의 중심으로 발전했다.

코스트로마 주의 중심도시인 코스트로마는 1213년에 역사에 등장했다. 일부 학자들은 블라디미르 모노마흐의 아들 유리 돌고루키가 1152년 도시를 창건했다고 주장하지만, 그보다 늦은 시기에 코스트로마는 역사에 등장했다. 코스트로마는 몽골 군대의 2차 침입, 즉 우랄 산맥을 넘어 러시아를 공격했던 몽골의 2차 침략 시기에 블라디미르와 함께 대부분 파괴됐다. 그 이후 '네바 강 전투'의 영웅 알렉산드르 넵스키(Александр Невский)의 어린 동생인 바실리 야로슬라비치(Василий Ярославич, 1241~1276)가 코스트로마 공국의 공후로서 이 지역을 통치했다. 기록에 따르면, 바실리 야로슬라비치는 키예프 루시의 권력 계승원칙이었던 로타 원칙, 즉 형제 분할 상속제를 따르지 않은 최초의 인물이라고 한다. 1276년 그가 죽은 후 약 50년 동안 코스트로마는 바실리의 자손들에 의해 통치되다가 이반 1세 시기에 모스크바 공국에 편입됐다.

이 지역에 얽힌 유명한 일화는 '혼란의 시기'(Смутное Время, 1598~1613)와 관련 있는데, 그 당시 코스트로마는 두 번에 걸쳐 폴란드 군대에 포위당하는 수모를 겪는다. 코스트로마는 6개월 동안 폴란드 군에 포위됐다가 '이파티예프 수도원'에 주둔하던 폴란드 군을 러시아인들이 몰아내면서 러시아인의 품으로 돌아온다. 이때 러시아를 점령한 폴란드인을 물리치는 데 결정적으로 공헌한 사람이 이반 수사닌(Иван Сусанин)이다. 그는 도시의 구원자로서 후대에 이름을 날렸으며, 로마노프 왕조 최초 통치자인 미하일 로마노프(1613~1645)를 구한 수사닌의 이야기는 후에 러시아 국민음악의 아버지라 불리는 미하일 글린카(Михаил Глинка)

에 의해 '차르를 위한 삶'(жизнь за царя)이라는 오페라로 무대에 올랐다.

쿠르스크 주의 중심도시 쿠르스크는 1032년에 역사 무대에 등장했으며, 이고리 원정기의 주인공 이고리 공후가 세운 도시로 알려져 있다. 작은 공국을 유지하던 쿠르스크는 12세기와 13세기에 걸쳐 아시아계 유목민으로 알려진 폴로베츠인들의 침략을 받았으며, 1237년 몽골의 2차 침입 때 러시아 내 다른 도시와 마찬가지로 무참히 파괴됐다. 1283년 재건된 쿠르스크는 1360년부터 1508년까지 리투아니아 공국의 영향력 아래 놓였다가 1508년 모스크바 공국에 편입돼 모스크바의 남쪽 방어기지 역할을 담당했다. 쿠르스크 주는 1934년 6월 13일 소연방 시절에 러시아 연방 행정 주체로 편입됐다.

쿠르스크 주는 벨고로트 주와 유사하게 국경 지역에 위치한 까닭에 본의 아니게 러시아의 국경을 방어하는 요새 역할을 한 지역이다. 1596년 이 지역에 요새가 건립된 후 1601년과 1603년 사이에 러시아에 대기근이 발생하자 이를 피해 많은 농민들이 이곳으로 몰려들어오면서 도시의 인구가 증가했다. 당시 쿠르스크 주민들은 군 복무와 농사 의무를 겸하는 일종의 국가 농노였으나, 국가가 부과하는 과중한 세금을 견딜 수 없었기 때문에 17세기 초반 돈 강 유역으로 도망치거나 혹은 농민 봉기에 가담하는 등 중앙정부에 반기를 들며 저항했다.

18세기 초 러시아가 스웨덴과 치룬 북방전쟁(1700~1721)에서 승리하고, 아조프 해를 점령하고 있던 오토만 제국과 벌인 수차례의 전투에서도 승리하면서 러시아의 국경이 남쪽과 서쪽 방향으로 확장되자, 쿠르스크 지역은 국경 지대의 새로운 전략 요충지로 부상했다. 이후 쿠르스크 지역은 행정개편을 통해 인근 지역으로 흡수됐다가 소비에트 시절인 1934년 6월 독자적인 쿠르스크 주로 거듭났다. 1937년에는 주의 일부가 오룔 주로 분리됐다. 대조국전쟁 중에는 쿠르스크 지역은 앞서 언급한 벨고로트 주 지역과 유사하게 1941년 10월부터 1943년 9월까지 약 2년 동안 독일군에 점령당했다. 이 기간 독일군은 쿠르스크 지역의 민간인 18,000여명과 소련군 포로 9,800여명을 학살했다. 여기서 한 가지 기억할 사실은 제2차 세계대전의 유럽전선에서 연합국이 결정적으로 승기를 잡은 시점이, 1943년 1월 스탈린그라드에서 승리했을 때와 그 해 7월 탱크전투로 유명한 이곳 쿠르스크 전투에서 소련군이 독일군에 승리했을 때란 것이다. 쿠르스크 주도 대조국전쟁 1급 훈장을 받았다.

리페츠크 주의 중심도시인 리페츠크는 13세기 중반에 역사에 등장했다고 알려졌으며, 1284년 몽골의 침략으로 도시가 파괴됐다. 도시가 재건된 시점은 1703년에 표트르 대제가 리페츠크에 제철소를 건설하면서였다. 리페츠크 주가 행정 주체로 편입된 시점은 소연방 시절인 1954년 1월 6일이다.

오룔 주의 중심도시인 오룔은 정확하게 창건 연대를 알 수 없다. 단지 12세기 무렵 오카 강과 오를리크(Олрик) 강 사이에 목조요새가 건설됐을 거라 추정하고 있을 뿐이다. 그 당시 오룔 지역은 키예프 루시의 체르니고프 공국에 속했다. 13세기에는 카라체프 공국의 즈베니고로트(Звенигород)에 편입됐다가, 15세기 초반 리투아니아 공국에 병합됐다. 그리고 다시 16세기에 모스크바 공국에 병합됐다.

기록에 따르면 이반 4세(1533~1584)가 통치하던 1566년 모스크바 공국의 남쪽 방어를 위해 이곳 오룔 지역에 요새가 건설됐다고 한다. 혼란의 시기였던 1605년에 가짜 드미트리 1세의 부대가 이곳을 통과했다고 전해지며, 러시아 3대 농민전쟁의 지도자 중 한 명인 이반 볼로트니코프(Иван Волотников)도 1606년에 이곳을 지나갔다고 한다. 가짜 드미트리 2세는 1607년과 1608년 사이에 오룔 지역에 주둔했다. 오룔 지역은 1611년과 1615년 두 차례에 걸쳐 폴란드 군의 침입을 받아 파괴됐으며, 1636년에 가서야 복구됐다. 소연방 시기인 1937년 9월 27일 오룔은 쿠르스크 주에서 분리돼 독자적인 주의 지위를 획득했다.

랴잔 주의 중심도시인 랴잔은 오랜 역사와 전통을 가진 도시이다. 몽골 군대의 침략으로 남녀노소 할 것 없이 도시 주민 모두가 무참히 살해당했을 뿐 아니라, 도시 전체가 파괴된 랴잔의 이야기는 러시아 역사를 아는 사람이라면 한 번쯤은 들었을 법한 잔혹한 비극의 역사일 것이다. 더욱이 처절하게 살육당하고 도시가 파괴된 이유가 신이 내린 징벌이라고 생각한 러시아인의 종교적 멘탈리티를 고려한다면, 러시아인이 가진 종교적 심성을 어떻게 분석하고 이해해야 할지 난감해 할 때가 없지 않다.

랴잔은 약 9세기 무렵에 창건됐다고 알려졌다. 정확한 창건 연대는 알 수 없으나, 오늘날에도 남아 있는 랴잔 크레믈 성벽의 연대를 12세기로 추정하는 것을 보면, 도시의 나이를 대략이나마 알 수 있다. 랴잔에 대한 첫 번째 공식 기록은 1095년에 등장한다. 그곳에는 1078년부터 랴잔 공국이 존재했으며, 공국의 첫 번째 통치자는 야로슬라프 스뱌토슬라비치(Ярослав Святославич)라고 기술돼 있다. 초창기 랴잔 공국은 인접한 수즈달 공국과 경쟁 관계에 있었으며, 주변 지역을 두고 수즈달 공국과 세

그림 4 스몰렌스크 미하일-아르한겔 교회 (1180~1197) (출처: www. yandex.ru)

력을 다투다가 앞서 언급했듯이, 1237년 몽골의 2차 침략 때 도시가 완전히 파괴됐다. 몽골의 침략 이후 제대로 재건되지 못하다가, 결국 랴잔은 1521년 바실리 3세 시기에 모스크바 공국에 편입됐다. 랴잔이 주의 지위를 획득한 시점은 1937년 9월 26일이다.

스몰렌스크 주의 중심 도시인 스몰렌스크는 키예프 루시 시기부터 오늘날에 이르기까지 러시아의 역사와 문화를 간직한 몇 안 되는 천년 고도 중 하나이다. 도시에 대한 첫 번째 기록은 863년에 나오지만, 스몰렌스크는 '발트 해~흑해' 교역로와 '발트 해~볼가 강~카스피 해' 교역로의 분기점이었기 때문에, 아주 옛날부터 바이킹을 비롯해 각지에서 온 사람들의 왕래가 많고 물류의 이동이 잦았던 교역의 핵심 공간이었다. 그런 까닭에 스몰렌스크는 주변 국가의 침입을 자주 받는 지역이 됐으며, 특히 19세기 조국전쟁과 20세기 대조국전쟁에서 알 수 있듯이, 외부 침입자의 주된 침공로가 돼 치열한 전투가 벌어진 역사의 현장이었다.

공국으로서 스몰렌스크는 키예프 공국의 공후 야로슬라프 무드리가 사망한 1054년에 탄생했다. 키예프 공국의 세력이 약해진 시점에 키예프 공후의 권좌를 위협할 정도로 성장했으나, 몽골의 침략 이후에는 주변 강대국, 즉 리투아니아, 폴란드, 모스크바 공국의 끊임없는 침략에 시달려야 했다. 1408년 리투아니아에 병합된 스몰렌스크는 1514년 바실리 3세가 통치하는 모스크바 공국의 영토로 편입됐다.

스몰렌스크도 역사적으로 러시아의 국경 요새 역할을 해왔다. 스몰렌스크는 17세기 초 혼란의 시기에 모스크바 공국을 침략한 폴란드-리투아니아 연합군에 의해 20개월 동안 포위당해 있다가 결국 1611년 점령당했고 이후 43년 동안 폴란드-리투아니아 연합국 영토로 귀속됐다. 로마노프 왕조의 두 번째 통치자인 차르 알렉세이(1645~1676)가 통치하던 1654년 러시아는 스몰렌스크를 되찾았다. 그러나 1812년 나폴레옹이 러시아를 침공하면서 스몰렌스크는 또다시 외국군에 의해 점령당했다. 1812년 8월 스몰렌스크 인근에서 약 11만 명에 달하는 러시아와 프랑스 군대가 격렬하게 전투를 치렀고, 3일간 계속된 전투에서 양 측을 합해 약 2만 명 이상의 희생자가 발생했다. 이 전투에서 패한 러시아 군대는 스몰렌스크와 모스크바를 잇는 도로를 따라 모스크바 방향으로 퇴각했고, 스몰렌스크 지역은 막대한 피해를 입었다. 20세기 들어서 스몰렌스크는 또 한 차례 외침을 받는다. 이번에는 독일군이었다. 1941년 7월 히틀러의 독일군은 약 130년 전 나폴레옹이 그랬듯이 스몰렌스크를 관통해 모스크바로 진격했다. 그 결과 1943년 9월까지 약 2년 동안 스몰렌스크는 독일군에 점령당했다. 독일군 점령 기간에 약 6만 명에 달하는 스몰렌스크 시민과 전쟁 포로들이 스몰렌스크 지역 내 강제수용소에서 사망하는가 하면, 많은 주민들은 독일 내 군수공장으로 끌려가 강제 노역에 시달려야 했다. 1985년 스몰렌스크는

그림 5 스몰렌스크 성모승천 교회 (한국외대 송준서 교수 촬영)

전쟁 중 나치 독일에 저항한 공을 인정받아 '영웅 도시(Город-Герой)' 칭호를 받았으며, 2007년과 2009년에는 스몰렌스크 주의 옐냐(Ельня)와 뱌지마(Вязьма) 지역이 대조국전쟁 중 보여준 영웅적인 희생과 저항을 인정받아 러시아 정부로부터 각각 '군사 명예의 도시' 칭호를 받음으로써, 역사적으로 이 지역이 국경 지대에 속해서 조국 방어를 위해 전방기지 역할을 해왔다는 것을 알 수 있다. 스몰렌스크가 주의 지위를 획득한 시점은 소비에트 시기인 1937년 9월 27일이다.

탐보프 주의 중심도시인 탐보프는 상대적으로 늦은 시기에 역사무대에 등장했다. 탐보프는 독자적인 공국을 갖지 못하고 주변 공국에 속한 지역이었다가 로마노프 초대 통치자인 차르 미하일 표도로비치(Михаил Фёдорович, 1613~1645)에 의해 1636년 창건됐다. 도시를 창건한 이유는 크림 타타르 한국의 침략을 방어하는 러시아 내 남부 요새의 필요성 때문이었다. 탐보프가 주의 지위를 획득한 시점은 스몰렌스크 주와 동일한 1937년 9월 27일이다.

톨스토이의 영지 '야스나야 폴랴나'(Ясная Поляна)로 유명한 툴라 주의 중심도시인 툴라는 1146년 니콘 연대기에 처음으로 언급됐다고 전해지는데, 창건 시점에 대해서는 아직까지도 논란의 여지가 있다. 공식적인 탄생 시점은 1382년이다. 툴라 지역은 독자적인 공국으로 성장하지 못하고 랴잔 공국의 변방을 방어하는 요새 역할을 했다. 랴잔 공국이 모스크바 공국에 편입된 이후에 툴라 지역에 크레믈이 건설됐다고 전해진다. 1552년과 1607년 두 차례에 걸친 타타르의 침입을 성공적으로 막아내면서 요새 도시의 면모를 지켜갈 수 있었다. 한때 농민 봉기의 지도자 중 한 명인 이반 볼로트니코프와 그의 지지자들이 타타르 군대의 침략을 수개월간 방어했다는 기록도 있다. 툴라가 주의 지위를 획득한 시점은 랴잔 주와 동일한 1937년 9월 26일이다.

그림 6 성 일리야 교회(출처: www.yandex.ru)

야로슬라블 주의 중심도시인 야로슬라블은 키예프 공국의 공후 야로슬라프 무드리에 의해 1010년 창건됐다. 바이킹의 역사책에도 언급되고 있는 야로슬라블은 당시 로스토프 벨리키(Ростов Великий) 공국의 변방 요새로 출발했다. 1218년 야로슬라블 공국의 중심지로 부각되면서 주변 지역에서 세력을 확장하다가 1463년 이반 3세가 통치하던 모스크바 공국에 병합됐다.

야로슬라블은 볼가 강 유역에 자리 잡고 있었기 때문에 고대부터 사람들의 왕래가 잦았던 곳이다. 키예프 공후 블라디미르 1세의 아들 야로슬라프 무드리는 키예프의 공후가 되기 전에 로스토프 공국의 공후였는데, 그가 공후로 통치하고 있던 시절에 교역과 방어에 유리한 이곳을 야로슬라블이라고 명하고 도시를 창건했다. 야로슬라블 명칭이 역사에 등장한 시점은 1071년 로스토프 지역에서 기근으로 인해 농민 봉기가 발생했을 때이다. 13세기 초반 로스토프와 야로슬라블을 통치하던 콘스탄틴 프세볼로도비치(Константин Всеволодович)[3]가 야로슬라블 지역에서 독자적인 세력을 추구했고, 1218년 그가 죽은 후에 그의 차남 프세볼로드 콘스탄티노비치가 공후가 돼 야로슬라블 공국을 관할했다가 1462년 모스크바 공국의 영토가 됐다.

2. 모스크바의 탄생과 성장

모스크바(Москва)가 언제 발생했는지, 명칭은 어디에서 유래됐는지 등 그 기원에 대해서는 오랫동안 신비에 쌓여 있었다. 물론 탄생과 기원에 관련된 이야기들이 많은 것도 사실이다. 모스크바 창건 850주년에 맞춰 1997년 러시아에서 발간된 모스크바 소개 책자에 따라 모스크바의 기원에 대해 몇 가지를 소개하자면, 첫째, 모스크바는 노아(Noah)의 자손인 차르 모소흐(Мосох)에 의해 창건됐다고 한다. 모소흐 공후는 오늘날 시비바야 고르카(Швивая горка)로 알려진 작은 언덕에 '조그마한 마을'(градец малый)을 건설해 그곳에 정착했다고 한다. 모소흐의 아내는 크바(Ква)라는 여인으로 알려져 있다. 둘 사이에는 아들 야(Я)와 딸 부자(Вуза)라는 두 명의 자식이 있었는데, 이들 가족의 이름이 서로 결합돼 '모스크바'와 '야우자'(Яуза)라는 명칭이 생겼다고 한다. 야우자는 모스크바를 흐르는 강들 중에서 모스크바 강에 이어 두 번째로 큰 강 이름이다.

또 다른 전설에 따르면, 과거 키예프 공국 시절에 부콜(Букол)이라는 기사(витазь)가 보로비츠키 언덕(Боровицкий холм) 위에 위치한 작은 수도원에서 은둔생활을 하고 있었다. 그곳은 오늘날 모스크바의 크레믈(Кремль)이 있는 곳이다. 어느 날 부콜은 그가 살고 있는 바로 그 자리에서 '모스크바' 도시가 일어나는 꿈을 꿨다. 그의 꿈속에서 모스크바는 외부로부터 침입하는 적들의 공격을 받거나 대형 화재가 발생해 많은 어려움을 겪기도 하지만, 결국 주변 지역에 모스크바라는 자신의 이름을 널리 알리게 된다. 해괴한 꿈을 꾼 부콜은 은둔생활을 접고 주변 지역으로 여행을 떠나는데, 여행 중에 코시노(Косино) 마을에 도착해 그곳에 거주하던 성직자에게 자신이 꾼 꿈을 이야기했다. 이야기를 마치고 부콜은 교회 안으로 들어가 성직자와 함께 모스크바의 미래를 위해 기도하기 시작했다. 그때 성모 마리아가 그들 앞에 나타났다. 교회는 점차 땅 아래로 가라앉아 사람들의 시야에서 사라지기 시작했고, 바로 그곳에 물이 솟아오르기 시작했다. 솟아오른 물은 점점 많아져 교회가 있던 자리에는 커다란 호수가 만들어졌다. 둘은 호수 아래에서 살고 있다고 전해지며 오늘날까지도 땅속에 살고 있는 부콜과 성직자 이 두 명의 기도자들은 모스크바에서 일어나는 모든 일들을 들을 수 있다고 한다.

세 번째 전설은 연대기에도 나와 있듯이, 수즈달의 공후 유리 돌고루키와 관련돼 있다. 돌고루키 공후는 잘 알려진 바대로 키예프 공국의 공후 블라디미르 모노마흐의 아들이다. 돌고루키가 수즈달의 공후로 있을 때, 모스크바 지역은 귀족인 '스테판 쿠치카'(Степан Кучка)가 통치하고 있었다. 이곳은 울창한 산림으로 덮여 있던 광활한 평원이었는데, 스테판 쿠치카의 초대를 받아 방문한 돌고루키는 뭔지 모르게 쿠치카에게 몹시 격노해 그를 죽이라고 부하들에게 명령했고, 그 이후에 쿠치카가 소유하고 있던 영지를 차지했다. 연대기에 기록된 모스크바의 옛 이름은 쿠치코보(Кучково)인데, 이 명칭은 '쿠치카의 영지'라는 뜻이다. 스테판 쿠치카의 영지를 차지한 돌고루키는 그 자리에 모스크바를 건설했는데, 일반적으로 모스크바의 창건일로 알려진 1147년 4월 4일은 유리 돌고루키가 그의 형제이자 노브로고드-세베르스키(Новгородсеверский)의 공후였던 스뱌토슬라프 올고비치(Святослав Ольгович)[4])를 초대한 날이다. 이 날은 러시아 연대기에서 공식적으로 모스크바의 창건일로 기록돼 있다.

작은 마을이었던 모스크바는 다른 지역에 비해 빠르게 성장할 수 있었는데, 그 이유는 수로를 통한 교역로가 만나는 지점에 위치해 있었던 장점과 더불어 러시아의 중심, 즉 광활한 러시아 평원의 심장부에 위치해 있었던 지리적 위치가 크게 작용했다. 모스크바가 본격적으로 성장하기 시작한 시점은 14세기 초반 '돈주머니'(калита)라는 별명을 가진 이반 1세(1326-1341)가 통치하던 시기이다. 특히 모스크바가 러시아의 중심지로 부상한 시기는 1326년 수좌대주교 표트르 사후에 후임 수좌대주교인 페오그노스트가 수좌대주교 관구를 블라디미르에서 모스크바로 옮긴 때였다. 블라디미르에 있던 '우스펜스키 성당'(Успенский Собор)을 본 따서 모스크바에 우스펜스키 성당이 세워진 시점도 바로 이때이다. 그 결과 모스크바가 '고대 러시아 수도'의 후계자라는 인식

그림 7 모스크바 소재 유리 돌고루키 동상 (필자 촬영)

이 러시아인들 사이에서 퍼져나가기 시작했다.

그런 까닭에 1326년에 모스크바는 중세 러시아의 수도가 됐다고 할 수 있다. 물론 오늘날과 같은 수도의 이미지는 아니지만, 적어도 다른 도시들을 제치고 러시아의 중심지로 부상한 사실을 부인할 수는 없다. 이 사실 덕분에 모스크바는 분열된 러시아인들을 통합해 1380년 돈 강 상류 지역에 위치한 쿨리코보 들판의 전투에서 몽골의 군대에 맞서 승리를 거둘 수 있었다. 쿨리코보 전투는 난공불락의 요새와 같았던 몽골 군대에게 러시아인들이 거둔 첫 번째 승리였다. 이후 수세기에 걸쳐 모스크바는 주변의 여러 지역들을 병합하며 세력을 확장했고, 그 결과 강력한 중앙집권국가로 등장할 수 있었다. 몽골의 군대를 물리치고 러시아인들을 통합하는 국가로 등장함으로써 모스크바는 러시아 역사의 필연적 운명을 떠안은 국가로서의 이미지를 갖게 됐고, 이러한 자긍심은 러시아인의 민족의식 형성에 깊은 영향을 끼쳤다고 할 수 있다.

1439년 이탈리아에서 열린 '플로렌스 종교회의'에서 동방교회와 서방교회의 연합이 결정되자, 모스크바 공국의 정교회는 교황의 관할권 아래에 놓이게 됐다.[5] 오스만투르크의 침략을 서유럽 국가의 군사적 도움을 받아 막아보자고 했던 비잔틴제국의 의도 때문에 이런 결정이 내려졌는데, 러시아인에게 비잔티움, 즉 비잔틴 제국은 모국과 같은 국가였다. 동서 교회의 연합에도 불구하고, 1453년 제2로마이자 비잔틴 제국의 수도였던 콘스탄티노플이 오스만투르크의 수중에 떨어지자, 러시아인들은 콘스탄티노플이 이민족에게 점령당한 사실을 정교신앙을 배신해서 신이 자신들에게 내린 징벌이라고 생각했다. 이후 1480년 러시아가 몽골의 압제로부터 벗어나자 모스크바가 새로운 로마라는 믿음이 러시아인 사이에서 더욱더 신뢰를 얻어 이를 운명적으로 받아들이기 시작했다.

16세기말 모스크바는 외부의 침입으로부터 도시를 방어하기 위해 네 개의 성벽을 구축했다. 보로비츠키 언덕에 위치한 '크레믈'은 도시의 핵심적 중심지로서 모스크바의 심장부 역할을 했다. 장인들과 수공업자들은 크레믈 근처의 무역 지구에 거주했는데, 그들을 보호하기 위해 '키타이 고로트'(Китай город)라 불리는 성벽이 구축됐다. 16세기말까지 모스크바 중심에는 두 개의 성벽이 추가로 구축됐는데, 그 하나는 '벨리 고로트'(Белый город)이다. 벨리 고로트 성벽은 후에 불리바르 길(Бульварное кольцо)로 조성됐고, 그 외부에 다시 '지믈랴 고로트'(Земляной город)가 건설됐다. 이곳은 오늘날 자동차 도로인 '사도보에 칼초'(Садовое кольцо)라고 부른다. 이곳을 중심으로 트베리(Тверь), 노브고로트(Новгород), 볼로콜람스크(Волоколамск), 드미트로프(Дмитров) 등 러시아의 다른 도시로 향하는 길이 뻗어 있다. 도시의 외형은 자연경관과 맞물려 변화했다. 즉 모스크바는 자연적 특성과 결부돼 도시가 발전했는데, 7개의 언덕을 보존하는 차원에서 도시를 발전시키다 보니 길이 좁고 도로가 구불구불해질 수밖에 없었다.

그렇게 모스크바는 18세기에 이르기까지 발전했다. 즉 표트르 대제의 개혁이 추진되기 이전까지 모스크바는 수도로서 성장할 수 있었다. 그러나 '서유럽화 정책'이라는 표트르 대제의 개혁이 진행되면서 모스크바는 과거의 명성을 잃어가기 시작하는데, 그 이유는 잘 알려진 바대로 1712년 표트르 대제가 수도를 상트페테르부르크로 이전했기 때문이다. 당시 표트르 대제는 모스크바에 석조 건물을 짓지 못하도록 지시했는데, 국가의 모든 자원을 새로운 수도인 상트페테르부르크 건설에 집중해야 했기 때문이다. 수도의 자리도 빼앗기고 2인자의 자리로 떨어졌지만, 여전히 모스크바는 러시아인의 마음속에 정신적 수도였다. 표트르 대제 이후 황제들은 즉위식을 위해 모스크바를 방문하곤 했는데, 그 이유는 모스크바에서 왕좌를 계승하는 것이 자신들의 특별한 의무라고 생각했기 때문이다. 19세기 초 모스크바는 나폴레옹의 침략을 받았다. 하지만 세계 지배라는 나폴레옹의 원대한 꿈이 사라진 곳이 바로 모스크바이다. 나폴레옹 전쟁에서 러시아가 승리한 것을 기념하기 위해 세워진 '성 구세주 성당'(храм Христа Спасителя)은 모스크바의 자랑 거리 중의 하나이다.

이후 모스크바는 오랜 시간 내부의 갈등을 지켜봐야 했다. 1917년 10월 사회주의 혁명이 발발할 때까지 모스크바는 잔인한 내부 갈등의 현장이었다. 1918년 3월 제1차 세계대전이 진행되는 동안 당시 수도이자 상트페테르부르크라는 독일식 이름을 버리고 러시아식으로 개명한 페트로그라드(Петроград)가 위험에 처하자, 볼셰비키 정부는 수도를 모스크바로 이전했다. 이로써 모스크바가 새로운 사회주의 국가의 수도가 된 것이다. 이후 첫 번째 사회주의 도시의 건설이 모스크

그림 8 모스크바-시티(Москва-Сити) 야경(출처: www.yandex.ru)

바에서 시작했다. 1935년 모스크바 '도시개발계획'(Генеральный план реконструкции)이 시행되자 과거의 모스크바 모습은 크게 훼손됐다. 성 구세주 성당을 허물고 그 자리에 대규모 수영장이 포함된 '소비에트 궁전'(Дворец Советов)이 들어서고, 낡은 주택이 즐비하던 곳에는 대형 고층아파트가 건설됐다. 자연경관에 따라 건설된 좁고 구불구불한 도로는 넓은 직선도로로 변경됐다. 모스크바의 도시개발계획은 대조국전쟁이 발발해서야 중단됐다.

20세기말과 21세기 초 모스크바는 새롭게 르네상스를 맞고 있다. 글로벌 감각에 맞는 현대 도시로 탈바꿈하고 있으며, 이와 동시에 민족적 자긍심을 간직하거나 '모스크바 시티'(москва-Сити)와 같이 모스크바의 랜드마크가 되는 독특한 모습을 가진 현대식 건축물들을 건축하고, 역사의 흔적을 간직한 문화재도 복원하기 시작했다. 언제나 그랬듯이, 모스크바는 살아 움직이고 있다.

3. 트베리, 과거의 찬란한 영광과 질곡의 역사

트베리 주(Тверская область)는 러시아 85개 연방주체 중 하나로서 모스크바 주의 북서쪽, 즉 모스크바 주와 노브고로트 주 사이에 위치해 있다. 면적은 약 84,100㎢으로 남한 면적(약 99,720㎢)보다 조금 작고, 인구는 2010년 기준으로 약 1,350,000명으로 우리나라의 광주광역시 인구(약 1,460,000명 2011년 기준)보다 조금 적다. 1989년 인구조사 때 약 1,670,000명, 2002년 약 1,471,000명으로 인구가 감소하는 추세이나, 최근 들어 지역 경제가 활성화되고 개발이 본격화되면서 유입인구가 증가해 점차로 트베리 주의 인구는 늘어날 것으로 예상된다.

트베리 주의 명칭은 소비에트 시기인 1935년부터 1990년까지 칼리닌 주(Калининская область)로 불리다가, 다른 러시아의 도시와 유사하게 1990년에 옛 이름을 찾았다. 칼리닌이라는 이름은 볼셰비키 혁명의 주역이자, 소련공산당 정치국원으로 스탈린의 핵심 참모였던 미하일 칼리닌(Михаил Калинин, 1875~1946)의 이름에서 유래됐다.

모스크바 주와 노브고로트 주에 인접해 있고 주로 발다이 구릉에 속해 있기 때문에, 트베리 주에 속한 지역은 고대로부터 현재에 이르기까지 수로를 통한 교역이 발달했다. 이곳은 볼가 강과 서드비나 강, 드네프르 강 등 러시아 주요 강들의 발원지가 위치한 곳이기도 하다. 러시아의 대표적인 관광지역 중의 하나로서 사람들이 자주 찾는 대표적인 주요 명소로는 중심도시인 트베리 이외에 토르조크(Торжок), 토로페츠(Торопец), 비시니 볼로쵸크(Вышний Волочёк), 오스타시코프(Осташков) 등이 있다.

트베리 지역에 사람들이 정착해 본격적으로 거주하기 시작한 시점은 9세기 이후부터 10세기를 거치는 기간이었다. 발트 해와 볼가 강을 잇는 수로체계 덕분에 바둑판처럼 연결된 강들을 따라서 사람들이 모여들기 시작했고, 강과 강 사이를 연결해 주는 '연수육지'(волок, переволок)에 목조요새(острог)가 건설되면서, 그곳을 중심으로 인구가 점차 증가하기 시작했다. 고대시절부터 마을이 형성된 트베리 지역은 목조요새가 바탕이 돼 도시로 발전했다고 할 수 있다.

트베리가 역사무대에 등장한 시점은 1135년이다. 그 후 1246년 노브고로트 공후 알렉산드르 넵스키의 동생 야로슬라프 야로슬라비치(Ярослав Ярославичи, ?~1271)가 이곳의 공후가 된 후 트베리는 러시아 내 작은 지방 공국으로 발전하기 시작했다. 울창한 숲, 교역로 역할을 했던 거미줄같이 연결된 강과 수로 덕분에, 상대적으로 역사무대에 늦게 등장했음에도 불구하고 트베리는 짧고 빠른 시간 안에 부를 축적할 수 있었다. 또한 몽골의 침략을 면한 노브고로트와 마찬가지로, 다른 지역에 비해 상대적으로 몽골의 피해가 적었고, 그 결과 피폐해진 남쪽으로부터 이곳으로 인구가 많이 유입돼 트베리는 급속도로 러시아의 중심지로 부상할 수 있었다.

몽골과 트베리의 관계는 이른바 '병 주고 약 주는 사이'였다고 할 수 있다. 몽골의 침략과 만행을 피해 많은 러시아인들이 이곳으로 몰려오면서 화려한 영광과 함께 트베리가 러시아의 중심지로 급속히 부상할 수 있었던 동시에, 지역의 몰락도 몽골에 의해 자행된 사건이 계기가 됐기 때문이다.

러시아가 몽골의 지배 속에 숨죽여 지내던 1326년 트베리의 공후가 몽골인들에 의해 살해당하자, 트베리 지역 주민 전체가 봉기해 몽골에 대항한 사건이 발생했다. 트베리의 봉기에 몽골 제국과 당시 트베리와 경쟁 관계에 있던 모스크바 공국은 연합군을 결성해 트베리 주민들을 무참히 살육했다. 이 참사로 인해 트베리 주민 대다수가 목숨을 잃었고, 찬란하게 꽃피던 트베리의 영광도 끝나고, 도시의 역사는 점차 빛을 잃어갔다. 이 사건으로 트베리가 모스크바 공국에 병합된 것은 아니지만, 이후 별다른 힘을 발휘하지 못하고 명맥만 유지하다가 결국 트베리는 모스크바 공국에 병합된다.

트베리 주의 중심지이자 행정수도는 트베리이다. 인구는 약 400,000명(2013년 기준)으로서 우리네 제주시(약 423,000, 2011년 기준), 평택시(약 426,000명, 2011년) 서울시 동작구(약 400,000명, 2011년 기준) 인구와 비슷하다. 도시의 명칭도 과거 트베리라는 이름으로 사용되다가 1931년 미하일 칼리닌의 이름을 따서 칼리닌으로 불리다 1990년 과거의 이름을 다시 사용하고 있다. 트베리 도시가 중요한 지역이었다는 사실은 모스크바 중심지에 위치한 마네시 광장으로부터 북서쪽으로 뻗어나가는 거리의 이름이 '트베리 거리'(Тверская улица)라는 점에서도 알 수 있다. 비록 지금 현재는 과거와 달리 작은 중소도시에 불과하지만 모스크바와 모스크바 주에 인접한 지리적 특성 때문에 수도권 지역으로서 개발의 중요성이 부각되고 있다. 실제로 오늘날 트베리 시내를 거닐다 보면 끊임없이 아파트와 공장들이 들어서고 있는 모습을 쉽게 볼 수 있다.

트베리 시 중심지를 벗어나 외곽으로 나가면 우리에게 잘 알려지지 않은 역사적 명소들이 즐비하다. 예를 들어 트베리 주 칼리닌 구역에 위치한 작은 마을 메드노예(Медное)을 들 수 있는데, 이곳은 트베르차(Тверца) 강 유역에 위치해 있으며, 트베리 시에서 서쪽으로 28km 지점에 위치해 있다. 14C 자료에 따르면, 트베리 공후 중 한 명의 영지에서 명칭이 유래됐다고 한다. 이 지역은 트베리와 토르조크(Торжок)의 중간지점에 위치해 있었기 때문에 주로 교역을 통해 경제적 부를 축적했고, 특히 15C와 16C에 번성했다. 이반 4세(1533~1584)가 통치하던 소위 '오프리치니나'(Опричнина) 시기에는 100 가구가 넘게 거주할 정도로 작지 않은 촌락이 이곳에 형성되기도 했다. 19세기에는 당시 수도였던 상트페테르부르크와 모스크바를 잇는 중간 지점으로서 교통과 인적 왕래를 위해 우체국이 설치되는 등 중요한 거점 역할도 담당했다. 이곳은 사상가이자 작가인 라디셰프의 기행문 '페테르부르크로부터 모스크바로 기행'에도 언급된 지역이며, 1941년 대조국전쟁 당시 독일과 탱크전이 벌어진 곳으로도 유명하다.

그러나 이 마을을 역사적으로 반드시 기억해야 할 이유는 1940년 4월 3일부터 4월 19일에 이르는 기간에 약 6,311명의 폴란드 지도급 인사가 학살된 비극의 장소이기 때문이다. 우리에게 잘 알려진 스몰렌스크 인근의 카틴 숲과 마찬가지로 오스타시코프에서 끌려온 폴란드 장

그림 9 메드노예 폴란드 희생자 묘역 추모 동판 (필자 촬영)

교들이 이곳 메드노예에서 무참히 학살됐다. 그런 까닭에 이곳에는 카틴 숲에서 자행된 동일한 방식으로 살해된 폴란드인들의 참혹한 상흔이 곳곳에 남아 있다. 하지만 외부에서 이곳을 바라보면 그저 조용한 시골 마을 혹은 고즈넉한 분위기를 풍기는 작은 구역이라고 생각할 수밖에 없을 정도로 외진 곳이고, 더욱이 모스크바와 상트페테르부르크를 잇는 고속도로에서도 벗어나 있어 맘먹고 찾아가지 않으면 접근하기 어려운 곳이었다. 추모지 입구에는 폴란드 국기가 게양돼 있는데, 러시아와 폴란드의 관계를 고려할 때 러시아 안에서 폴란드 대사관 이외에 폴란드 국기가 자연스럽게 걸려있다는 장소가 있다는 사실이 무척이나 어색할 정도였다.

입구부터 숙연함이 느껴졌는데, 안으로 들어서자 보이는 것이 바로 추모비였다. 신원이 확인된 폴란드인들의 이름이 새겨진 동판을 보고 있노라면, 스탈린 숙청시기에 살해된 한인들의 이름이 새겨진 동일한 추모비가 생각날 정도였다. 추모 묘역 곳곳에는 폴란드인을 기리는 상징물들이 눈에 들어왔고, 나무를 묘지로 대신하는 슬라브인들의 수목장 장례문화를 알 수 있는 모습도 흔하게 볼 수 있었다.

트베리 주에 비시니 볼로쵸크(Вышний Волочёк)이라는 작은 도시가 있는데, 이 지역은 러시아어로 '연수육지(Волок, переволок) 상류 지역'을 말한다. 트베리에서 북서쪽으로 119㎞ 지점 발다이 구릉에 위치해 있고, 인구는 약 56,000명(2002년 통계)으로 1463년부터 역사무대에 등장했다. 트베리 지역이 발다이 구릉 지대에 위치해 있고, 여러 강들이 교차하는 곳에 자리 잡고 있기 때문에 이와 같은 지명이 현재에도 유지되고 있는 것이다. 비시니 볼로쵸크의 시내 중심 역시 우리네 읍내보다도 작다는 느낌을 주고 있다. 이 지역 역시 모스크바와 상트페테르부르크 중간지역에 있으며, 볼가 강과 발트 해 교역로의 분기점인 트베르차 강과 츠나(Тсна) 강 사이에 있다. 제정러시아 시기에는 제법 번창한 직물산업의 중심지였다고 하는데, 지금은 한적하고 편안한 분위기를 띠고 있다.

4. 모스크바와 트베리의 라이벌 시기: 패권 쟁탈의 역사

키예프 루시의 공후 야로슬라블(1019~1054)이 사망한 이후 키예프 루시가 여러 공국으로 분열되자 키예프의 정치적 상징성은 상당히 약화됐다. 블라디미르 모노마흐(1112~1125)와 그의 아들 므스티슬라프(1125~1132)의 통치 기간 동안 일시적인 안정을 찾았다고 말할 수도 있으나, 므스티슬라프 공후의 사망 이후에는 눈에 띠는 키예프 공후가 없다는 사실에 대부분의 학자들이 동의하고 있다. 더욱이 1169년 안드레이 보골륩스키 공후가 키예프를 찬탈한 후 그곳에 머무르지 않고 자신의 본거지인 블라디미르-수즈달로 귀환한 사실을 두고 이 시점에는 키예프의 정치적 중량감은 모두 사라지고, 오히려 러시아의 북동부 지역으로 중심지 이동이 발생했다고 말하는 학자들이 대부분일 정도이다. 이후 1240년 몽골의 침략을 받아 키예프가 몰락하면서 키예프 루시가 공식적으로 와해되고, 이후 러시아 전역이 몽골의 지배를 받는 동안 크고 작은 지역별 공국의 부침으로 인해 러시아 역사에 혼란함이 가중됨과 동시에 복잡하고 난해한 잦은 지도자 교체는 일반인들이 러시아 역사에 흥미를 잃게 만드는 이유가 되기도 한다.

하지만 이후 모스크바가 러시아의 중심지로 부상하기까지 수많은 공국들 사이에서 벌어진 갈등의 역사를 살펴보면, 단편적이고 흥미로운 이야기뿐만 아니라, 러시아 역사와 문화의 내면을 읽어낼 수 있는 소중한 사실과 내용들을 만날 수 있다. 그 중 하나가 바로 러시아의 지배권을 두고 모스크바와 트베리 사이에서 약 200년에 걸쳐 진행된 권모술수의 역사이다. 결정적인 상황은 14세기 초반에 마련됐지만, 모스크바와 트베리의 경쟁 구도는 15세기 후반 이반 3세(1462~1505)가 트베리를 완전히 병합하고 나서야 끝을 맺는다.

1304년 알렉산드르 넵스키의 아들 안드레이 알렉산드로비치가 사망하자, 블라디미르 공국내 페레야슬라블-잘레스키(Переяславль-залеский)의 지배권을 두고 트베리의 미하일 야로슬라비치 공과 모스크바의 유리 다닐로비치 공후는 서로 경쟁했다. 당시 몽골의 칸 토흐타(Tokhta)는 류리크 가문의 권력 승계 방침에 따라 미하일 공에게 특권을 부여했다. 미하일은 죽은 안드레이와 사촌이었으며, 야로슬라블 프세볼로도비치의 손자였다. 유리는 미하일 공에 비해 한 세대 젊은 조카뻘 되는 공후였으며, 더욱이 1303년 사망한 모스크바의 다니일 공은 블라디미르 공국의 대공 지위를 받은 바 없었다. 유리가 페레야슬라블의 공후였으나, 류리크 가문의 권력계승 원칙과 전통에 따르자면, 유리는 더 광대한 지역인 블라디미르 공국의 공후가 될 수 있는 합법적 권한이 없었다. 그 결과 이후 발생하는 모스크바와 트베리의 권력 경쟁은 지난 전통, 즉 류리크 가문에서 이어진 전통과 무관하게 몽골 칸의 결정과 그의 영향력에 따라 좌우되는 경우가 빈번하게 발생했다. 몽골 칸의 존재라는 새로운 변수가 등장한 것이다.

몽골 칸은 우월적인 지위를 얻고자 하는 러시아의 공후들에게 '분할통치'(divide and rule)라는 정책을 통해 자신의 지원을 받을 수 있는 기회를 제공했다. 그 지원이라는 것은 세금을 거둬 몽골 칸에게 전달하는 권리, 즉 러시아의 공후들에게 세금 징수권을 부여하는 것을 말한다. 그 역할과 임무를 제일 잘하는 공후가 몽골 칸의 특혜를 받는 것이다. 이렇듯 14세기 초반 모스크바와 트베리의 갈등과 그 강도가 최고조에 달했을 때, 대공의 지위는 왕조의 관례와 전통에 따라 결정되는 것이 아니라, 몽골 칸의 승인이 결정적인 요인이 됐던 것이다. 몽골 칸은 러

그림 10 몽골 칸 우즈베크 앞에 선 트베리 미하일 공
바실리 페트로비치 베르샤긴 작품(1890) (출처: www.yandex.ru)

시아의 공후들이 그에게 얼마나 믿음직한 행동을 보여주는 것에 따라 승자를 결정했다. 결과적으로 말하면 다른 공후들과 비교해 모스크바의 공후들이 몽골 칸에게 확실한 믿음을 심어줬기 때문에 그들이 최종 승자가 될 수 있었던 것이다.

주요하고 결정적인 시기에 모스크바와 트베리 사이에 벌어진 경쟁과 갈등의 역사를 살펴보면, 그 과정 속에 인간이 행할 수 있는 온갖 권모술수가 난무했다는 것을 알 수 있다. 그곳에는 정사를 포함해 야사를 통해 전해지는 다양한 에피소드, 궁정 암투, 약탈과 도적질, 물리적 폭력을 포함한 살인, 마지막 전쟁에 이르기까지 인간의 추악한 모습이 그대로 드러나 있다.

그 과정을 간략하게 정리하면 다음과 같다. 트베리의 미하일 공후가 몽골의 칸 토흐타로부터 블라디미르 공국 대공의 지위를 받았을 때, 미하일은 자신의 조카뻘인 모스크바의 유리 공후와 심각한 갈등을 빚고 있었다. 미하일과 유리는 이미 1305년과 1308년 두 차례에 걸쳐 전투를 벌인 견원지간이었다. 1313년 자신에게 대공의 지위를 부여한 칸 토흐타가 사망하고 우즈베크(Uzbek)가 몽골의 칸이 됐을 때, 미하일은 킵차크 한국의 수도 사라이로 소환돼 2년 동안이나 그곳에 머물러 있어야만 했다. 유리는 이 시간을 자신의 정치적 영향력을 강화할 수 있는 기회로 삼고, 특히 노브고로트에서 자신의 정치적 역량을 극대화하는 데 심혈을 기울였다. 사라이에 있는 동안 유리가 외부 지역에서 정치 활동을 한다는 사실을 알게 된 미하일은 칸 우즈베크를 설득해 자신과 함께 군사를 이끌고 러시아로 갈 것을 간청했고, 일이 성사되자 미하일은 노브고로트에서 정치적 영향력을 회복할 수 있었다.

반면 유리는 칸 우즈베크의 소환에 응할 수밖에 없었다. 하지만 이번에는 반대로 미하일 공후가 노브고로트에서 자신의 통제권을 강화하고 있을 때, 유리는 칸 우즈베크와 함께 지내며 그의 환심을 사 마침내 칸의 여동생과 결혼하는 데 성공한다. 결혼한 칸의 동생과 함께 유리는 블라디미르 공국의 대공 지위를 얻으며 러시아로 귀환한다.

1317년 블라디미르 공국의 대공이 된 유리는 러시아 북동부 지역의 작은 공국들로부터 군사적 지원을 받아 미하일 공후와 대적하기 위해 몽골의 장수 카브가디(Kavgadii)와 함께 원정길에 오른다. 그러나 유리는 미하일과 벌인 전투에서 크게 패해 노브고로트로 도주하고, 몽골의 장수 카브가디와 유리의 아내이자 몽골 칸 우즈베크의 동생은 미하일 진영에 포로로 잡히는 신세가 된다. 이 와중에 유리의 부인은 사망한다.

이후 상황이 반전된다. 미하일 진영에 있는 동안 그에게 융숭한 대접을 받은 카브가디는 킵챠크 한국으로 돌아가자마자 세 가지 죄목을 들어 미하일을 고소했다. 첫째, 미하일 공후가 유리 편에 가담한 몽골과 전투를 벌인 것은 결국 몽골 칸의 권위에 도전했다는 것이다. 둘째, 미하일은 칸에게 세금을 바쳐야 했는데, 그러지 않았다는 것이다. 셋째, 유리의 부인, 즉 몽골 칸 우즈베크의 동생이 사망한 데에는 미하일 공후의 책임도 있다는 것이다. 이때 전투에서 패해 노브고로트로 피신했던 유리 공후도 킵챠크 한국의 수도 사라이에 도착해 칸에게 사실을 해명하고 미하일의 잘못과 죄상을 낱낱이 파헤쳐 보고했다. 결국 미하일 공후는 사라이로 소환됐고, 몽골의 법정에서 그는 유죄 판결을 받아 1318년 11월 22일 처형됐다. 칸의 환심을 얻은 유리 공은 다시 블라디미르 공국의 대공 지위를 확약 받고 이후 약 4년 동안 자리를 유지할 수 있었다.

칸 우즈베크는 유리 공후를 블라디미르 공국의 대공으로 임명하면, 그가 러시아 땅에서 질서를 유지하고 세금을 징수해 자신에게 공물을 바치는 충실한 신하가 될 것이라 생각했지만, 그의 판단은 오산이었다. 유리가 자신에게 세금을 바치지 않고 노브고로트에서 너무 오랜 시간을 보내자, 칸 우즈베크는 러시아 북동부 지역의 질서를 유지하고 그곳에서 칸의 권위를 확인하며 세금을 징수한다는 명분하에 부대를 파견한다. 1322년 유리 공이 노브고로트에만 머물러 있던 시기에 죽은 트베리의 공후 미하일의 아들 드미트리가 킵챠크 한국을 방문해 칸 우즈베크로부터 블라디미르 지역의 세금 징세권을 얻는다. 몽골 칸의 환심을 사서 아버지가 노브고로트에 머물고 있을 때 결국 아버지를 죽음으로 내몰았던 유리의 계략을 이번에는 미하일의 아들 드미트리가 이용한 것이다.

이런 사실을 전혀 모르고 있던 유리는 노브고로트에서 세금을 거둔 후 칸 우즈베크에게 상납할 공물을 가지고 사라이로 가는 도중에 도적 떼를 만나 상납할 보물을 모두 잃어버린다. 유리의 진상품을 약탈한 도적 떼는 다름 아닌 미하일 공후의 아들이자 드미트리의 친동생인 알렉산드르 미하일로비치였다. 상납할 물건을 약탈당한 유리는 칸 우즈베크의 오해를 살 수 있다는 두려움에 일단 프스코프로 몸을 피했고, 이후 노브고로트로 은신처를 옮겼다. 하지만 그의 도피행각은 그리 길지 않았다. 1325년 몽골 칸의 소환에 응할 수밖에 없었던 유리는 사라이에 도착해 칸에게 용서를 구했다. 그러나 아버지의 복수에 눈이 먼 미하일의 아들 드미트리는 몽골 법정에서 칸이 판결을 내리기도 전에 그를 살해했다. 격노한 칸 우즈베크는 드미트리의 행동을 용서하지 않고, 그를 바로 체포해 다음 해인 1326년 처형했다. 그리고 드미트리의 동생이자 미하일의 아들인 알렉산드르 미하일로비치를 블라디미르 공국의 새로운 대공으로 임명했다.

이후 1327년 8월 중순 트베리의 역사에 결정적 영향을 미친 사건이 발생한다. 트베리 주민들이 우즈베크가 파견한 몽골 군대와 그 부대를 이끌던 지도자 셰브칼(Baskaki Shevkal)을 살해하고 봉기를 일으킨 것이다. 드미트리에게 살해당한 유리 공의 동생인 유리 다닐로비치(이반 1세, 이반 칼리타, 1326-1341)가 알렉산드르 미하일로비치가 어려움에 처한 상황을 기회로 삼아 몽골 군대와 함께 트베리로 진격해 도시를 무참히 파괴한다. 프스코프로 피신한 알렉산드르는 1329년 은신처를 리투아니아로 옮기고 이후 1331년 프스코프로 돌아와 1337년까지 그곳에 머물며 통치권을 행사한다.

그림 11 칸의 사촌 셰브칼을 산 채로 화장시키는 트베리 주민, 작가 미상(17세기 추정) (출처: www.yandex.ru)

그림 12 이반 다닐로비치(이반 1세) (출처: www.yandex.ru)

이후 알렉산드르는 사라이로 소환돼 칸으로부터 트베리의 공후직을 하사받지만, 2년 뒤 알렉산드르와 그의 아들은 사라이로 다시 소환돼 처형된다. 이미 이때는 모스크바 공후 이반 다닐로비치의 정치력 역량이 칸의 마음을 흔들 수 있었던 시기였다. 알렉산드르가 죽음으로써 트베리의 역사는 사실상 종지부를 찍게 된다. 1370년대 미하일 알렉산드로비치가 과거의 영광을 되살리고자 노력해 한 차례 공후의 직을 하사받지만, 이후 이렇다 할 모습을 보이지 못하다가, 트베리는 15세기 후반 이반 3세에 의해 모스크바 공국에 병합됐다.

기회를 이용한 모스크바의 공후 이반 1세, 즉 이반 다닐로비치는 몽골 칸의 환심을 사서 자신의 권력을 강화했을 뿐만 아니라, 1326년 수좌대주교 표트르가 사망하자 후임 수좌대주교인 페오그노스트를 자신의 거주지인 모스크바에 거주하도록 설득함으로써 모스크바를 러시아의 종교 중심지로 구축할 수 있었다. 이후 모스크바는 비록 몽골의 지배하에 놓여 있었지만, 러시아의 수도 기능을 담당하며 정치적, 경제적, 종교적 세력권을 확장해 나갈 수 있었다.

모스크바와 트베리의 경쟁과 갈등의 역사를 보면, 러시아 전제권력의 기원이 어디에서 유래하는지 바로 파악할 수 있다. 즉 베체의 전통을 가지고 있던 노브고로트가 아닌 모스크바가 몽골 지배의 혼란 속에서 결국 러시아의 최종 승자가 됐다는 사실이 이를 보여준다. 권력을 쟁취하기 위해 수단과 방법을 가리지 않고 상대방을 제압하는 모스크바와 트베리의 지난 과거의 역사를 보면, 과도한 권력이 공후에게 집중돼 악용될 소지가 있으며, 더욱이 칸에게 충실한 신하가 되기 위해 국민들에게 과중한 세금을 부과하고 이를 징수하는 과정에서 물리적 폭력과 더불어 고압적 자세를 취했던 공후들의 모습 속에서 차르 권력의 속성을 찾을 수 있는 것이다.

2장

정치

지방선거 운영 메커니즘과 2014년 지방선거

장세호

2장

정치 - 지방선거 운영 메커니즘과 2014년 지방선거[1)]

1. 서론

선거는 일반적인 대의민주주의 정치체제 운용에 있어 매우 중요한 의미를 갖는다. 한 사회의 구성원이 폭넓게 참여하는 주기적·경쟁적 선거과정의 존재는 민주주의체제의 유지와 공고화의 중요한 기준이기도 하다. 선거는 통치권자와 정부에 정치적 정당성을 부여하는 도구이자, 사회 구성원에 대한 수직적 책임성이 구현되는 공식적 정치과정이라 할 수 있다. 더불어, 최근 국제적 수준에서 나타나고 있는 직접민주주의 강화 경향으로, 주민들의 실질적 삶과 직결된 일련의 문제들이 이슈화되고 이를 담당할 공직자의 정치적 충원이 이뤄지는 지방선거에 대한 관심이 커지고 있는 상황이다.

특히, 방대한 영토의 연방제 국가이자 체제전환국인 러시아에게 있어 지방정치와 지방선거는 국가의 통일성 유지와 민주주의 발전의 중요한 요소이자 기준으로서 더욱 중요한 의미가 있다고 할 수 있다. 더불어, 메드베데프 정부 시기 헌법 개정으로 대통령과 하원 의원의 임기가 각각 2년과 1년씩 늘어나게 됨에 따라 그동안 매 4년마다 반복적으로 치러지던 연방 차원의 대선과 총선이 앞으로는 각각 6년과 5년에 한 번씩 실시될 예정이다. 민심의 공식적 표출 공간이자 민주주의 공고화의 평가를 위한 매개체로서 연방 차원의 선거 주기가 길어지게 되면서 앞으로 러시아 지방선거에 대한 관심은 더욱 배가될 것으로 예상된다.

2000년 푸틴 등장 이후 그동안 러시아 지방선거에 대한 연구는 다음의 몇 가지 방향을 중심으로 진행되어 왔다. 첫째, 2000년대 러시아 지방선거와 민주주의의 상관관계에 논의의 초점을 집중한 연구들이다. 이 연구들은 다양한 사례를 통해 푸틴 등장 이후 러시아의 지역에서 경쟁선거체제가 붕괴되고 사실상 선거권위주의체제로 이행하고 있다고 주장한다.[2)] 둘째, 러시아 지방선거를 정당체계를 중심으로 분석한 연구들이다. 예를 들어, 주도정당으로서의 통합러시아의 등장과 지역 정치(주지사의 자율성 등)의 연관관계에 주목하거나, 2000년대 이후 러시아 연방주체 지역의 정당체계 변화를 논의한 연구들이 바로 그것이다.[3)] 셋째, 선거제도의 개혁과 러시아 지방의 이익구조 변화에 주목한 연구들이다. 이들 연구는 2002-2006년 사이에 진행된 일련의 선거제도 변화의 양상과 내용을 검토하면서, 제도변화가 초래한 정치적 효과와 이익구조 변화를 분석하고 있다.[4)] 넷째, 중앙-지방관계 변화를 지방선거라는 매개를 통해 살펴본 연구들이다. 대체로 이 연구들은 푸틴 시기 지방의 중앙에 대한 종속성 강화 현상을 지방선거를 통해 규명코자한 것들이다.[5)] 반면, 국내의 러시아 지방선거에 대한 연구는 아직까지 매우 미진한 상태에 머물러있다. 러시아 지방선거는 연방 선거제도·정당체계 등 중앙정치에 초점이 맞춰진 연구들에서 극히 부분적으로 거론되어왔을 뿐[6], 현재까지 이에 대한 본격적 연구는 사실상 전무한 상황이라고 할 수 있다.

따라서 본 연구는 러시아 지방선거 연구에 대한 학술적 관심 제고와 장기적으로는 지방선거를 매개로 푸틴 3기 중앙-지방관계, 민주주의 공고화 등에 대한 통시적·이론적 논의로 나아가기 위한 사례연구 성과 축적이라는 측면에서 그 의의가 있다 하겠다. 본 연구는 기존 선행연구의 성과에 기초하여 현대 러시아 지방선거의 역사와 운영 메커니즘, 특히 중앙연방관구 소속 연방주체들에서의 지방선거 운영 메커니즘을 규명코자 한다. 더불어 가장 최근 치러진 2014년 지방선거 사례를 집중 분석함으로써 그 정치적 함의와 시사점 도출을 목적으로 한다. 다만, 매우 다층적 수준에서 치러지는 러시아 지방선거의 특수성을 고려하여, 본 연구의 대상은 러시아 연방주체 지역 차원에서 실시되는 지역 의회 선거와 주지사 선거로 한정할 것이다.

논문의 구성은 다음과 같다. 본문의 제2장에서 러시아 연방 지방선거의 구조와 특성, 2000년 푸틴 등장 이후 선거제도 변화와 정치적 효과, 현재의 운영 메커니즘, 중앙연방관구 소속 연방주체들에서의 지역 의회 선거 및 주지사 선거 메커니즘을 살펴보았다. 제3장에서는 러시아 연방 중앙선관위 및 지역선관위 자료를 토대로 2014년 9·14 지방선거의 개요와 결과, 모스크바 시 두마 선거를 개관했다. 제4장에서는 9·14 지방선거의 결과를 포괄적으로 평가·분석하고 그 정치적 함의와 시사점을 논하였다.

2. 러시아 지방선거의 운영 메커니즘

2.1. 러시아 지방선거 역사와 운영 메커니즘

연방제를 취하고 있는 현대 러시아의 선거과정은 크게 연방 수준과 지방 수준 이상 두 가지 층위에서 이루어진다. 연방 수준의 선거는 러시아 연방 대통령 선거와 국가두마(하원) 선거를 의미하며, 지방 수준에서 치러지는 선거는 다시 연방주체 지역(субъекты РФ) 수준과 그 하위의 지방자치기구(муниципальные образования) 수준으로 세분된다. 따라서 러시아의 '지방선거'(региональные выборы)란 연방주체 지역 수준에서 치러지는 주지사 선거와 지역 의회 선거를 비롯해 지역 산하에 편제된 제 도시(город) 및 구(район) 등 지방자치기구 수준에서 시행되는 기초자치단체장 및 기초의회 선거를 포괄하여 지칭하는 개념이다.

러시아 연방 기본 행정·영토 구성단위로서 85개 연방주체의 '국가권력기구체계'(система органов государственной власти)는 각 연방주체의 역사적·민족적 특성과 전통에 따라 다양한 형태를 띠고 있다.[7] 예컨대, 집행기구(исполительный орган) 구조에 있어서 85개 연방주체 대부분에서 연방주체 수반(президент; глава республики; губернатор 등)이 행정수장(премьер; глава администрации или правительства 등)을 겸하는데 반해, 일부 공화국과 주에서 이를 분리하는 경우가 종종 있다. 또한, 85개 연방주체 입법기구(законодательный орган)의 구조, 명칭, 의원정수 및 임기 등은 각 주체별 민족적, 역사적, 인구, 영토·지리적 차이를 반영하여 다양한 형태로 나타난다. 예를 들어, 연방주체 대부분이 단원제를 채택하고 있는 반면, 일부 (티바 공화국, 스베르들롭스크 주 등) 경우 양원제를 취하는 사례도 있다. 입법기구의 명칭 역시 연방주체에 따라 두마(Дума), 입법회의(Законодательное Собрание), 후랄(Хурал), 국가회의(Государственное

Собрание), 인민의원 회의(Совет народных депутатов), 의원 회의(Совет депутатов) 등이 다양하게 사용되고 있다. 연방주체 의회 의원정수도 가장 적게는 12명(추콧카 자치구)에서 많게는 110명(바시코르토스탄 공화국)까지 다양하며, 임기도 4년 또는 5년으로 차이를 나타낸다.[8] 이 같은 연방주체 국가권력기구의 다양성으로 말미암아 러시아 지방선거 역시 매우 복잡한 메커니즘 속에서 운용되어 왔다.[9]

러시아 최초의 지방선거는 1991년 러시아 연방 대통령 선거와 동시에 모스크바와 레닌그라드 두 도시에서 치러졌으며, 옐친의 측근이자 대표적 자유주의자였던 포포프(Гавриил Попов)와 솝차크(Анатолий Собчак)가 민선 시장으로 선출됐다. 뒤이어 연방정부의 승인 없이 타타르스탄 공화국과 체첸 공화국이 대통령 선거를 실시했다. 당시 옐친 정부는 지역에 대한 통제권을 확보하기 위해 주지사 임명제를 유지코자 했으나, 1993년부터 지역 상황을 고려하여 부분적으로 주지사 직선제를 허용했다. 그 과정에서 브랸스크 주, 첼랴빈스크 주, 아무르 주 등 일부 지역이 당국의 허락 없이 주지사 선거를 치르기도 했다. 1995-1996년부터 주지사 직선제가 일반화되기 시작했고, 1997년 10월경에 이르러 사실상 모든 연방주체에서 주지사가 직선제로 선출됐다.[10] 더욱이, 연방주체 지역 수준과 하위 지방자치기구 수준에서 지역 의회 선거를 비롯해 수많은 기초자치단체장 및 기초의회 선거가 자체의 임기와 원칙에 따라 시행되면서 큰 혼란을 야기했다. 따라서 연방정부는 연방주체 국가권력기구의 조직적·구조적·기능적 활동에 있어서의 통일적 규정 마련을 목적으로 1999년 연방법 '일반 원칙에 대하여'를 제정함으로써 이를 완화코자 했다.[11]

2000년 푸틴 정부 출범 이후 2006년까지 러시아 정치·선거과정에 있어서의 근본적인 개혁이 추진됐다. 푸틴 정부는 2002년 6월 연방법

'러시아 연방 유권자의 권리와 시민의 국민투표 참여 권리의 기본 보장에 대하여'(Федеральный закон No 67-ФЗ "Об основных гарантиях избирательных прав и права на участие в референдуме граждан Российской Федерации," 이하, 기본 보장에 대하여) 제정을 필두로, 연방과 지역 양 수준에서 급진적 선거·정당제도 개혁을 시도했다.[12] 이를 통해, 1993년 채택된 혼합선거제 방식의 연방 하원의원 선출방식이 순수비례대표제로 전환된 것을 비롯해, 기존 5%에서 7%로의 원내 진입 장벽 상향조정, 선거블록의 선거참여 금지, 선출 의원의 원내교섭단체 이동 금지, 연방주체 주지사 직선제 폐지, 순수다수대표제에서 혼합선거제로의 지역 의회 선거제도 변화, 통합선거일 도입, 정당 창당 및 등록 조건 강화 등의 굵직한 제도 변화가 발생했다.[13]

당시 푸틴 정부가 추진한 선거·정당제도 개혁의 가장 중요한 목적은 '중앙집권적 권력체계'의 수립이었다. 2004년 베슬란 사태를 계기로 이른바 행정권력의 하향식 통제체제(the top-down control in the executive) 필요성이 대두되면서 주지사 직선제를 전격 폐지했다. 또한, 비례대표제가 정당을 강화시킨다는 담론에 기초하여 연방 수준에서 순수비례대표로의 전환, 지역 차원에서 혼합선거제로의 전환을 강력하게 추진했다. 그리고 효율적 정치체제의 구축, 연방의 통합성 강화, 경쟁적 정당의 발전 등을 명분으로 전술한 일련의 제도 변화를 밀어붙였다. 이 시기 제도 개혁의 중요한 특징은 선거·정당법의 표준화와 연방주체 지역에서의 변용 범위 최소화, 소수 정당 중심의 선거·정당체계 형성, 정당에 대한 국가의 통제 강화 등으로 압축된다.

푸틴 정부의 제도개혁은 러시아 연방제의 운영, 지역 정치체제와 정치·선거과정에 직접적 영향을 끼쳤다. 이러한 조치는 정당체계의 집중화, 중앙-지방 간 수직적 위계질서 강화 등의 정치적 효과로 나타났다.

그 결과, 외형적으로 다당제와 경쟁적 선거체계의 형태를 유지하면서도 내용적으로는 정치·선거과정에서 조작 메커니즘이 가동되는 제한적 정당경쟁체계가 만들어졌다.[14] 그리고 2005년부터 2008년까지 실시된 일련의 지역 선거에서 연방 중앙의 지역 정치·선거과정에 있어서의 영향력이 극대화되었고, 연방 중앙은 지역 선거과정의 가장 주도적인 행위자로 부상했다.[15] 이러한 메커니즘의 구축은 2007년 국가두마 선거와 2008년 대통령 선거에서 집권세력의 압도적 승리로 나타났으며, 푸틴 정부의 안정적 권력 토대 형성을 실질적으로 뒷받침했다.

현재 러시아 지방선거는 2002년 제정된 후 푸틴 1-2기 동안 지속적으로 세부규정이 강화되어온 연방법 '기본 보장에 대하여'를 바탕으로, 메드베데프 정부 시기 선거법, 정당법 등에서의 일부 제도변화를 반영하여 실시되고 있다. 러시아 지방선거 규정의 주요 내용은 ① 보통, 평등, 직접, 비밀선거 원칙 적용, ② 지역 의회 선거의 혼합선거제 방식 적용[16], ③ 5% 진입 장벽 적용, ④ 비례대표 의원의 교섭단체 변경 금지[17], ⑤ 선거블록의 선거참여 금지, ⑥ 지역구 후보 등록 및 비례대표명부 등록 - 추천인 명부 제출 또는 선거공탁금 납부 - 원칙[18], ⑦ 투표용지의 '모두에게 반대'(против всех) 란 금지, ⑧ 주지사 직선제 복원[19], ⑨ 완화된 정당 창당 및 등록 절차 적용[20], ⑩ '통합선거일'(Единый день голосования) 적용[21] 등으로 압축된다.

2.2. 중앙연방관구 주지사, 지역 의회 현황과 선거 메커니즘

표 1 중앙연방관구 연방주체 수반 현황과 선거 메커니즘 요약

번호	연방주체 명칭	수반 명칭*	수반 성명 /소속정당	선출방식/ 임기	최근 선거
1	벨고로트 주	주지사	삽첸코 (Евгений Савченко)/ 통합러시아	직선제/ 5년	2012.10

번호	연방주체 명칭	수반 명칭*	수반 성명 /소속정당	선출방식/ 임기	최근 선거
2	브랸스크 주	주지사	보고마스 (Александр Богомаз)/ 통합러시아	직선제/ 5년	2014.09 (푸틴, 주지사 권한대행 임명)
3	블라디미르 주	주지사	오를로바 (Светлана Орлова)/ 통합러시아	직선제/ 5년	2013.09
4	보로네시 주	주지사	고르데예프 (Алексей Гордеев)/ 통합러시아	직선제/ 5년	2014.09
5	이바노보 주	주지사	콘코프 (Павел Коньков)/ 통합러시아	직선제/ 5년	2014.09
6	칼루가 주	주지사	아르타모노프 (Анатолий Артамонов)/ 통합러시아	직선제/ 5년	2010.06 (메드베데프, 주지사 임명)
7	코스트로마 주	주지사	시트니코프 (Сергей Ситников)/ 통합러시아	직선제/ 5년	2012.04 (메드베데프, 주지사 임명)
8	쿠르스크 주	주지사	미하일로프 (Александр Михайлов)/ 통합러시아	직선제/ 5년	2014.09
9	리페츠크 주	주정부 대 표	코롤료프 (Олег Королев)/ 통합러시아	직선제/ 5년	2014.09
10	모스크바 연방시	시장	소뱌닌 (Сергей Собянин)/ 통합러시아	직선제/ 5년	2013.09
11	모스크바 주	주지사	보로비요프 (Андрей Воробьев)/ 통합러시아	직선제/ 5년	2013.09
12	오룔 주	주지사	포톰스키 (Вадим Потомский)/ 공산당	직선제/ 5년	2014.09
13	랴잔 주	주지사	코발료프 (Олег Ковалев)/ 통합러시아	직선제/ 5년	2012.10

번호	연방주체 명칭	수반 명칭*	수반 성명 /소속정당	선출방식/ 임기	최근 선거
14	스몰렌스크 주	주지사	오스트롭스키 (Алексей Островский)/ 자민당	직선제/ 5년	2012.04 (메드베데프, 주지사 임명)
15	탐보프 주	주정부 대표	베틴 (Олег Бетин)/ 통합러시아	직선제/ 5년	2010.06 (메드베데프, 주지사 임명)
16	트베리 주	주지사	셰벨료프 (Андрей Шевелев)/ 통합러시아	직선제/ 5년	2011.07 (메드베데프, 주지사 임명)
17	툴라 주	주지사	그루즈데프 (Владимир Груздев)/ 통합러시아	직선제/ 5년	2011.08 (메드베데프, 주지사 임명)
18	야로슬라블 주	주지사	야스트레보프 (Сергей Ястребов)/ 무소속	직선제/ 5년	2012.05 (메드베데프, 주지사 임명)

* 본 글의 '주지사,' '주정부 대표,' '시장'에 대한 러시아어 공식 표현은 각각 "Губернатор," "Глава администрации," "Мэр"이다.

※ 자료: 각 주의 헌장과 주 정부 홈페이지를 바탕으로 필자 작성(자세한 내용은 참고문헌 명시)

[표 1]에서 잘 보여주고 있는 바와 같이, 중앙연방관구 소속 18개 연방주체 가운데 가장 많은 15개 연방주체가 '주지사' 명칭을 사용하고 있으며, 2개 연방주체가 '주정부 대표' 명칭을, 1개 연방주체가 '시장' 명칭을 사용하고 있는 것으로 나타났다. 이는 무엇보다 중앙연방관구가 17개 '주'(область)와 1개 '시'(город)로 구성된 데 따른 것으로 분석할 수 있다. 더불어 중앙연방관구 소속 연방주체 가운데 '연방주체 수반'과 '행정수장'을 따로 구분하고 있는 사례는 없었다.

다음으로, 러시아 연방 내의 일부 연방주체가 그 수반의 임기를 4년으로 규정하고 있는 사례와 달리, 중앙연방관구 소속 18개 연방주체 수반(주지사)의 임기는 모두 5년이었다. 다만, 현재 이들 18명의 주지사 가운데 8명이 직접선거 방식이 아닌 간접선거 방식에 의해 선출되어 직무를 수행하고 있는 것으로 나타났다. 이들 8명의 주지사들은 모두 2012년 6월 이른바 주지사 직선제 복원 이전에 주지사에 선출된 인물들이다. 실제로 2012년 6월 이전의 주지사들은 ① 지역 의회 선거에서 승리한 다수당의 복수 (주지사) 후보 추천, ② 대통령의 주지사 후보 지명, ③ 지역 의회의 승인 절차를 거치는 간접선거 방식으로 선출됐다.[22)]

2012년 6월 '주지사 직선제 도입에 관한 연방법'이 공식 발효됨에 따라 두 개의 관련법(러시아 연방주체 입법·행정기구 조직법, 연방법 '일반원칙에 대하여')이 개정되었고 그 핵심 내용은 다음과 같다. 지역 주지사는 보통·평등·직접·비밀 선거를 통해 선출된다. 주지사는 과반 이상의 득표를 통해 선출되며 과반 이상을 득표하지 못할 경우 2차 결선투표를 통해 선출된다. 주지사의 임기는 5년 이하로 하며 2회 중임까지만 허용한다. 법무부 등록 정당은 자당의 후보(당원이 아니어도 상관없음)를 출마시킬 수 있으며, 무소속 후보도 지역 자체 규정에 따라 출마할 수 있다. 다만, 대통령은 필요한 경우 정당 및 무소속 입후보들과의 사전 협의에 대한 권한을 보유한다. 주지사 선거 입후보자는 후보 등록을 위해 지역 기초자치단체의 3/4 이상에서 기초의원과 기초자치단체장의 5~10% 추천을 받아야 한다. 더불어 후보 등록을 위해 무소속 입후보자는 0.5~2%의 주민 추천을 받아야 하며, 정당 추천 입후보자는 이 의무사항이 면제된다. 해임된 전직 주지사는 최소 2년간 러시아 전 지역에서의 주지사 선거 출마가 불허된다. 주지사의 권한은 대통령의 신뢰 상실(부패 혐의 적발, 이해갈등 조정 불능, 주지사 활동의 러시아 연방 헌법 저촉 등을 이유로)과 관련하여 정지(해임)될 수 있다. 주지사의 위법 행위나 정당하지 못한 사유에 의한 지속적인 의무 불이행과 관련하여 주민 소환권이 허용된다. 주지사에 대한 주민 소환권은 지역 주민 1/4 이상의 연서를 통해 발의되며, 그 절차는 지역 자체에서 마련된 규정을 따른다.

마지막으로, 중앙연방관구 18명의 주지사의 소속 정당별 통계는 통합러시아 15명, 공산당 1명, 자민당 1명, 무소속 1명이었다. 여당 통합러시아 소속 주지사의 비율이 압도적이었으며, 나머지 야당 또는 무소속 주지사의 경우도 집권세력과의 일종의 공생관계 속에서 정치적 배려의 결과로 주지사직을 확보한 경우로 분석된다.

표 2 중앙연방관구 지역 의회 현황과 선거 메커니즘 요약

번호	연방주체 명칭	의회 명칭 (형식)*	선출방식 의석수 (지역/비례)	임기	의장 성명	제1당/ 제2당	최근 선거
1	벨고로트 주	주 두마 (단원제)	혼합제 50석 (25/25)	5년	쿨라부호프 (Иван Кулабухов)	통합러시아/ 공산당	2010. 10
2	브랸스크 주	주 두마 (단원제)	혼합제 60석 (30/30)	5년	폽코프 (Владимир Попков)	통합러시아/ 공산당	2014. 09
3	블라디미르 주	주 입법회의 (단원제)	혼합제 38석 (19/19)	5년	키셀료프 (Владимир Киселев)	통합러시아/ 공산당	2013. 09
4	보로네시 주	주 두마 (단원제)	혼합제 56석 (28/28)	5년	클류치니코프 (Владимир Ключников)	통합러시아/ 공산당	2010. 03
5	이바노보 주	주 두마 (단원제)	혼합제 26석 (13/13)	5년	스미르노프 (Виктор Смирнов)	통합러시아/ 공산당	2013. 09
6	칼루가 주	주 입법회의 (단원제)	순수 비례대표제 40석	5년	바부린 (Виктор Бабурин)	통합러시아/ 공산당	2010. 03
7	코스트로마 주	주 두마 (단원제)	혼합제 36석 (18/18)	5년	비치코프 (Андрей Бычков)	통합러시아/ 공산당	2010. 10
8	쿠르스크 주	주 두마 (단원제)	혼합제 45석 (22/23)	5년	보로니나 (Татьяна Воронина)	통합러시아/ 공산당	2011. 03

번호	연방주체 명칭	의회 명칭 (형식)*	선출방식 의석수 (지역/비례)	임기	의장 성명	제1당/ 제2당	최근 선거
9	리페츠크 주	주 의원 회의 (단원제)	혼합제 56석 (28/28)	5년	푸틸린 (Павел Путилин)	통합러시아/ 공산당	2011. 12
10	모스크바 연방시	시 두마 (단원제)	소선거구 다수제 45석	5년	샤포시니코프 (Алексей Шапошников)	통합러시아/ 공산당	2014. 09
11	모스크바 주	주 두마 (단원제)	혼합제 50석 (25/25)	5년	브린찰로프 (Игорь Брынцалов)	통합러시아/ 공산당	2011, 12
12	오룔 주	주 인민의원 회의 (단원제)	혼합제 50석 (25/25)	5년	무잘렙스키 (Леонид Музалевский)	통합러시아/ 공산당	2011. 12
13	랴잔 주	주 두마 (단원제)	혼합제 36석 (18/18)	5년	포민 (Аркадий Фомин)	통합러시아/ 공산당	2010. 03
14	스몰렌스크 주	주 두마 (단원제)	혼합제 48석 (24/24)	5년	랴호프 (Игорь Ляхов)	통합러시아/ 공산당, 정의 러시아	2013, 09
15	탐보프 주	주 두마 (단원제)	혼합제 50석 (25/25)	5년	니키틴 (Александр Никитин)	통합러시아/ 공산당	2011. 03
16	트베리 주	주 입법회의 (단원제)	혼합제 40석 (20/20)	5년	에피신 (Андрей Епишин)	통합러시아/ 공산당	2011. 03
17	툴라 주	주 두마 (단원제)	혼합제 38석 (19/19)	5년	하리토노프 (Сергей Харитонов)	통합러시아/ 공산당, 자민당	2014. 09
18	야로슬라블 주	주 두마 (단원제)	혼합제 50석 (25/25)	5년	보로비츠키 (Михаил Боровицкий)	통합러시아/ 공산당	2013, 09

* 본 글의 '주 의원 회의,' '주 인민의원 회의,' '주 입법회의,' '주 두마'에 대한 러시아어 공식 표현은 각각 "областной совет депутатов," "Областной Совет народных депутатов," "Законодательное собрание области," "Областная Дума"이다.

※ 자료: 각 주의 헌장, 각 주의 주 법 "주 의회 의원 선거에 대하여," 주 의회 홈페이지를 바탕으로 필자 작성(자세한 내용은 참고문헌 명시)

[표 2]에서 나타나듯 중앙연방관구 소속 연방주체들은 모두 단원제를 채택하고 있는 것으로 나타났다. 지역 의회 명칭과 관련해서는 '주 두마'를 사용하는 경우가 12곳, '주 입법회의'가 3곳(블라디미르 주, 칼루가 주, 트베리 주), '시 두마'가 1곳(모스크바 시), '주 의원 회의'가 1곳(리페츠크 주), '주 인민의원 회의'가 1곳(오룔 주)이었다. 따라서 중앙연방관구의 경우 지역 의회의 명칭에 있어 '두마'의 활용 비율이 가장 높은 것으로 파악됐다.

다음으로, 지역 의회 구성방식과 관련하여 총 18개 연방주체 가운데 혼합제를 채택하고 있는 지역이 16곳, 순수비례대표제를 채택하고 있는 지역이 1곳(칼루가 주), 소선거구 다수제를 채택하고 있는 곳이 1곳(모스크바 시)이었다. 따라서 중앙연방관구 내 지역 의회는 연방 하원 구성방식과 마찬가지로 혼합제를 채택하고 있는 비율이 압도적인 것으로 나타났다.

의원정수(의석수)는 26석의 최소 의석을 기록한 이바노보 주부터 60석의 최대 의석을 기록한 브랸스크 주까지 다양한 형태로 나타났다. 그러나 의원의 임기는 18개 연방주체 모두 예외 없이 5년으로 같았다. 지역 의회 다수당과 제2당 비율은 18개 연방주체 전 지역에서 통합러시아가 다수당을 차지한 가운데 공산당이 전 지역에서 제2당 지위를 확보하고 있는 것으로 나타났다. 다만, 자민당과 정의러시아가 각각 툴라 주와 스몰렌스크 주에서 공산당과 함께 공동 제2당 지위를 갖고 있으나 이 지역에서 이들 정당이 제2당으로서 확보한 의석은 매우 미미한 상황이었다.

3. 2014 지방선거의 개요와 결산

3.1. 2014 지방선거의 개요

2014년 9월 14일 신 러시아 연방 역사상 가장 큰 규모의 지방선거(통합선거일)가 실시됐다. 85개 연방주체 지역 가운데 인구세티야 공화국을 제외한 84개 지역에서 선거가 치러졌다. 30개 연방주체 수반 선거(주지사 선거), 14개 연방주체 지역 의회 선거, 3개의 연방주체 주도(州都) 시장 선거와 21개 연방주체 주도 의회 선거를 비롯하여 기초자치단체장 및 기초의회 선거 등 총 5,812개의 선거가 동시에 치러졌다. 총 7천 5백만 유권자를 대상으로 했으며, 투표용지는 1억 5천만 장이었고, 선거에 들어간 비용은 총 60억 루블(약 1,800억 원)에 달했다. 러시아 중앙선관위에 따르면, 이러한 선거 규모는 신 러시아 연방 역사상 비연방 차원(지역 차원)에서 치러진 선거 규모로는 최대 규모였다.

이번 지방선거에는 새로이 인입된 2곳의 연방주체(크림 공화국, 세바스토폴 시)에서 최초로 선거가 치러졌다. 크림은 국회(Госсовет) 의원 75명(이 중 25명은 지역구 의원), 세바스토폴은 입법회의(заксобрание) 의원 24명을 선출했다. 이들 지역에서의 선거는 다른 지역과는 조금 다른 방식으로 치러졌다. 특기할 점은 투표용지의 언어가 러시아어, 우크라이나어, 크림·타타르어 이상 3개로 병기된 것이었다. 더불어, 아직 이 지역에서 여권을 발급받지 못한 유권자(전체 유권자의 약 2%)들로 말미암아, 우크라이나 여권이나 소련 여권, 또는 연방이민국(ФМС: Федеральная миграционная служба) 발급 증명으로 선거인 명부 등록이 가능토록했다.

이와 관련하여, 러시아 사회경제·정치연구소장 포잘로프(Александр Пожалов)는 "2016년 총선에서 자신의 역할을 수행할 1백80만 명의 유권자가 새로이 나타났다. 이 지역에 3~4석의 지역구 의석이 주어질 것이다. 이번 선거에서 국가두마 선거를 겨냥하여 정치세력들이 크림반도에서 자신의 존재감을 드러내려 했다는 점은 분명하다."고 평가했다.[23)]

3.2. 2014 지방선거 결산

3.2.1. 주지사 선거

주지사 선거가 치러진 30개 지역 모두에서 1차 투표를 통해 주지사 직무대행(현직 주지사)이 당선됐다. 사실 주지사 선거가 치러진 30개 지역 모두에서 당선자는 충분히 예상되어 있었다. 대부분이 여당 통합러시아 소속인 주지사 직무대행들은 선거 캠페인 과정에서 이른바 '암묵적 동의'(коалиционные соглашения)를 바탕으로 큰 저항이나 장벽 없이 당선이 가능한 상황이었다.[24)] 주지사 당선자들은 대부분 70%가 넘는 높은 득표율로 당선됐으며, 70%이하의 득표율을 기록한 지역은 단 7곳이었다.

상대적으로 현 집권세력에 대한 불만이 크고 다원주의적 경향이 강한 지역으로 분류되는 상트페테르부르크에서 통합러시아 소속의 폴탑첸코(Георгий Полтавченко)가 80%에 육박하는 높은 득표율로 당선됐다. 가장 큰 이유는 국가두마 의원이자 폴탑첸코의 가장 강력한 경쟁자로 예상됐던 드미트리예바(Оксана Дмитриева)가 이른바 사전 여과장치(муниципальный филтр)를 극복하지 못하고 선거 등록에 실패했기 때문이었다. 실제로 폴탑첸코의 선거 캠프에서 드미트리예바의 선거 등록을 저지하기 위해 가능한 최대의 기초자치단체장 및 기초의원의 서명을 확보하려 했다는 것은 공공연한 비밀이었다. 드미트리예바의 선거 등록을 저지한 폴탑첸코는 나머지 허수아비 후보자들과의 경쟁에서 손쉽게 승리를 획득했으며, 이러한 상황은 25.76%라는 저조한 투

표율로 나타났다.[25]

선거를 앞두고 알타이 공화국, 사하 공화국, 크라스노야르스크 변강주 주지사 선거에서 2차 결선투표 시행 가능성이 점쳐지기도 했지만, 결국 경합지역으로 분류되던 곳 모두에서 여당 후보들은 50% 장벽을 넘어 1차 투표에서 당선을 결정지었다.[26]

전 노보시비르스크 주지사, 전 시베리아연방관구 대통령 전권대표 출신으로 크라스노야르스크 주지사직에 도전한 톨로콘스키(Виктор Толоконский)는 그를 이방인으로 간주하는 지역 내 분위기와 비효율적 캠페인으로 말미암아 저조한 지지율을 나타냈다. 톨로콘스키의 지지율은 7월에 약 30%를 기록했고, 8월말 9월초에 이르러 50%에 근접했으며, 선거 직전 52%를 기록했다. 그러나 푸틴이 선거를 앞두고 크라스노야르스크 변강주로의 연방 기구 이전 등을 약속하는 등 직접적인 지원에 나서면서 결국 톨로콘스키는 63.3%의 득표율로 당선됐다.[27]

사하 공화국과 알타이 공화국의 상황은 강력한 경쟁자들의 존재가 특징적이었다. 예컨대, 알타이 공화국에서 여당 후보 베르드니코프(Александр Бердников)는 공산당 후보 로마시킨(Николай Ромашкин)과 실질적 선거 연대를 형성한 '시민의 힘' 소속의 페트로프(Владимир Петров)와 치열한 경쟁을 펼쳤다. 결국 베르드니코프는 36.44%를 득표한 페트로프와 7.72%를 득표한 로마시킨을 어렵게 제치고 과반을 겨우 넘기는 50.63%의 득표율로 당선됐다.

아스트라한 주에서 정의러시아 소속 후보 셰인(Олег Шеин)의 저조한 득표도 특기할만하다. 지난 선거에서 셰인은 '투표용지계수설비'(КОИБ: Комплекс обработки избирательных бюлетеней)가 설치된 곳에서 매우 좋은 결과를 획득했고, 그 결과 대규모 부정선거가 자행됐다고 주장했다. 따라서 아스트라한을 비롯한 일부 문제제기 지역에 КОИБ

표 3 30개 지역 주지사 선거 개요

	연방주체명	선거 성격	후보자 수	등록자 수	당선자	득표율(%)
1	알타이 공화국	정규	7	4	А. В. Бердников	50.63
2	바시코르토스탄 공화국	보궐	11	4	Р. З. Хамитов	81.71
3	칼미키야 공화국	보궐	7	4	А. М. Орлов	82.89
4	코미 공화국	정규	5	5	В. М. Гайзер	78.97
5	사하(야쿠티야) 공화국	보궐	7	5	Е. А. Борисов	58.79
6	우드무르티야 공화국	정규	9	4	А. В. Соловьёв	84.84
7	알타이 변강주	정규	10	5	А. Б. Карлин	72.97
8	크라스노야르스크 변강주	보궐	5	5	В. А. Толоконский	63.30
9	연해주	보궐	5	4	В. В. Миклушевский	77.43
10	스타브로폴 변강주	보궐	8	5	В. В. Владимиров	84.22
11	아스트라한 주	정규	5	5	А. А. Жилкин	75.28
12	볼고그라드 주	보궐	5	4	А. И. Бочаров	88.49
13	볼로그다 주	보궐	6	4	О. А. Кувшинников	62.98
14	보로네시 주	정규	8	5	А. В. Гордеев	88.81
15	이바노보 주	보궐	6	5	П. А. Коньков	80.32

	연방주체명	선거 성격	후보자 수	등록자 수	당선자	득표율(%)
16	키로프 주	정규	5	4	Н. Ю. Белых	69.98
17	쿠르간 주	정규	4	4	А. Г. Кокорин	84.87
18	쿠르스크 주	보궐	8	5	А. Н. Михайлов	66.81
19	리페츠크 주	보궐	8	5	О. П. Королёв	81.83
20	무르만스크 주	보궐	6	5	М. В. Ковтун	64.69
21	니제고로트 주	보궐	12	7	В. П. Шанцев	86.93
22	노보시비르스크 주	보궐	6	3	В. Ф. Городецкий	64.97
23	오렌부르크 주	보궐	9	5	Ю. А. Берг	80.28
24	오룔 주	정규	9	5	В. В. Потомский	89.17
25	프스코프 주	정규	9	5	А. А. Турчак	78.36
26	사마라 주	보궐	7	5	Н. И. Меркушкин	91.35
27	첼랴빈스크 주	보궐	4	4	Б. А. Дубровский	86.37
28	튜멘 주	보궐	4	3	В. В. Якушев	86.56
29	상트페테르부르크	보궐	7	5	Г. С. Полтавченко	79.30
30	네네츠 자치구	보궐	5	4	И. В. Кошин	76.70

* 자료: 중앙선관위와 지역 선관위 발표 자료를 토대로 필자가 작성

가 설치됐다. 그러나 이번 선거에서 셰인은 단 17%를 획득했고, 주지사 직무대행 질킨(Александр Жилкин)이 74.66%의 높은 득표율로 1차 투표에서 당선을 결정지었다.

이 중 중앙연방관구 소속 연방주체는 보로네시 주, 이바노보 주, 쿠르스크 주, 리페츠크 주, 오룔 주 이상 5곳이었고, 선거 결과는 [표 1], [표 2], [표 3], [표 4], [표 5]와 같다.

표 4 보로네시 주 주지사 선거 결과

후보자 성명	소속 정당	득표율
아시핀(Константин Ашифин)	러시아연방공산당	7.65%
곤차로프(Сергей Гончаров)	러시아의 애국자들*	0.92%
고르데예프(Алексей Гордеев)	통합러시아	88.81%
필라토프(Игорь Филатов)	러시아자유민주당	1.13%
추비르코(Михаил Чубирко)	러시아연방카자크당**	0.71%

* 러시아의 애국자들 당 - "ПАТРИОТЫ РОССИИ"
** 러시아연방카자크당 - "Казачья партия Российской Федерации"
※ 자료: 보로네시 주 선거관리위원회 홈페이지 "Выборы и референдумы" 게시 자료를 바탕으로 필자 작성

표 5 이바노보 주 주지사 선거 결과

후보자 성명	소속 정당	득표율
발체프(Сергей Вальцев)	러시아의 애국자들	1.50%
지민(Николай Зимин)	러시아연방공산당	7.83%
콘코프(Павел Коньков)	통합러시아	80.32%
페텔린(Александр Петелин)	반부패인민*	2.89%
시로트킨(Сергей Сироткин)	자민당	6.41%

* 반부패인민 당 - "НАРОД ПРОТИВ КОРРУПЦИИ"
※ 자료: 이바노보 주 선거관리위원회 홈페이지 "Выборы и референдумы" 게시 자료를 바탕으로 필자 작성

표 6 쿠르스크 주 주지사 선거 결과

후보자 성명	소속 정당	득표율
콤코프(Константин Комков)	정의러시아	4.42%
미하일로프(Александр Михайлов)	통합러시아	66.81%
테슬레바(Елена Теслева)	자유시민당*	4.44%
표도로프(Владимир Федоров)	러시아자유민주당	10.33%
피르소프(Владимир Фирсов)	러시아연방공산당	11.73%

* 자유시민당 - "Партия свободных граждан"
※ 자료: 쿠르스크 주 선거관리위원회 홈페이지 "Выборы и референдумы" 게시 자료를 바탕으로 필자 작성

표 7 리페츠크 주 주지사 선거 결과

후보자 성명	소속 정당	득표율
코롤료프(Олег Королев)	통합러시아	81.83%
먀코프(Иван Мягков)	농업당*	3.05%
포드고르니(Владимир Подгорный)	연금수령자당**	3.09%
로디오노프(Владимир Родионов)	러시아연방카자크당	2.64%
할리몬추크(Максим Халимончук)	러시아자유민주당	7.24%

* 농업당 - "Аграрная партия России"
** 연금자당 - "Партия пенсионеров России"
※ 자료: 리페츠크 주 선거관리위원회 홈페이지 "Выборы и референдумы" 게시 자료를 바탕으로 필자 작성

표 8 오룔 주 주지사 선거 결과

후보자 성명	소속 정당	득표율
안튜호프(Юрий Антюхов)	청년러시아	2.92%
갈킨(Иван Галкин)	정의러시아	1.63%
카잔체프(Андрей Казанцев)	러시아부활당	1.26%
포톰스키(Вадим Потомский)	러시아연방공산당	89.17%
우테셰프(Виталий Утешев)	러시아자유민주당	3.74%

* 농업당 - "Аграрная партия России"
** 연금자당 - "Партия пенсионеров России"
※ 자료: 오룔 주 선거관리위원회 홈페이지 "Выборы и референдумы" 게시 자료를 바탕으로 필자 작성

3.2.2. 지역 의회 선거

표 9 14개 지역 지역 의회 선거 개요

	연방주체	선거방식	의석수 (비례대표/지역구)	임기 (년)	참여 정당수	통합러시아 득표율(%)
1	알타이 공화국	혼합선거제	41 (21/20)	5	14	44.70
2	카바르디노-발카리야 공화국	순수비례 대표제	70 (70/0)	5	10	65.28
3	카라차예보-체르카시야 공화국	순수비례 대표제	50 (50/0)	5	6	73.21
4	크림 공화국	혼합선거제	75 (50/25)	5	14	70.18
5	마리엘 공화국	혼합선거제	52 (26/26)	5	8	65.40
6	타타르스탄 공화국	혼합선거제	100 (50/50)	5	11	84.24
7	티바 공화국	혼합선거제	32 (16/16)	5	7	84.03
8	하바롭스크 주	혼합선거제	36 (18/18)	5	10	57.14
9	브랸스크 주	혼합선거제	60 (30/30)	5	10	71.90
10	볼고그라드 주	혼합선거제	38 (19/19)	5	13	60.09
11	툴라 주	혼합선거제	38 (19/19)	5	8	65.98
12	모스크바	소선거구 다수제	45 (0/45)	5	해당 없음	해당 없음
13	세바스토폴 주	혼합선거제	24 (16/8)	5	14	76.67
14	네네츠 자치구	혼합선거제	19 (11/8)	4	9	45.62

* 자료: 중앙선관위와 지역 선관위 발표 자료를 토대로 필자가 작성

14개 지역에서 치러진 연방주체 지역 의회 선거에서 통합러시아는 전 지역 의회에서 과반 이상의 의석을 확보했다. 통합러시아는 전 지역에서 압도적 지역구 의석을 확보했다. 또한 정당 명부 비례대표 투표에서도 최근 수년간의 지방선거에 비해 높은 득표율을 획득했다. 이번 선거에서 60% 미만의 상대적으로 낮은 득표율을 기록한 지역은 알타이 공화국, 하바롭스크 주, 네네츠 자치구 이상 3곳이었다.

이번 지방선거 가운데 가장 큰 관심을 모은 것은 모스크바 시 두마 선거였다. 혼합제에서 소선거구 다수제 방식으로 모스크바 시 두마 구성 방식이 변경됨에 따라 45개 지역구 의석을 놓고 총 258명의 후보자가 경쟁했다. 총 45개 의석 가운데 통합러시아가 28석, 공산당이 5석, 자민당과 로디나가 각각 1석, 무소속 후보가 10석을 획득했다.

모스크바 시 두마 선거에서 통합러시아는 28석이라는 안정적 의석을 확보했다. 제6기 모스크바 시 두마에 통합러시아 소속 현직 시 두마 의원들이 대거 재선했다. 이들 중 ① 시 두마 의장 플라토노프(Владимир Платонов, 23번 지역구), ② 시 두마 부의장 메텔스키(Андрей Метельский, 15번 지역구)를 비롯해, ③ 스코비노프(Валерий Скобинов, 3번 지역구), ④ 게라시모프(Евгений Герасимов, 4번 지역구), ⑤ 포르트노바(Татьяна Портнова, 13번 지역구), ⑥ 스뱌텐코(Инна Святенко, 22번 지역구), ⑦ 스테벤코바(Людмила Стебенкова, 25번 지역구), ⑧ 시토프(Кирилл Щитов, 26번 지역구), ⑨ 오를로프(Степан Орлов, 27번 지역구), ⑩ 안톤체프(Михаил Антонцев, 28번 지역구), ⑪ 즈베레프(Сергей Зверев, 31번 지역구), ⑫ 세멘니코프(Александр Семенников, 34번 지역구), ⑬ 밀랴스키(Александр Милявский, 40번 지역구), ⑭ 크루글랴코프(Виктор Кругляков, 19번 지역구)가 선출됐다.

통합러시아 소속 후보 중 ⑮ 상원의원 드라군킨나(Зинаида Драгункина,

1번 지역구)를 비롯해, ⑯ 일리체바(Ирина Ильичева, 9번 지역구), ⑰ 샤포시니코프(Алексей Шапошников, ⑱ 12번 지역구), ⑲ 텔리첸코(Валерий Теличенко, 1번 지역구), ⑳ 스메타노프(Александр Сметанов, 17번 지역구), ㉑ 조토바(Зоя Зотова, 24번 지역구), ㉒ 로마키나(Татьяна Ломакина, 32번 지역구), ㉓ 구세바(Людмила Гусева, 33번 지역구), ㉔ 포셀레노프(Павел Поселенов, 41번 지역구), ㉕ 바티셰바(Татьяна Батышева, 42번 지역구)가 새로이 시 두마 의원에 선출됐다.

일부 지역구에서 통합러시아 소속 후보와 야당 후보 간 경쟁이 치열했다. 가장 경쟁이 치열했던 곳은 통합러시아 소속 현직 의원 팔레예프(Антон Палеев)와 '시민강령'(Гражданская платформа) 소속 전 트로이츠크 시장 겸 TV퀴즈쇼 '무엇을, 어디서, 언제?' 진행자 시드네프(Виктор Сиднев)가 대결을 펼친 39번 지역구였다. 5번 지역구에서도 무소속 카츠(Максим Кац)와 ㉖ 소로카(Олег Сорока)가 마지막 순간까지 긴장감 넘치는 대결을 이어갔다. 43번 지역구에서는 통합러시아 소속 ㉗ 샤스티나(Вера Шастина)와 시민강령 소속 야르몰니크(Леонид Ярмольник) 간의 경쟁이 관심을 모았음. 6번 지역구에서는 ㉘ 통합러시아 소속의 인민배우 밥키나(Надежда Бабкина)가 36.91%의 득표로 당선을 확정지었다.

공산당은 이번 선거를 통해 기존 3석에서 5석으로 의석 비율을 확장했다. 모스크바 선관위 발표에 따르면, 시 두마 부의장 구벤코(Николай Губенко, 37번 지역구)과 원내대표 클리치코프(Андрей Кличков)가 재선에 성공했다. 이와 함께, 주가노프(Леонид Зюганов: 러시아연방공산당수 겐나디 주가노프의 손자, 8번 지역구), 주브릴린(Николай Зубрилин, 11번 지역구), 슈발로바(Елена Шувалова, 44번 지역구) 이상 3명이 새로 시 두마에 입성했다. 새로 구성될 제6기 모스크바 두마의 최고령, 최연소 의원은 모두 공산당 소속으로 구벤코와 주가노프가 바로 그들이다.

자민당과 로디나 역시 각각 1석의 의석을 확보했다. 자민당은 발라킨(Михаил Балакин, 38번 지역구), 로디나는 시바예프(Андрей Шибаев, 20번 지역구)가 각각 제6기 모스크바 두마에 입성했다.

통합러시아의 지원을 받은 친여 성향의 무소속 후보 10명도 당선을 결정지었다. ① 야로슬라브스카야(Ольга Ярославская, 2번 지역구), ② 페르필로바(Надежда Перфилова, 7번 지역구), ③ 카르탑체바(Лариса Картавцева, 10번 지역구), ④ 몰레프(Антон Молев, 16번 지역구), ⑤ 나자로바(Ирина Назарова, 18번 지역구), ⑥ 민코(Нина Минько, 2번 지역구), ⑦ 미신(Сергей Мишин, 30번 지역구), ⑧ 라이셰드(Ренат Лайшев, 35번 지역구), ⑨ 샤라포바(Ольга Шарапова, 36번 지역구), ⑩ 쿠지미노프(Ярослав Кузьминов, 45번 지역구)가 그들이다.[28)]

이번 모스크바 시 두마 선거는 큰 위반이나 부정 없이 치러진 것으로 평가되지만, 20.86%의 투표율은 모스크바 시 두마 선거 역사상 최저 기록이 되었다.

크림 공화국과 세바스토폴 주에서도 지역 의회 선거가 치러졌다. 이번 지역 의회 선거를 통해 이들 지역에서의 과도기적 상태가 해소되고, 이른바 직무대행 체제가 종식됐다.[29)] 크림 공화국은 총 75석의 의석 중 50석은 비례대표제로, 25석은 소선거구 다수대표제로 배정하는 혼합제를 채택하고 있다. 크림 공화국 유권자들은 예상했던 대로 통합러시아에 대한 지지를 나타냈다. 이번 지역 의회 선거에서 통합러시아는 76.67%를 득표했으며, 5% 진입 장벽을 극복한 유일한 야당은 자민당으로 7.39%를 득표함(투표율: 53.61%). 그 결과, 통합러시아가 총 70석(정당 득표율 70.18% + 25개 지역구 의석)을 확보했고, 자민당이 5석을 획득했다. 특기할 점은 크림 공화국 대통령권한대행 악세노프(Сергей Аксенов)와 국회 의장 콘슨탄티노프(Владимир Константинов)가 이번 선거에서 통합러시아 비례대표 명부에 포함되어 당선됐고, 자민당 당수 지리놉스키(Владимир Жириновский)가 비례대표 의원에 선출된 것이다.

세바스토폴 의회 선거도 유사한 결과를 기록했다. 이번 지역 의회 선거에서 통합러시아는 76.67%를 득표했으며, 5% 진입 장벽을 극복한 유일한 야당은 자민당으로 7.39%를 득표했다(투표율: 47.58%). 그 결과, 통합러시아가 16석의 비례대표 의석 가운데 14석과 8석의 지역구 의석을 확보했고, 자민당이 2개의 비례대표 의석을 획득했다.

러시아가 크림을 침공했다고 주장하는 우크라이나는 당연히 국제사회가 이번 선거를 인정하지 않을 것이라면서, 이번 선거가 아무런 의미가 없을 뿐만 아니라 이를 인정하지 않을 것이라는 뜻을 밝혔다. 우크라이나 검찰청 역시 14일 크림에서 치러진 선거를 한시적으로 강탈당한 우크라이나 영토에서 치러진 불법적 선거로서 권력 찬탈 시도라고 규정했다. 더불어 이미 우크라이나 내에서 선거를 조직한 제 단체들에 대한 형사소송을 제기하기도 했다.

지역 의회 선거가 치러진 14곳의 연방주체 가운데 중앙연방관구 소속 연방주체는 브랸스크 주, 툴라 주, 모스크바 시 이상 3곳이었고, 그 가운데 정당명부식 비례대표 선거가 진행된 브랸스크 주와 툴라 주의 선거 결과는 아래의 [표 10], [표 11]과 같다.

4. 2014 지방선거의 평가와 시사점

2014년 대규모 지방선거는 우크라이나 사태와 크림 병합 문제 등 연방 차원의 의제가 전체 선거를 좌우한 국민투표적 성격을 강하게 나타냈다.[30] 앞서 살펴본 바와 같이, 주지사 선거가 치러진 30개 지역 모두

표 10 브랸스크 주 두마 의원 선거 정당명부 비례대표 투표 결과

번호	정당 명칭	득표율
1	러시아의 공산주의자들 (КОММУНИСТИЧЕСКАЯ ПАРТИЯ КОММУНИСТЫ РОССИИ)	3.13%
2	대조국당(Партия Великое Отечество)	0.48%
3	통합러시아	71.90%
4	러시아자유민주당	5.22%
5	로디나(РОДИНА)	1.53%
6	정의러시아	2.87%
7	러시아연방공산당	9.08%
8	사회정의공산당(КОММУНИСТИЧЕСКАЯ ПАРТИЯ СОЦИАЛЬНОЙ СПРАВЕДЛИВОСТИ)	0.85%
9	정의를 위한 러시아 연금수령자들의 당 (Российская партия пенсионеров за справедливость)	1.79%
10	시민강령(Гражданская платформа)	0.68%

※ 자료: 브랸스크 주 선거관리위원회 홈페이지 "Выборы и референдумы" 게시 자료

표 11 툴라 주 두마 의원 선거 정당명부 비례대표 투표 결과

번호	정당 명칭	득표율
1	로디나	2.40%
2	러시아연방공산당	11.81%
3	러시아자유민주당	8.67%
4	야블로코	1.28%
5	연금수령자당	4.01%
6	정의러시아	3.64%
7	통합러시아	65.98%

※ 자료: 툴라 주 선거관리위원회 홈페이지 "Выборы и референдумы" 게시 자료

에서 1차 투표로 현직 주지사가 당선을 결정지었다. 더불어, 14개 지역 의회 모두에서 통합러시아는 압도적 다수의석을 확보하면서 제1당 지위를 공고히했다.

다양한 여론조사 결과와 선행 연구 자료들에 따르면, 러시아 국민의 현 집권세력에 대한 정치적 선호는 2008년 무렵을 기점으로 완만한 하락 추세로 접어들어 2011년 가파른 하락세를 보였다. 이러한 경향은 지역 차원의 선거를 통해서도 잘 나타났다. 예컨대, 통합러시아의 비례대표 득표율은 2003년 12월과 2004년 3월 평균 46.2%를 기록한 후 꾸준히 상승하여 2009년까지 60% 중반대를 기록하다가 2010년 평균 52.77%로 급락했고, 2011년 3월 지방선거에서는 50.21%를 기록한 바 있다.[31] 따라서 이번 지방선거에서 통합러시아의 정당명부 득표율은 최근 수년간의 득표율과 비교할 때 매우 높은 수준이었다. 그러나 이러한 결과가 러시아 국민의 현 집권세력과 통합러시아에 대한 정치적 선호의 반전을 의미한다고 해석하기에는 여러모로 무리가 따른다. 오히려 2014년 가장 큰 이슈였던 우크라이나 사태와 크림 병합 문제에 대한 러시아 국민의 정치적 호응이 이번 지방선거에 직접적으로 반영된 것으로 보아야 할 것이다.

30개 연방주체 행정수반 선거 가운데 무려 19개 선거가 보궐선거였다는 점은 여러 측면에서 시사점이 크다(11개 선거는 정규 선거). 일련의 러시아 내 매체들에 따르면, 2014년 초부터 각 지역 현직 주지사들이 크레믈에 해당 지역에서의 보궐선거 실시를 설득하기 시작했다고 한다. 대통령의 임명에 의해 임기를 수행하고 있던 이들 주지사은 푸틴 집권 3기 중·하반에 치러질 정규 선거보다는 집권 초기에 선거를 치르는 것이 훨씬 유리하다는 판단을 했을 것이다. 실제로 크레믈은 결정을 미루면서 각 지역별로 면밀하게 보궐선거 실시의 후과를 검토했던 것으로 판단된다. 그러나 예상치 못했던 우크라이나 사태의 발생, 크림 합병, 애국주의 정서의 고양 등 대외 문제가 제1국가의제로 부상하면서 크레믈은 전격적으로 대규모 보궐선거 실시를 결정했을 가능성이 크다. 크레믈이 푸틴의 대외 노선에 대한 국민적 공감대가 확장하고 있는 상황에 대해 긍정적으로 판단한 것이다.

결국, 이번 지방선거에서 총 85개 연방주체 지역 가운데 30개 지역에서 주지사 선거가 실시되고 19개 보궐선거가 실시된 것은 정규 선거의 불확실성 회피와 직접 선거에 의한 주지사직 수행의 정통성 확보를 매개로한 현직 주시사들과 크레믈 간 이해관계 일치의 결과라 할 수 있다. 따라서 이러한 경향은 2015년에도 이어질 것으로 예상된다. 2013년 주지사 직선제 재도입 전에 대통령에 의해 주지사에 임명된 현직 주지사들의 임기 종료 전 사임과 그에 따른 보궐 선거 실시가 내년에도 많은 지역에서 나타날 것으로 예상된다.

이번 선거가 푸틴의 대외 노선에 대한 국민투표 성격이 강했던 만큼 이른바 주지사 직무대행들의 당선 여부는 큰 관심거리가 아니었으며, 오히려 인상적인 득표율을 획득하기 위한 서로간의 경쟁이 주목거리였다.

푸틴 집권 이후 조성된 제한적 선거 경쟁 체제하에서 1차 투표에서 당선을 결정짓지 못한다는 것은 사실상의 패배를 의미하는 것이다. 따라서 현직 주지사들은 1차 투표를 통한 당선 확정을 일차적 과제로 상정하고 부차적으로는 해당 지역의 현실에 비추어 보다 나은 성적을 거두기 위한 경쟁을 벌였다. 전통적으로 바시코르토스탄 공화국, 우드무르티야 공화국과 같이 여당의 영향력이 매우 큰 지역에서의 득표율과 상트페테르부르크, 연해주와 같은 전통적으로 다원주의적 경향이 상대적으로 강한 지역에서의 득표율이 동일 기준에서 평가될 수는 없다.

이러한 조건하에서, 메르쿠시킨(Николай Меркушкин)은 여당의 영향력이 강한 모르도비야 공화국에서 상대적으로 다원주의적 경향이 강한 사마라 주로 옮겨와 주지사 선거에 출마하여 90%가 넘는 득표로 당선됐다. 반면, 다원주의적 경향이 약한 니제고로트 주에서 샨체프(Валерий Шанцев)는 약 86%의 득표로 당선됐다. 특히, 일부 지역에서의 현직 주지사들의 지지율이 상대적으로 매우 낮았던 점은 주목할 필요가 있다. 예를 들어, 크라스노야르스크 변강주에서 톨로콘스키(Виктор Толоконский)는 60%를 약간 상회하는 득표율로 당선됐고, 야쿠티야에서 보리소프(Егор Борисов)는 60%에 다소 못 미치는 득표율로 당선됐다. 결정적으로 알타이 공화국에서 베르드니코프(Александр Бердников)는 50%에도 미치지 못하는 저조한 성적을 거두었다.[32] 따라서 이른바 '주지사 직무대행 사이의 경쟁'(гонка губернаторов)에서 가장 저조한 성적을 거둔 베르드니코프 등의 인물들이 추후 주 내부의 예기치 못한 정국 변화나 강력한 경쟁자의 등장 여부에 따라 크레믈에 의해 조기에 주지사 직에서 물러날 가능성도 있다.

2014 지방선거는 푸틴 집권기 이후 역대 러시아 지방선거와 마찬가지로 '제한적 선거 경쟁체제'하에서 치러졌다.[33] 첫째, 이번 지방선거는 현 집권세력과 체제 내 야당들(системная оппозиция, 기 원내진출 정당)과의 공생관계에 기초하여 치러졌다. 실제로 이번 지방선거에 참여한 정당들은 체제 내 야당들이거나, 아니면 대부분 '스포일러 정당들'(spoiler parties)이었다. 체제 내 야당들은 많은 경우 크레믈이 내세운 유력 후보자에 대항해 실질적인 대항마를 내세우지 않았다. 따라서 이들 체제 내 야당들은 이른바 '경쟁적 선거'의 이미지를 만들어 내는 하나의 제도적 수단으로서 기능했다. 여당과 체제 내 야당들의 공생관계를 단적으로 보여주는 예는 적지 않다. 예컨대, 오룔 주 주지사에 선출된 포톰스키(Вадим Потомский)는 공산당과 통합러시아 양 당으로부터 지원을

받은 인물이다. 또한 스몰렌스크 주에서 주지사로 재선출된 자민당 소속의 오스트롭스키(Алексей Островский)는 이 지역 공산당과 통합러시아 대표자들을 부주지사로 임명한 바 있다. 또한 자민당은 오렌부르크 주에서 아파나시예바(Елена Афанасьева)가 상원의원직을 보장받았다.

둘째, 여당 후보를 위협할 수 있는 일부 야당 후보자들은 선거전 초기에 사전 여과장치 등의 다양한 제도적 수단들에 의해 선거 과정에서 배제됐다. 제도 도입 이후 그 효과가 입증된 바대로 사전 여과장치는 여당의 유력 경쟁자를 초기에 제거하는 매우 효율적 수단이었다. 예컨대, 앞서 언급한 바와 같이 낮은 선거경쟁력으로 말미암아 해임설에 시달리던 폴탑첸코가 상트페테르부르크 시장 보궐선거에서 압도적 지지율로 당선된 데에는 가장 유력한 경쟁자인 드미트리예바가 사전 여과정치를 극복하지 못하고 등록조차 하지 못한 것이 가장 큰 원인이었다.[34] 또한, 일부 경쟁력 있는 후보들에 대한 형사 소송 제기 등과 같은 방법도 활용되었다. 예컨대, 볼고그라드 주지사 선거에 출마한 해당 지역 공산당 지부장 파르신(Николай Паршин)이 사기·횡령에 대한 대규모 소송에 휘말렸고, 공산당은 그에게 후보 사퇴를 지시했다. 또한, 튜멘 주에서는 도포힌(Павел Дорохин)이 전과 사실 은폐가 폭로되면서 전격 사퇴했다. 그 결과, 공산당은 자당 출마자가 사전 여과장치를 극복하지 못하여 후보를 내지 못한 리페츠크 주와 니제고로트 주를 포함하여 상기 언급한 볼고그라드 주, 튜멘 주까지 총 4곳에서 후보자를 내지 못했다. 자민당도 오렌부르크 주에서 자당 후보인 카타소노프(Владимир Катасонов)를 소환·사퇴시켰다. 당시 카타소노프는 자민당은 물론 당시 정의러시아 주 지부의 협조까지 확보했지만, 볼고그라드에서 그의 횡령과 불법적 군 직급(중령) 및 학력(박사) 사칭 등에 관한 소송이 제기되면서 중도에 사퇴했다.

셋째, 제한적 선거경쟁 체제를 제도적으로 뒷받침하기 위한 선거제도 개편이 시도됐다. 잘 알려진 바와 같이, 이번 모스크바 두마 선거는 소선거구 다수제 방식으로 치러졌다. 그동안 모스크바 두마는 혼합제 방식으로 구성되어 왔으나 이번 선거부터 상기 제도에 의해 구성되게 된 것이다. 이러한 변화는 무엇보다 모스크바가 수도라는 상징적 의미를 가짐과 동시에 현 집권세력에 대한 저항 심리가 매우 큰 지역이라는 점을 토대로 한다. 지난 2013년 9월 모스크바 시장 선거에서 나발니가 선전한 것과 같이 정당명부식 비례대표제하에서 크레믈의 통제 밖에 있는 재야 후보들이 대거 시 두마에 진출할 가능성을 원천적으로 봉쇄하기 위한 조치가 바로 선거제도 개편이라 할 수 있다. 더욱이, 이번 지방선거를 앞두고 국가두마는 '얀덱스 머니'(yandex money) 등과 같은 인터넷 지불 방식에 의한 선거 기금 모금, 그리고 제3자를 통한 선거 기금 모금 금지 법안을 채택·승인한 바 있다. 사실 이러한 선거 캠페인 방식은 지난 모스크바 시장 선거에서 나발니와 그 지지자들이 매우 효율적으로 활용한 것들이었다. 따라서 상기 조치들은 수도 모스크바에서 선거 과정을 통한 저항 심리 확산과 그 사회적 파급력을 원천적으로 차단하기 위한 것이라 할 수 있다. 또는 이들 조치들은 현 집권세력이 연방 내에서 치러지는 다양한 수준의 선거에서 압도적 승리를 거두어왔음에도 불구하고 자신의 권력 정당성에 대해 지극히 불한해하고 있다는 것을 반증하는 사례일지도 모른다.

이번 지방선거 특히 지역 의회 선거에서 야당들이 거둔 선거 결과는 다음과 같이 평가할 수 있겠다. 첫째, 공산당은 기존 선거들과 마찬가지로 다수의 지역에서 제2당이자 제1야당의 지위를 차지했다. 일부 예외적 사례를 제외하고 공산당은 대부분의 지역에서 지역 정부와 파트너 관계를 형성·유지하고 있다. 그러나 대부분 지역에서 제2당 지위의 유지 상황에도 불구하고 공산당은 크림, 세바스토폴과 같은 새로 인입된 연방주체 지역과 투바에서 지역 의회 진출 자체에 실패했다. 또한, 볼고그라드 주 사례에서 보여지는 바와 같이 협소한 인적 토대의 한계를 드러내기도 했다.35)

둘째, 자민당은 이번 지역 의회 선거를 통해 러시아 제3정치세력의 입지를 다시금 재확인했다. 자민당 당수 지리놉스키(Владимир Жириновский)는 카바르디노-발카리야, 카라차예보-체르카시야를 제외한 전 지역에서 비례대표 명부를 이끌었으며 다수 지역 의회에 입성했다. 반면, 정의러시아는 14개 지역 의회 선거에서 단 5개 지역 의회에 입성했다.

셋째, 이번 선거에서 특기할 점 중 하나는 '로디나'의 부활이다. 로디나는 11개 지역 의회 선거에 적극적으로 참여했다. 로디나는 정당법 개정 이후 신생 정당들이 난무하는 가운데 이번 선거를 통해 기존 3개 야당 이외에 가장 경쟁력 있는 야당이라는 점을 입증했다. 또한, 권력당 통합러시아에 자리를 확보하지 못한 친여 성향의 정치인들이 결집할 수 있는 정치적 공간으로 간주되기도 했다. 그러나 로디나에 대한 현 집권세력의 입장이 명확하지 드러나지 않음으로써 이번 선거에서는 네네츠 자치구 의회 입성과 모스크바 두마에서 1석을 확보한 것에 만족해야 했다.

넷째, 이번 선거에서 공산당, 자민당, 정의러시아, 로디나 등 대부분의 야당들은 우크라이나 이슈를 선거전에 적극 활용했다. 주요 내용은 자신들이 바로 러시아의 가장 애국적 세력이라는 점과 '노보러시아'의 수호자라는 점이었다. 그러나 역설적이게도 이런 캠페인의 실질적 수혜자는 다름 아닌 통합러시아였다.

2014년 지방선거에서는 선거의 정당성을 크게 위협할만한 선거부정이 나타나지는 않았다. 러시아 중앙선거관리위원회 추로프(Владимир

Чуров) 위원장의 공식 발표나 '골로스'(Голос) 등 민간 선거감시 단체의 발표에 따르면 이번 지방선거에서 심각한 선거부정은 없었던 것으로 판단된다.[36] 우크라이나 사태에 대한 국민투표적 경향이 강했던 이번 선거의 특성상 현 집권세력이 압도적 승리가 가능한 조건에서 무리하게 선거부정을 시도할 이유가 없었다는 점이 가장 큰 이유였을 것이다. 실제로 대통령행정실은 모든 지역에서 경쟁적이고 공개적이며 합법적인 선거가 치러질 수 있도록 하라는 지침을 지속적으로 하달해왔다.

5. 결론

러시아 지방선거의 역사는 소련 해체 및 신 러시아 연방의 출범과 동시에 시작됐다. 러시아 연방을 구성하는 85개 연방주체의 다양한 민족, 역사, 인구, 영토·지리적 특성이 반영된 지역별 국가권력기구의 구조·기능적 차이와 옐친 시기 중앙에 대한 지방의 강한 원심력으로 말미암아 당시 지방선거는 매우 복잡하고 혼란한 메커니즘 속에 운영될 수밖에 없었다. 그러나 2000년 푸틴 등장 이후 지방선거 제도에 근본적 변화가 발생했다. 연방의 통합성 강화, 정당 중심의 정치체제 구축 등을 명분으로 실시된 푸틴의 급진적 선거·정당제도의 개혁은 지방의 정치·선거과정에 직접적인 영향을 끼쳤다. 당시 제도 개혁은 중앙-지방 간 수직적 위계질서 강화, 정당체계의 집중화 등의 제도효과와 정치·선거과정에서의 통제와 조작이 일반화되는 제한적 정당경쟁체계의 등장을 이끌었다. 이 같은 메커니즘 속에 연방 중앙이 지방 정치과정의 가장 중요한 행위자로 부상했고, 푸틴 2기 동안 연방과 지방 차원에서 진행된 일련의 선거는 집권세력에게 안정적 권력토대를 제공하는 도구로 전락했다. 이 같은 메커니즘은 메드베데프 시기의 일부 제도적 개선에도 불구하고 현재까지 큰 변화 없이 유지되고 있다.

2014년 9·14 지방선거는 러시아 지방선거 역사상 최대 규모로 치러졌다. 85개 연방주체 가운데 2014년 3월 새로 병합된 크림 공화국과 세바스토폴 시를 포함 84개 연방주체 지역에서 30개 연방주체 수반 선거(주지사 선거)와 14개 연방주체 지역 의회 선거 등 총 5,812개 선거가 동시에 시행됐다. 30개 지역 주지사 선거에서 주지사 직무대행 전원이 1차 투표를 통해 당선을 결정지었다. 이들은 일부 지역을 제외한 대부분 지역에서 70%가 넘는 높은 득표율을 기록했다. 중앙연방관구 소속 지역에서도 리페츠크(66.81%)를 제외한 4개 지역에서 이들 주지사 직무대행들은 80%가 넘는 높은 득표율로 당선을 확정했다. 14개 연방주체 지역 의회 선거에서 통합러시아는 지역구 투표에서의 압도적 승리와 정당명부 비례대표 투표에서의 선전을 바탕으로 전(全)지역에서 과반 의석을 안정적으로 확보했다. 특히, 정당명부 비례대표 투표에서도 예년에 비해 높은 득표율을 거둔 것으로 나타났다. 중앙연방관구 소속 3개 지역 의회 선거와 관련하여, 통합러시아는 큰 관심을 끌었던 모스크바 시 두마 의원 선거는 물론 브랸스크 주와 툴라 주 두마 의원 선거에서도 높은 득표율로 승리를 거두었다.

이와 관련하여 다음의 몇 가지 평가와 시사점을 도출할 수 있겠다. 첫째, 2014년 9·14 지방선거는 우크라이나 사태와 크림 병합 문제와 같은 연방 차원의 대외 이슈가 전체 선거를 좌우한 국민투표적 성격의 선거로 평가할 수 있다. 그리고 이를 통해 현 집권세력은 30개 연방주체 주지사 선거와 14개 지역 의회 선거에서 압도적 승리를 거두었다. 둘째, 9·14 지방선거가 '제한적 선거 경쟁체제'하에서 치러졌다는 점에 주목할 필요가 있다. 실제로, 집권세력과 야당들 간의 공생관계에 기초한 선거 과정, 사전 여과장치 등의 제도적 수단에 의한 경쟁력 있는 야권 후보 배제, 집권세력에 철저히 유리하게 수행된 선거제도 개편 등이 이의 대표적인 예라 할 수 있다. 셋째, 2014년 지방선거에서 무려 19개 주지사 선거가 보궐선거로 치러졌다는 점도 특징적이다. 이는 무엇보다 정규선거의 불확실성 회피와 직접선거에 의한 권력 정당성 확보를 매개로 크레믈과 현직 주지사들 간 이해관계 일치의 결과라 할 수 있다. 넷째, 해당 선거에서 여야 간 경쟁보다는 여권 후보자들 간 인상적 득표율 획득 경쟁이 주목을 끌었으며, 대외 이슈가 전체 선거 결과를 일찌감치 규정하고 있는 조건하에서 선거과정이 비교적 투명하고 깨끗하게 진행된 것도 의미를 찾을 수 있는 부분이다.

3장

경제

경제지도와 경제지구별 특성

김선래

3장

경제 - 경제지도와 경제지구별 특성

1. 중앙연방관구 경제 개황

중앙연방관구는 러시아 연방 내 가장 인구밀집도가 높은 지역으로 총인구의 25%가 살고 있다. 인구밀도는 평균 57.5명/km^{2}이다. 관구 내 최고의 인구밀도를 보이고 있는 지역은 모스크바 시이며 140명/km^{2}이다. 최저 인구밀도는 코스트로마 주로 13명/㎢이다. 러시아 8개 연방관구 중 중앙이라는 관구명이 붙은 이유는 중앙에 위치한 지리적 요인뿐만이 아니라 정치적으로 그 핵심에 속해 있으며, 가장 많은 연방주체로 구성되어 있고 관구 내 인구수도 제일 많기 때문이다. 관구 내 도시인구비율은 83.1%이며 모스크바가 그 핵심도시이다. 관구 내 대도시로는 야로슬라블 시(62만 명), 랴잔 시(53만 명), 툴라 시(52만 명)를 꼽을 수 있다. 모스크바 시가 주변 인구를 흡수하는 역할을 하여 모스크바 주 내 다른 지역에는 대도시가 형성되어 있지 못하다.

역사적으로 모스크바를 중심으로 방사선형 도로와 교통이 발달한 중앙연방관구는 대규모 화물과 여객 운송의 중심지이다. 모스크바를 중심으로 방사선으로 뻗어져 나가는 11개 노선의 전기철도는 중앙연방관구를 거미줄처럼 연결하는 교통의 대동맥이다. 이러한 교통망으로 인하여 중앙연방관구는 예전부터 러시아 교통과 물류의 중심지였다. 모스크바를 거쳐 지나가는 연방도로도 15개나 되며, 항공노선도 모스크바를 중심으로 러시아 전역과 연결될 뿐만 아니라 전 세계와도 이어지는 교통의 허브 역할을 하고 있다. 송유관과 가스관도 관구 중앙지역을 지나가고 있으며, 수운교통도 모스크바 강을 중심으로 물자와 화물을 운송하고 있다.

중앙연방관구는 모스크바라는 거대도시를 중심으로 부의 집중과 분배와 같은 중요한 경제 역할을 수행하여 왔다. [표 1, 2, 3]에서 보듯이, 모스크바와 모스크바 주변 주들 사이에 심한 경제적 빈부 차이가 나타나고 있지만, 중앙연방관구답게 러시아 연방의 경제 중심지로 다양한 분야에 걸쳐 높은 수준의 집약도가 나타난다. [표 4]의 평균 임금도 모스크바와 모스크바 주를 제외한 타 중앙연방관구 내 임금과도 많은 격차를 보이고 있다. 이러한 현상은 중앙연방관구 에만 나타나는 현상이 아니며 여타 연방주체와도 비슷한 현상을 보이고 있다. 모스크바 시와 모스크바 주는 러시아 내 다른 지역보다 소득이 높게 나타나고 있다. [표 5] 2013년 중앙연방관구 내 외국인 직접 투자액(FDI) 순위는 매년 그 순위가 바뀌며, 2013년 칼루가 주는 다른 주보다도 더 많은 외국인 투자가 발생하였다.

중앙연방관구의 시멘트생산량은 전 러시아 연방 생산량의 24%를 차지하고 있으며, 모스크바, 리페츠크, 브랸스크, 랴잔, 벨고로트, 보로네시 주에 총 9개소의 시멘트 생산공장이 위치하고 있다. 이 9개소의 시멘트공장 중 6개소는 주) 이브로시멘트(OAO «Евроцемент групп») 그룹이 소유하고 중앙연방관구 시멘트 생산의 45%를 차지하고 있는 독과점적 구조를 띠고 있다. 대규모의 주거지역 건설과정에는 건설산업 단지와 건축자재산업의 발전이 함께 진행된다. 뿐만 아니라 건설에 필요한 신기술 적용도 촉진되어 진다. 또한, 세계시장과 국내시장에서 경쟁력 있고 우수한 품질의 건축자재를 생산하여야 한다. 중앙연방관구 시멘트 산업의 경우 40년대와 60년대 수준의 생산설비 시설과 생산력을 지니고 있어 시급한 현대화가 필요하다. 건설자재의 품질향상과 생산량 확충에는 생산설비 시설을 신형으로 교체하여야 하며 새로운 기술과 설비투자로 무장된 기업들이 필요하다.[1)]

표 1 중앙연방관구 지역 총생산(GRDP) 추이 비교 (단위: 백만 루블)[2)]

	2009	2010	2011	2012	2013
중앙연방관구 GRP	11,405,184.0	13,444,440.1	16,170,448.5	17,431,500.	20,884,400.
벨고로트 주	304,345.3	398,361.4	511,663.0	545,500.	569,400.
보로네시 주	301,729.1	346,568.2	447,155.4	563,900.	606,600.
이바노보 주	87,061.9	109,884.5	127,218.6	136,100.	157,700.
칼루가 주	154,946.1	188,601.3	234,278.6	285,200.	293,400.
코스트로마 주	78,920.7	98,130.7	111,462.3	130,800.	143,100.
쿠르스크 주	161,570.9	193,648.6	233,362.4	248,200.	272,200.
리페츠크 주	226,662.0	248,544.9	285,884.3	293,300.	314,700.
모스크바 주	1,519,400.	1,832,900	2,176,800.	2,357,000.	2,551,200.
오룔 주	90,623.6	106,196.7	130,951.4	146,100.	164,500.
랴잔 주	153,634.1	179,127.9	210,435.5	253,800.	278,700.
스몰렌스크 주	125,348.9	154,681.1	183,201.3	201,800	225,500.
탐보프 주	136,323.9	143,902.4	182,305.1	203,300.	235,800.

	2009	2010	2011	2012	2013
트베리 주	197,687.0	219,004.9	253,757.1	268,000.	291,400.
툴라 주	214,925.4	237,629.2	272,462.8	311,200.	347,000.
야로슬라블 주	212,684.4	239,644.0	285,159.8	327,200.	360,700.
브랸스크 주	126,477.4	147,240.0	179,920.9	207,300.	223,300.
블라디미르 주		224,759.2	256,409.2	286,000.	307,000.
모스크바 시	7,126,972.4	8,375,863.8	10,021,556.8	10,666,800.	11,632,500.

표 2 2011년 기준 중앙연방관구 지역 총생산(GRDP) 추이 비교 (단위: 백만 루블)

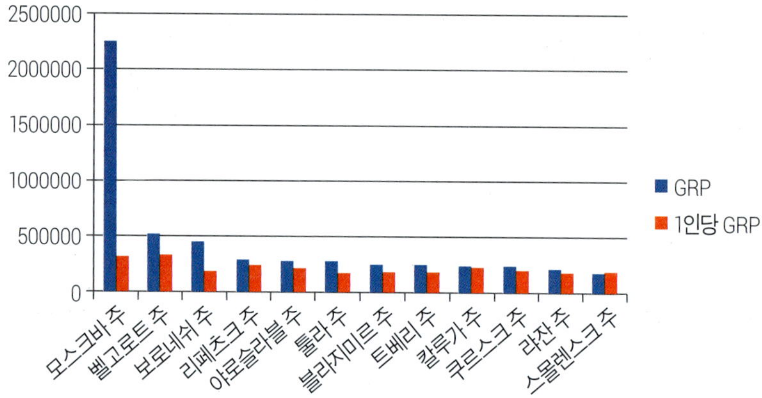

표 3 1998년 ~ 2011년 중앙연방관구 18개 연방주체 1인당 GRDP (단위: 루블)[3)]

	2001년	2003년	2005년	2007년	2009년	2011년	2012년
중앙연방관구	58,851.5	94,244.6	164,887.9	267,272.1	297,793.0	420,102.4	451,536.8
벨고로트 주	33,126.7	50,271.4	95,911.2	156,225.1	199,046.1	333,502.0	355,000.
브랸스크 주	21,511.9	31,953.4	49,923.4	78,518.8	98,014.5	141,682.8	166,700.
블라디미르 주	27,170.0	40,809.4	58,261.0	99,682.5	127,815.1	178,491.9	200,200.
보로네시 주	24,905.4	42,237.5	56,534.5	94,849.5	129,112.5	191,652.4	243,900.
이바노보 주	18,947.2	29,192.4	40,039.1	68,865.7	81,286.7	120,349.8	129,800.
칼루가 주	30,201.9	47,136.5	69,192.2	109,790.3	152,611.6	232,255.6	286,500.

	2001년	2003년	2005년	2007년	2009년	2011년	2012년
코스트로마 주	29,668.3	40,741.1	63,304.4	95,687.2	116,856.2	167,845.2	199,300.
쿠르스크 주	28,946.1	46,131.2	72,995.3	111,348.4	141,833.5	207,690.8	226,600.
리페츠크 주	41,308.6	79,661.2	121,376.2	176,534.6	192,165.2	244,560.6	253,300.
모스크바 주	35,569.3	62,023.3	104,738.3	188,565.3	217,339.7	313,635.7	348,500.
오룔 주	31,676.1	49,342.3	64,180.4	95,387.1	113,848.8	167,149.9	187,700.
랴잔 주	29,645.8	48,977.6	70,665.8	102,982.5	131,891.2	182,964.0	215,600.
스몰렌스크 주	33,575.4	47,084.3	63,687.0	94,432.4	125,743.1	186,619.2	205,900.
탐보프 주	25,830.2	40,133.5	55,573.9	94,532.5	123,512.0	167,849.5	188,400.
트베리 주	31,209.8	47,233.8	68,048.7	112,021.5	144,257.9	188,506.8	200,000.
툴라 주	30,988.5	43,541.9	71,587.4	109,225.6	136,851.6	176,073.5	201,000.
야로슬라블 주	44,116.3	67,915.1	99,335.1	143,936.4	165,757.6	224,355.5	255,300.
모스크바 시	134,435.8	209,174.1	381,997.1	601,146.9	628,930.3	865,642.0	887,500.

표 4 중앙연방관구 평균 임금(2013년)[4)]

러시아 연방주체별 평균임금 (단위: 천 루블)		
순위	러시아 연방주체	평균임금
1	모스크바 주	30.8
2	칼루가 주	21.6
3	야로슬라블 주	20.2
4	리페츠크 주	19.3
5	툴라 주	19.0
6	보로네시 주	18.7
7	브랸스크 주	18.6
8	블라디미르 주	17.7
9	쿠르스크 주	17.5
10	코스트로마 주	17.3
11	랴잔 주	16.6
12	트베리 주	16.3
13	이바노보 주	16.2
14	탐보프 주	15.5

표 5 2013년 중앙연방관구 내 외국인 직접 투자액(FDI) 순위[5)]

중앙연방관구 내 외국인 투자액 순위 (단위: 달러)			
순위	지역	1인당 투자액	1인당 직접 투자액
	중앙연방관구	2,868	364
1	칼루가 주	1,322	668
2	벨고로트 주	937	20
3	리페츠크 주	916	92
4	모스크바 주	888	244
5	툴라 주	752	433
6	스몰렌스크 주	394	5
7	블라디미르 주	387	89
8	보로네시 주	257	103
9	야로슬라블 주	215	42
10	트베리 주	110	84
11	이바노보 주	81	1
12	브랸스크 주	79	6
13	코스트로마 주	60	10
14	쿠르스크 주	43	9
15	탐보프 주	15	11
16	오룔 주	12	5
17	랴잔 주	11	8

중앙연방관구는 주요 학문연구기관들이 집중되어 있으며 높은 수준의 산업과학 기술이 집중되어 있는 곳이기도 하다. 숙련된 고급인력과 많은 과학 연구기관들의 존재는 그 지역의 총생산량 증가와 노동집약적 산업 발전에 영향을 미친다. [표 6]에 보면 중앙연방관구에 분포되어 있는 고도로 발달한 과학기술을 바탕으로 한 산업 분포지도를 볼 수 있다.

표 6 중앙연방관구 산업지도[6)]

분류	생산품	중심 주와 도시
계측기기	계측기기와 통신기기	모스크바 주변 지역, 스몰렌스크
기계산업	중기, 기계	모스크바 주변 지역, 랴잔
차량 운송산업	버스, 디젤 기관차, 객차, 운송용 선박	트베리, 툴라, 블라디미르, 브랸스크, 모스크바 주변 지역, 골리치노, 리키노-둘레바
전자 전기산업	주방기기, 가정용 기기	스몰렌스크, 모스크바 주변 지역
광업 에너지 공구산업	공구, 철강구조물, 도구	쿠르스크, 보로네시, 리페츠크, 탐보프, 옐레츠, 미추린스크
자동차산업	화물차, 승용차, 차량엔진, 차량부품	모스크바 주변 지역, 스몰렌스크, 트베리, 야로슬라블, 야르체보, 이바노보

표 7 러시아 연방 내 중앙연방관구의 경제적 비중[7)]

경제영역	%
지역 생산량	35.3
경제 기본 펀드	30.4
지하자원 채굴	12.1
제조업	31.7
가스, 전기, 수자원 생산과 비중	29.8
농업 생산량	22.4
건축	28.6
총 주거 면적	32.6
소매판매규모	34.4
러시아 연방예산에서 차지하는 세입 규모	38.3
투자 금액	24.1
수출	43.4
수입	58.6

표 8 중앙연방관구 행정구역

연방주체	면적/ 1000㎢	인구수/ 천명	중심 주도
벨고로트 주(Белгородская область)	27.1	1541.0	벨고로트 시 (г. Белгород)
브랸스크 주(Брянская область)	34.9	1253.6	브랸스크 시 (г. Брянск)
블라디미르 주(Владимирская область)	29.1	1421.7	블라디미르 시 (г. Владимир)
보로네시 주(Воронежская область)	52.2	2330.4	보로네시 시 (г. Воронеж)
이바노보 주(Ивановская область)	21.4	1049.0	이바노보 시 (г. Иваново)
칼루가 주(Калужская область)	29.8	1005.6	칼루가 시 (г. Калуга)
코스트로마 주(Костромская область)	60.2	658.9	코스트로마 시 (г. Кострома)
쿠르스크 주(Курская область)	30.0	1119.3	쿠르스크 시 (г. Курск)
리페츠크 주(Липецкая область)	24.0	1162.2	리페츠크 시 (г. Липецк)
모스크바 주(Московская область)	44.3	7048.1	
모스크바 시(г. Москва)	2.6	11979.5	
오룔 주(Орловская область)	24.7	775.8	오룔 시 (г. Орел)
랴잔 주(Рязанская область)	39.6	1144.7	랴잔 시 (г. Рязань)
스몰렌스크 주(Смоленская область)	49.8	975.2	스몰렌스크 시 (г. Смоленск)
탐보프 주(Тамбовская область)	34.5	1075.8	탐보프 시 (г. Тамбов)
트베리 주(Тверская область)	84.2	1334.1	트베리 시 (г. Тверь)
툴라 주(Тульская область)	25.7	1532.4	툴라 시 (г. Тула)
야로슬라블 주(Ярославская область)	36.2	1271.7	야로슬라블 시 (г. Ярославль
합계	650.2	38678.9	

출처: 러시아 연방통계청(2013.1.1)

중앙연방관구는 러시아 연방관구 내 총 농업생산량의 22.4%를 생산하는 국가 경제에 중요한 위치를 점하고 있다. 농업 생산량으로 보면 러시아 연방 주 중에 3번째에 해당하며, 국민총생산량의 2.3%를 차지한다. 관구 내 농업생산은 벨고로트, 모스크바, 리페츠크, 쿠르스크, 보로네시, 탐보프 주에서 주로 생산하고 있다. 관구 내 농촌 지역 인구는 약 700만 명이며 이 중 농업에 종사하는 인구비중은 18.9%인 130만 명이다. 1990년에서 2010년 약 20년간 농업에 종사하는 중앙연방관구 농민의 숫자가 2.8% 줄어들었다. 이 숫자는 전체 러시아 인구 감소량과 비교하면 별 차이가 없다. 농촌인구 1명당 경작지가 0.38헥타르이며, 이중 농업에 종사하는 인구 1명당 경작지는 10.7헥타르이다. 수확량도 농촌인구 1인당 0.58톤, 농업 종사자 1인당 16.3톤이다. 경작지도 지난 20년간(1990년과 2010년을 비교하여) 1.7배나 줄어들었으며 이 중 밀 농사는 1.5배, 사탕무는 2배, 감자도 1.7배 경작지가 감소하였으나 이와는 반대로 해바라기 경작지는 2.1배 늘어났고 야채 재배는 1990년과 비슷한 수준을 유지하고 있다.[8)]

우크라이나 사태로 러시아와 서방세계 간의 경제제재가 심화되면서 미국과 유럽에 있어 가장 큰 농산물과 식품시장인 러시아에 대한 수출 제재는 이들 유럽 국가들에 큰 타격을 주고 있다. 특히, 우유를 비롯한 유제품, 육류와 과일 채소, 가금류에 대한 수출입 금지로 관련 기업들이 어려움에 직면하였다. 이와는 반대로 러시아는 서방세계에서 수입해 오던 식품과 육류 가공식품, 우유와 유제품 등을 대체하기 위하여 러시아 자국 내 농업 생산에 막대한 투자가 필요해졌다. 앞으로 농업부문에 대한 투자는 연간 400억-5,000억 루블이 필요할 것으로 추산하고 있다. 최근 10년간 러시아는 자국 내 농업과 식품 가공산업, 축산업과 가금류에 대한 생산설비와 생산시설을 확충하고 생산량을 많게는 3배에서 6배까지 증산하였다. 당장은 농축산물 수급에 어려움이 있을지라도 자국 내 육류와 농축산물 소비시장에 커다란 타격은 없을 것으로 보인다. 오히려 러시아 농업경제 분야에 투자가 강화되어 농업경제 활성화에 좋은 환경이 만들어질 것으로 보인다.

표 9 러시아 가금류 사육량 (단위: 1천 톤)[9)]

	2001	2003	2005	2006	2007	2008	2009	2010	2011	2012	2013
러시아	1295	1519	1970	2267	2650	3022	3475	3866	4325	4864	5141
중앙연방관구	327	388	615	758	932	1106	1275	1396	1547	1748	1870
북서연방관구	134	176	195	214	211	256	306	368	443	481	465
남부연방관구 (2009년이후)	249	273	350	387	456	484					
볼가연방관구	290	323	383	430	490	530	597	634	689	825	930
우랄연방관구	134	157	181	205	250	294	319	343	372	425	477
시베리아 연방관구	144	177	209	233	264	297	365	401	430	467	473
극동연방관구	16	21	36	40	46	54	62	74	78	77	75

이 지역의 축산업은 목축과 양돈 그리고 가금류 사업이 번창하여 우유와 고기 그리고 계란을 대량으로 생산한다. 우유의 경우 볼가-뱌츠키 지역에 이어 2위의 생산량을 보이고 있다. 이는 전 러시아 생산량의 18.4%에 달한다. 2020년경 지금의 원유생산량보다는 적어도 300만 톤 정도 수요가 추가로 발생할 것으로 보인다. 유제품생산을 위한 원유는 모스크바 주 경계 부근이나 중앙연방관구 여러 주에서 대규모 농장에서 주로 생산한다. 가금류의 경우 [표 9]에서 보듯이 중앙연방관구는 2001년 이래 지속적으로 사육량이 늘어 2013년은 187만 톤으로 거의 6배나 증가하였다. 다른 연방관구와 전 러시아와 비교하여도

가금류의 사육이 늘어난 이유는 모스크바와 모스크바 주라는 대규모 소비지가 위치하고 있기 때문이다. 특히 가금류 산업은 최근 몇 년 동안 급속하게 증가하여 [표 9]에 보는 것과 같이 2013년 중앙연방관구의 경우 187만 톤을 생산하였다. 가금류 기업들의 급격한 생산설비 투자와 러시아 국내 사료 가격의 하락 그리고 이에 따른 가금류 생산량의 증가는 가격도 하향 조정되어 수출에 있어서 가격 경쟁력이 발생하였다. 닭고기는 2012년에 2만5천 톤, 2014년에는 9개국 5만 톤을 수출하였다. 최근 들어 카자흐스탄에서 러시아 산 가금류 수입이 증가하여 2014년에는 6만5천 톤 정도 수출하였다. 러시아 가금류 시장의 경우 90% 이상이 러시아 국내산 가금류가 시장을 점유하고 있으며 나머지 10% 시상을 두고 외국 기업들이 점유하고 있다. 최근 2011~2013년 동안 미국, 브라질, 우크라이나가 대러 가금류 수출을 주도하여 왔으나 2014년 초 발생한 우크라이나 사태로 인하여 서방진영으로부터 가금류 수입이 전면 통제되었다. [표 10]에서 보듯이 닭고기와 계란 생산에 대한 러시아 정부 프로그램은 향후 가금류 시장에 대한 자급자족을

표 10 닭고기와 계란 생산에 대한 러시아 정부 프로그램[10)]

	1990년	1997년	2010년	2018년	2020년	2010년 대비 2020년 증감 비교	
						%	증가분
닭고기 생산량/ 1천 톤	1801	630	2855	4300	4500	158.7	+1665
1인당 닭고기 생산량/ Kg	12.7	4.4	20.0	30.0	32.0	160	+12
계란 생산량/ 10억 개	47.5	32.2	41	48	50	122.0	+9
1인당 계란 생산량/ 개	335	227	289	338	352	122.0	+63

넘어 인근 국가에 대한 수출을 계획하고 있다. 서방진영으로부터 수입하여오던 가금류의 물량도 조만간에 러시아 산으로 충족될 전망이다.

중앙연방관구의 농업과 축산업은 모스크바라는 대도시를 중심으로 근교 농업적 성격이 강하게 나타나고 있어 채소와 야채 재배, 그리고 우유와 고기를 생산하는 목축산업, 계란과 닭고기를 생산하는 가금류 사업, 돼지를 사육하는 양돈사업과 감자생산이 발달해 있다. 러시아 연방 내에서 중앙연방관구 축산물 생산량은 1위로 1인당 약 55㎏을 생산하고 있다. 연방정부는 육류가공과 육류생산과 관련 있는 목축산업에 대하여 효과적인 산업증진 정책과 투자 방향을 설정하고 있다. 소고기 생산량의 경우 2010년보다는 2015년 그 생산량을 두 배 증대시키기 위한 정책을 추진하고 있으며 2020년까지 2010년 대비 세 배의 소고기 생산량을 증산하려는 계획과 정책을 추진하고 있다. 2020년 소 사육량을 현재보다 10만 톤, 돼지 사육량은 80만 톤까지 증산하는 계획을 실현하기 위하여 축산업의 기계화와 현대화 그리고 투자와 금융서비스에 관한 절차, 축산물 유통과 시장형성, 대도시 물류 운송을 위한 도로와 철도 등 기간 인프라 구축에 대한 정부의 프로그램이 진행되고 있다. 뿔 달린 가축 두수는 1990년과 비교하여 20년 가까이 지난 2009년 그 수가 4배로 줄어들었다. 그중 염소와 양의 경우는 6배 가까이 사육 두수가 줄어들었다. 러시아 내 가장 많은 사육 두수를 자랑하는 돼지의 경우도 2배 가까이 그 사육 두수가 줄어들었으나 2009년 들어와 전년 대비 12.4%가 증가하였다. [표 11] 러시아 축산 양돈 산업에서 보듯이 최근 10여 년간 전체 생산 물량이 증가하여 중앙연방관구 내 대도시에 공급하는 부족분을 빠른 시일 내에 충당할 것으로 보인다. 2009년 중앙연방관구가 사육하는 총 축산물의 양이 263만 2,200톤에 달하였으며, 우유도 600만 4,200톤을 생산하였다. 이러한 생산량에도 불구하고 중앙연방관구가 필요로 하는 고기와 계란, 유제품이 부족하여 타 지역이나 외국으로부터 고기류와 가공육류는 60%, 유제품과 우유는 27%, 계란은 16% 정도를 보충하고 있다. 러시아 전체 축산물 수입량 중에 돼지고기는 벨라루스와 캐나다에서 주로 수입하였으며 2013년에 92만 톤을 수입하였다. 중앙연방관구가

표 11 러시아 축산 양돈 산업 (단위: 1천 톤)[12)]

연도	2000	2003	2007	2010	2012	2013
러시아	2152	2307	2584	3086	3286	3611
중앙연방관구	472	455	547	941	1226	1585
북서연방관구	90	85	77	110	144	174
남부연방관구 (2009년 이후)	427	488	578			
볼가연방관구	596	630	697	736	690	691
우랄연방관구	150	153	162	199	212	240
시베리아 연방관구	377	455	484	528	546	574
극동연방관구	40	41	39	43	49	52

표 12 러시아의 2013년도 주요 육류 수입국 (단위: 백만 달러, %)[13)]

순위	국명	금액			비중			증감률
		2011	2012	2013	2011	2012	2013	13/12
	총계	6,137.8	7,027.0	6,147.2	100.0	100.0	100.0	-12.5
1	브라질	1,513.5	1,660.1	1,923.9	24.7	23.6	31.3	15.9
2	파라과이	196.2	568.5	648.8	3.2	8.1	10.6	14.1
3	덴마크	384.9	328.1	438.8	6.3	4.7	7.1	33.7
4	독일	704.5	553.8	421.8	11.5	7.9	6.9	-23.9
5	미국	720.4	931.4	354.2	11.7	13.3	5.8	-62.0

자체적으로 충족하는 농산품은 식용유와 설탕, 감자에 한정되어 있다.

[표 12]에 의하면 2013년도 러시아가 해외에서 수입한 육류는 브라질과 파라과이에서 집중되어 나타나고 있다. 동물성 식용유와 식물성 식용유 생산공장과 우유와 통조림 콤비나트가 위치하고 있으며, 설탕과 밀가루 공장 등 거의 모든 농산물을 생산 가공하고 있다. 식용유 제품을 생산하는 알렉세옙스키(алексеевский) 공장에서 생산되는 식용유 "슬라보다"는 해바라기 씨를 식용유 원료로 사용하며 러시아에서 유명한 상표이다. 중앙연방관구의 농축산업 부문은 관구 내 남부 지역에 위치해 있는 흑토지대와 모스크바라는 거대소비도시의 존재로 인하여 근교농업과 농·축산업이 앞으로 더욱 발전할 것으로 예상되어진다. 중앙연방관구 농업의 주요 개발목표는 모스크바와 모스크바 주를 중심으로 하는 거대 소비지역의 소비자 요구에 충족하는 품질 좋은 농업제품을 생산하고 생산성 향상을 통한 농촌 지역 발전이다. 최종적으로 이 지역 농민들의 생활을 향상시키는 것이다. 이를 위하여 우선적으로 농촌 지역 농기계의 현대화를 통하여 생산성을 향상시켜야 한다. 현재 농기계의 70%가 사용연한을 넘긴 상태이거나 시급히 교체가 필요한 상태이다. 정부는 이러한 상태를 개선하기 위하여 농업생산품의 고도화를 추진하고 개인 영농업자들과의 협력과 금융지원을 통하여 개선해 나가려고 한다. 중앙연방관구의 행정력은 농산물의 유통과 수송을 위한 물류시스템을 정비하고 영농방법을 개선하고 농업투자를 위한 정보를 공유하는 등 농촌경제를 활성화하는데 주안점을 두고 새로운 시장 확보와 농촌사회의 역동성과 활력을 불어넣기 위하여 장기적으로 구상을 추진하고 있다. 농촌경제와 사회의 활력과 생산성 향상의 가장 중요한 사항이 농업종사자들의 전문성과 농기계 운영 능력인데 현재 농촌 지역에서 전문적인 영농기술을 지니고 있는 농민들은

전체 농민들의 30% 정도이며 이들 중 영농후계자라고 할 수 있는 젊은이들은 7%밖에 되지 않는다. 러시아 정부는 이러한 사항을 타개하기 위하여 젊은 영농후계자들에 대한 지원과 교육 그리고 전문적인 영농기술을 전수해야 하며 세계적인 수준으로 끌어올리기 위한 프로세스를 구상 추진하고 있다. 러시아의 농업제품이 경쟁력을 갖추기 위하여 영농기술의 발전도 중요하지만, 다른 요소들 비료, 전기, 에너지에 대한 문제도 중요하다. 농제품에 대한 정부차원의 조달업무도 중요하며 시장가격의 형성과정과 시장상황에 대한 모니터링, 그리고 상품에 대한 시장반응, 식품 가공산업과 농업에 대한 투자 등에 대하여도 러시아 정부차원의 장기적이고도 구체적인 밑그림이 필요하다.[14)]

중앙연방관구는 남북으로 방대한 영역에 걸쳐 위치해 있다. 때문에 북부와 남부 지역의 기온과 토지의 형질에 따라 생산되는 농산물이 달라진다. 북부 지역의 경우 작물생장기간이 짧아 주로 감자, 사료용 작물이 재배되는 데 반하여 남부 지역은 작물생장기간이 길고 토지가 비옥하여 감자의 수확량이 많을 뿐 아니라 밀도 생산된다. 남부 지역 중에서 더 따스한 지역은 백색사탕무도 재배된다. 백색사탕무의 경우 러시아 연방 내 가장 많이 생산되는 지역이다. 해바라기 재배도 연방 내 세 번째로 많이 재배하고 있다.

중앙연방관구의 경제지역은 북부와 남부 경제지역으로 나뉜다. 북부는 중앙경제지구로 남부는 중앙-흑토경제지구로 구분된다. 중앙경제지구는 [표 8]에서 나열한 13곳의 연방주체로 구성되어 있다. [지도 1]에서 모스크바 시, 모스크바 주, 야로슬라블 주, 코스트로마 주, 이바노보 주, 블라디미르 주, 랴잔 주, 툴라 주, 오룔 주, 브랸스크 주, 칼루가 주, 스몰렌스크 주, 트베리 주로 구성되어 있다. 중앙-흑토경제지구는 [지도 2]에 나타나 있듯이 연방주체중 5곳이 해당되며 그 지역은 쿠르스크 주, 벨고로트 주, 보로네시 주, 리페츠크 주, 탐보프 주이다.

2. 중앙연방관구 내 중앙경제지구

지도 1 중앙연방관구 내 중앙경제지구[15)]

중앙연방관구 지역에는 지역 경제에 필요한 충분한 천연지하자원이 존재하고 있지는 않으나 모스크바 주 근처에 석탄 매장지가 있다. 모스크바 주에 매장되어 있는 석탄은 그 열량이 낮아 경제적인 가치는 낮으나 코크스의 재료나 발전용 석탄으로 사용이 가능하다. 이탄의 경우 트베리 주, 코스트로마 주, 이바노보 주, 야로슬라블과 모스크바 주에 소규모 매장량을 보이고 있다. 야로슬라블 지역에는 가스와 석유가 매장되어 있으나 아직 개발하고 있지 않은 상태이다.

툴라 주에는 몇 개소의 철광석 산지가 분포되어 있으며, 그 철광석을 원료로 하여 19세기에서 20세기까지 철강 콤비나트인 코소고르 제철소가 운영되었었다. 쿠르스크 지역에 대규모 철광상이 존재하고 있다.

특히, 쿠르스크-오룔 지역에 위치한 미하일롭스키 광상과 스타로오스콜스키 지역에 있는 레베딘스코예, 스토이렌스코예 광상이 그것이다. 리페츠크와 스타리 오스콜 같은 현지 철광제련소에서 강철을 생산하고 있다. 브랸스크 주와 모스크바 주에서는 인회토가 생산되어 인회산업이 발달하였다. 이들 천연자원 채굴 양은 주로 연방관구 내 필요를 충족하는 정도이며 수출할만한 대규모 매장지는 존재하지 않는다.

중앙연방관구의 주요 산업은 기계 산업이며 그 중 자동차 제작산업, 공작기계, 계측기기, 전기 및 전자산업, 항공우주산업이 발달해 있다. 특히 열차산업 기관차와 객차 차량에 대한 제작이 최초로 시작되었으며 이 산업은 그 이후 지속적으로 발전하였다. 화물차산업으로는 모스크바 질(ЗИЛ) 경화물차 생산협회가 있다.[16)]

중앙연방관구 내에는 다양한 산업들이 존재하고 있으며 그들 중에는 의류사업, 화학, 에너지, 건축자재, 목재가공 산업들이 위치하고 있다. 공작기계산업이 발달한 모스크바, 칼루가, 랴잔 지역이 있으며, 모스크바뿐 아니라 랴잔 주와 블라디미르 주, 스몰렌스크 주는 계측장비가 발달하여 여러 공장들이 존재하고 있다. 특히 모스크바에는 압력기기 공장을 포함하여 에너지계측 공장 에네르고프리보르(Энергоприбор)와 피즈프리보르(Физприбор), 마노메트르(Манометр) 등이 있다. 모스크바는 블라디미르 주, 칼루가 주, 야로슬라블 주에 위치한 공장들과 모스카벨(Москабель), 디나모(Динамо)공장과 연계되어 전기공학이 발달해 있다.

중앙연방관구의 전문화된 산업분과는 화학제품의 생산이다. 화학분야 중 보스크레센스크와 폴피노에 있는 인을 함유한 비료 같은 경우는 자원을 그 지역에서 보급을 받는다. 주 내에 위치한 3곳의 정유공장에서 공급되는 원자재로 합성고무, 질소비료(툴라 주에 위치), 화학섬유와 실, 플라스틱, 세척세제를 생산한다. 야로슬라블과 예프레모프는 합성고무 생산의 중심지이며, 철강 산업의 경우 툴라 주 코사야-고라 지역에 위치한 주물공장이 있다. 또 다른 중추 산업 중 하나는 인쇄산업이다. 모스크바에는 대규모 인쇄 산업이 발달해 있으며 여기서 생산되는 인쇄물들이 러시아 전 지역으로 납품되고 있다. 예전에 주종 산업이었던 직물산업은 외국의 값싼 직물, 의류가 수입되면서 생산이 줄어들었다. 최근에 국가로부터의 주문과 시장가격경쟁력 약화, 그리고 원료부족으로 인하여 직물산업이 침체되어 이 영역에 종사하는 기업의 수가 줄어들었다.

모스크바는 러시아 연방 금융의 중심지로 주요 은행들이 집결하여 있다. 이들 은행은 전국의 지점들과 연결되어 있으며, 은행들의 금융활

그림 1 러시아 판 실리콘 밸리 스콜코보(Skolkovo) 프로젝트[17)]

동으로 얻어지는 수익은 다른 경제활동으로 발생하는 소득보다 우위에 있을 정도로 주요 핵심 산업이다. 중앙연방관구의 또 다른 주요 경제적 요인으로는 러시아 연방 내에서 모스크바가 위치한 역할에서 발생하는 경제적 활동에 있다. 모스크바 시에는 대통령 집무실과 행정 부처들, 그리고 국가의회, 기업체들의 중심지, 산업체의 주요 기관들이 자리 잡고 있다. 모스크바의 경우 건축물의 대부분은 재건축이 아닌 신축형태를 띠고 있어 건설을 위한 공간이 부족하다. 부족한 건설용지를 확보하기 위하여 도시 외곽이나 모스크바 내 녹지를 사용할 것이다.

드미트리 메드베데프 전 러시아 대통령이 기획하고 추진한 스콜코보 프로젝트는 러시아 판 실리콘 밸리를 건설하는 것이다. 모스크바 주 오딘초보(Одинцово)에 위치해 있는 스콜코보는 스콜코보 혁신센터를 중심으로 국내외 첨단 기술기업과 투자회사가 밀집한 러시아판 실리콘밸리를 추구하고 있다. 스콜코보 프로젝트는 2009년 11월 12일 연방 상원연설에서 대통령이 처음 언급하였고, 그해 12월 31일 메드베데프 대통령이 '연구 개발 상업화 단지 조성을 위한 실무그룹 발족'에 관한 대통령령에 서명하면서 구체적으로 발효되었다. 2010년 2월 에너지, IT산업, 바이오 의학, 우주항공, 원자력 등 5대 과학 기술분야를 집중적으로 육성하는 기술단지를 구상하고 있다고 밝혔고 이어 3월에 여타 후보 지역 중 모스크바 서남쪽 스콜코보가 선정되었다. 2010년 5월 스콜코보 재단이 설립되었고, 이사장으로는 빅토르 벡셀베르크(Виктор Вексельберг)가 임명되었다. 계획대로라면 389헥타르 규모의 부지에 첨단 연구개발시설, 나노 산업시설, 기업 사무소, 그리고 편의시설들이 설립된다.[18] 스콜코보 프로젝트는 기존 러시아 산업의 주축인 자원개발과 서비스업이 아니라 기술집약적 첨단산업을 목표로 하고 있다. 그러나 스콜코보 프로젝트에 투자하겠다는 여러 국제 유수의 기

그림 2 현대화위원회와 스콜코보 재단이사회 합동회의[19]

업들의 의사와는 상관없이 푸틴 현 러시아 대통령은 스콜코보 프로젝트에 부정적인 시각을 유지하고 있어 획기적인 진척은 이루어지지 않고 있다.

모스크바 주의 특징 중 하나는 유통업이 발달해 있다는 점이다. 모스크바 시라는 거대한 상권을 끼고 있는 모스크바 주는 모스크바 시내의 상업용지의 부족과 비싼 토지 임대료를 피해 모스크바 시 외곽 고속도로(МКАД)를 중심으로 유통업체가 자리 잡고 있다. 시 외곽 고속도로를 중심으로 2000년 이후에 본격적으로 상권이 발달하여 이케아(IKEA), 메트로 AG, 아샨(Ашан)등 대규모 유통업체가 위치해 있다.[20]

모스크바 주에서 가장 발달한 산업 중 하나가 군수산업이다. 군수산업 중 우주, 항공 전투 장비가 발달해 있으며, 카모프-32(Камов-32) 헬리콥터를 생산하는 카모프(Камов)사와 우주항공 관련 제품을 생산하는 즈베즈다(Звезда)사 등이 있다.[21] 모스크바 주 군수산업의 특징은 연구와 개발 그리고 생산단계가 통합된 형태인 복합단지로 이루어져 있다. 크라스노자보츠키 화학공장(Краснозаводский химический завод), 국립 항공시스템 연구소(Государственный научно-исследовательский институт авиационных систем), 국립 티호미로프 기계제작 연구소(Научно-исследовательский институт приборостроения имени В. В. Тихомирова)와 같은 연구와 개발이 방위산업으로 연결된 구조를 형성하고 있다.

제조업 산업은 기계제작 및 제철산업이 발달해 있으며, 기계제작은 화학제품생산 및 로켓용 고체연료, 자동차 산업, 고품질의 강철생산과 파이프 등을 생산하고 있다. 광학장비와 선반, 밀링 등 공작기계 생산과 케이블 생산도 모스크바 주 내 공장에서 생산하고 있다. 구체적으로 트벨(ТВЭЛ)사는 핵연료와 강철을 생산하고 있으며, 우주 항공 로켓 분야는 코롤료프(Королёв)사가 생산하고 있다. 현재 건축자재 산업은 러시아 내에서 모스크바 주가 가장 크게 형성되어 있다. 중장기적 관점에서 건축자재 산업의 발전과 건설규모의 확대는 건축자재 산업에도 영향을 미친다. 건설 규모 확대는 건축자재 산업에 소요되는 에너지 절감 노동력 절감 등 건축자재 생산에 들어가는 경비 절감노력과 건설 산업의 현대화에도 영향을 미친다. 건설 자재품목으로 세라믹 타일, 열 절연 자재, 콘크리트와 철근 콘크리트, 유리 산업이 앞으로 주요 건설자재로 발전할 것으로 보인다.[22)]

블라디미르 주의 주된 산업은 제조업 분야이다. 이 중 기계제작과 금속가공부문 산업생산량의 비중은 40%에 달한다. 높은 과학 기술과 경험으로 러시아 국내 시장뿐 아니라 세계시장에 생산품을 수출하고 있다. 트랙터 엔진과 트랙터와 같은 농업용 장비와 냉장고와 세탁기 같은 가전제품, 그리고 무기산업도 발달해 있으며, 자동차 엔진 보일러, 의료장비도 생산하고 있다. 농사용 트랙터의 경우 러시아 트랙터 생산의 1/4가량 생산한다. 유리산업의 경우 전 러시아 장식용 유리제품의 60% 가까이 생산하며 유리병의 경우 약 25%, 건설용 유리 8%를 생산한다. 금속가공산업으로는 콜추기노 시에 위치해 있는 콜추긴스키 비철금속 공장이 유명하며, 이 공장은 러시아 비철금속 압연량의 30% 가까이 생산한다.[23] 식탁용 나이프, 포크, 스테인리스 등 비철금속도 가공한다.

블라디미르 주의 농경지는 86만 헥타르에 달하며, 가축사육과 우유 생산을 중심으로 농업이 발달하여 있다. 블라디미르 주의 농업부문 주요 수입원은 소와 양, 돼지와 같은 축산물을 통한 고기와 우유에서 발생한다. 우유 생산은 우유가공식품의 발달로 이어져 요플레와 케피르 등 우유가공식품도 생산한다.

블라디미르 주 자원은 다른 주와 비교하여 낮은 매장량을 지니고 있으나 이탄의 경우 가장 많이 매장되어 있다. 200개 광구에 5,900만 톤이 매장되어 있다.[24] 블라디미르 주는 건축자재에 사용되는 점토와 모래, 그리고 탄소종류의 재료가 채굴되는 원자재 공급지의 역할을 한다. 그 외에도 산림자원이 있으며 전체 주 면적의 50%에 달한다. 주요 수종은 참나무이며 활엽수와 침엽수가 혼합된 형태를 나타내고 있다.[25]

툴라 주는 중앙경제지구 내 가장 산업화 된 지역 중 하나이다. 주내 산업분포도 중 64%를 차지할 정도로 기계제작 및 화학, 금속 공업이 발달하여 방위산업단지와 연계되어 있는 지역이다. 최근 들어 건설업의 발달로 인하여 콘크리트, 석고, 벽돌 생산 등, 건축자재 산업이 활성화되고 있다.[26] 주 내 총생산량의 35%가 제조업 산업에서 발생하는 고도로 산업화 된 지역이다.

툴라 주는 화물과 여객을 운송하는 교통망이 발달하여 있다. 우크

그림 3 노보모스콥스키 화학산업단지(Новомосковский химкомбинат)[27]

라이나와 모스크바를 잇는 M2고속도로와 크라스노다르와 모스크바 M4, 칼루가와 랴잔을 잇는 P-132, 칼루가와 오룔을 잇는 P-92고속도로가 교차하는 교통의 요지이다.

화학 산업은 툴라 주의 대표적 산업으로 다양한 화학제품을 생산하고 있다. 현재 툴라 주의 화학 단지에는 15개소의 대형 기업과 연구기관이 있으며, 러시아에 있어 화학 산업의 모태이다. 노보모스콥스키 화학공장(Новомосковский химкомбинат)과 에프레몹스키 공장(Ефремовский завод)은 러시아에서 최초로 합성고무를 개발한 기업이다. 툴라 주에서 생산된 화학제품은 세계 각국으로 수출되고 있으며, 주요 제품은 질소비료, 암모니아, 메탄올, 합성고무 등이 있다.

금속산업은 러시아 최초의 제철소가 툴라 주에서 시작하였듯이 툴라 주는 러시아 내 최대의 철강 제조업체를 보유하고 있다. 세계 최대의 생산 및 수출 규모를 자랑하고 있는 툴라체르메트(ОАО, «Тулачермет») 제철소는 연간 300만 톤의 철강 제품을 국내 및 해외시장에 공급하고 있다. 툴라체르메트와 코소고르스키(ОАО, «Косогорский металлургический завод») 제철소와 리바킨 금속압연공장에서 나오는 철강재와 제품이 러시아 철강생산량의 대부분을 차지한다. 특히, 코소고르스키 제철소의 경우 1897년에 설립되어 망간을 연간 72만 톤 생산하는 국가 주력

기업이다. 방위산업은 이러한 툴라 주의 철강 생산 능력과 비철금속 제련을 기반으로 발달해 있다. 정밀유도무기류, 로켓 발사기, 대공 미사일, 무선 시스템 등 고도의 기술력을 자랑하는 무기류는 세계적 경쟁력을 보유하고 있다.

툴라 주는 중앙연방관구 내 가장 많은 에너지를 소비하는 지역이다. 러시아에서 가장 오래된 석탄산지인 포드모스코비에 석탄분지가 존재하고 있어 앞으로 수백 년 동안 중앙연방관구의 에너지 수요를 충족시킬 수 있는 양이다.

야로슬라블 주에는 주) 야로슬라블 제약회사가 있으며 이 제약회사는 차가버섯으로 만든 베푼긴이라는 상품을 한국의 주) 야로슬라블 코리아와 협력하여 판매하고 있다.

칼루가 주는 외국인 투자가 많은 지역이다. 특징적으로 칼루가 주는 에너지 산지가 아니면서 외국계 기업들이 대규모로 투자하는 러시아 내 유일한 곳이다. 외국인들이 선호하는 투자는 교통 분야와 전기

그림 4 한국 베푼긴 차가버섯[28)]

부품, 고무플라스틱이다. 주요 외국계 투자 기업은 삼성전자 루스 칼루가, 콘티넨탈 칼루가, PSMA 루스 등이 있다. 이 중 삼성은 2007년 9월 보르시노 산업 클러스터에 착공을 하여 2008년 9월부터 모니터와 플라스마 패널을 생산하고 있다. 삼성전자는 클러스터 내 10만 ㎢의 부지에 2억 2,200만 불을 투자하여 1,610명의 칼루가 지역 주민 고용 효과를 내고 있다.[29] KT&G는 2008년 10월 삼성전자와 같은 지역에 10.3ha 규모의 공장을 1억 6,500만 불을 투자하여 2010년 10월부터 담배를 생산하고 있다. 롯데제과는 오브닌스크 산업클러스터에 8,500만 불을 투자하여 2010년 9월부터 초코파이를 생산하고 있다.[30] 칼루가 주는 대외 교역에 있어서 독일, 슬로바키아, 중국, 체코에 이어 다섯 번째 수입대상국으로 한국의 비중이 큰 주이다.

스몰렌스크 주의 주요 산업은 공업이다. 금속가공과 전기전력과 기계 제작이 전체 38% 이상을 차지하고 있다. 금속가공 분야 중 세계적 천연다이아몬드를 가공 세공하는 국가 소유의 기업인 주) 크리스탈(OAO, Производственное объединение «Кристалл»)이 있다. 국가가 100% 주식을 보유하고 있는 국영기업으로서 숙련된 기술자와 최첨단 기술이 접목되어 세계적인 다이아몬드 세공 가공 기업 중 하나이다.

그림 5 칼루가 주에 진출한 삼성전자[31]

그림 6 칼루가 주 보르시노 지역에 진출한 KT&G 공장[32]

스몰렌스크 주는 공업 중 전력생산 비중이 큰 곳으로 원자력발전소, 화력발전소가 위치해 있다. 화력발전소는 630MW 발전량을 지니고 있는 스몰렌스크 국가지역 발전소와 도로고부시 화력발전소가 있다.[34] 원자력발전소는 스몰렌스크 주 남쪽에 위치한 데스노고르스크 지역에 위치해 있다. 1976년 건설된 원자력발전소는 통합에너지 시스템으로 6개 전압 라인을 이용하여 주변 여러 주로 전력을 공급하고 있다.

그림 7 스몰렌스크 주에 위치하고 있는 세계적 천연 다이아몬드 가공업체 주)크리스탈[33]

스몰렌스크 주의 기계 제작산업 부문은 자동차 변속장치와 브레이크 제작공장 그리고 자동차 패널과 압연 공장 등이 위치해 있다. 그 외에 항공기 제조공장(Смоленский авиационный завод)과 보일러 제조공장이 있다.

스몰렌스크 주는 중앙연방관구 내 우유와 분유를 제일 많이 생산한다. 이는 스몰렌스크 주에 낙농업이 발달해 있기 때문이다. 주 면적의 43.4%에 해당하는 낙농업과 농지 면적, 그리고 농업 생산량의 55%를 차지하는 축산물 생산 규모를 가지고 있다. 곡물류와 특수작물, 그리고 사료작물을 재배하고 있으며, 농산물 가공 산업도 발달해 있다. 치즈회사와 캔 우유회사인 루드냐(Рудня консервмолоко) 회사 등이 있다.

코스트로마 주는 보석 산업이 발달해 있다. 주내에 총 1,300여 개소의 보석 생산업체가 있으며, 코스트로마 주의 총 산업 생산량의 18%에 이른다. 코스트로마 주는 주 차원에서 보석 산업을 발달 유지하기 위하여 보석 산업 클러스터를 조직하고 기술개발과 상호 연계에 힘쓰고 있다. 이러한 기술개발을 통하여 신제품을 소개하는 러시아의 황금고리(Золотоекольцо России)라는 보석축제를 개최하여 상품을 선전하고 있다.[35)]

코스트로마 주는 전통적으로 섬유공업이 발달했던 지역이다. 코스트로마 주 내 방직 콤비나트는 외국으로 수출하는 리넨 직물 총량 중 45% 가까이 차지하고 있다. 방직물 공장으로는 악티프(БКЛМ-Актив), 리노오비에디네니에(Льнообъединение), 코흘로마(Кохлома) 등이 있다.[36)]

중앙연방관구 내 코스트로마 주의 중요성은 중앙연방관구 내 전력에너지를 공급하는 주요한 공급처 역할을 하는 것이다. 코스트로마 주는 주내 생산하는 전력에너지의 20%만 사용하고 나머지 전력을 모스크바를 비롯한 인근 대도시에 공급하고 있다. 네 개의 화력발전소가 가동 중이며, 특히, 코스트로마 화력발전소는 유럽에서 가장 큰 발전소이다. 원자력발전소는 1979년 건설 프로젝트가 추진되었으나 체르노빌 원자력 발전소 붕괴 사건 이후 중지되었다가 2008년 공사를 재개, 2017년~2019년 사이에 완공하여 모스크바와 대도시에 전기를 공급할 예정이다.[37)]

코스트로마 주의 신 경제성장 동력은 목재산업이다. 주 내의 산림면적은 470만 헥타르이며 주 전체 면적의 74.2%에 해당한다. 주 정부는 수출의 70%를 차지하는 목재제품의 다양화와 생산품 범위를 확대하기 위하여 다양한 노력을 기울이고 있다. 잡목과 목재 폐기물을 이용한 다양한 패널의 생산과 합판, 파티클 보드, 가구 생산뿐 아니라 항공기, 조선, 자동차 산업에 들어가는 다양한 목자재 개발을 통하여 판매 창구를 확대하고 있다. 건설 부문은 시멘트 생산공장 신축과 비철금속을 원재료로 하는 건축 자재 생산에 초점을 두고 있다. 회사로는 샤리야 시(г. Шарья)에 위치한 크로노스타르(Кроностар) 회사와 판플리트(Фанплит), 만투롭스키 합판 콤비나트(Мантуровский фанерный комбинат)가 있다.[38)]

이바노보 주의 대표산업은 섬유산업이다. 17세기 방직산업이 시작되어 18세기 섬유공장 건설, 19세기에는 러시아의 맨체스터라는 별칭까지 얻었다. 러시아 전체 섬유생산량의 2/3가 이바노보 주에서 생산된다. 이바노보 시에는 러시아 최대 섬유 산업단지인 텍스틸-프로피(Текстиль-Профи)에 외국인 기업들도 투자하고 있다. 이바노보 주에는 러시아 연방 전체 20대 섬유기업 중 14개 업체가 위치하고 있다. 이바노보 주의 주요 발전분야 중 하나가 관광산업이다. 이바노보 주는 모스크바 근교 황금 고리(Золотое Кольцо)에 일부 속해 있어 도시의 문화·역사적 가치가 높다. 공예품으로는 옻 공예품이 유명하다. 이바노보 주에 콘크리트 제품과 건축자재로 많이 쓰이는 벽돌을 생산하는 규모

그림 8 이바노보 주 옻 공예품[39)]

가 큰 공장들이 위치해 있다.

랴잔 주에는 2개소의 시멘트 생산공장이 있다. 미하일롭스키 시멘트 공장(Михайловский цементный завод)과 세레브랸스키 시멘트 공장(Серебрянский цементный завод)이 있으며 이 두 공장은 연간 180만 톤의 시멘트를 생산하고 있다. 이 주에 2010년 한국야쿠르트가 도시락 컵라면 생산을 위하여 제2공장을 설립 운영하고 있다.[40)]

오룔 주는 축산업과 낙농업, 식품가공업, 농업에 투자를 집중하여 그 효과를 거두고 있다. 특히, 축산기업 주) 즈나멘스키(ООО «Знаменский СГЦ»), 가금류 가공기업 주) 프티치 드보리크(ООО «Птичий дворик»), 육류 제품을 다루는 주) 아그로-알리얀스(ООО "Агро-Альянс»), 농기구 전문제조업체 주) 아마존(Amazone)과 같은 기업에 투자를 집중할 예정이다. 오룔 주의 경우 시멘트 생산량이 180만 톤으로 벽돌을 비롯한 여러 건축자재 원료를 생산하고 있다. 이를 바탕으로 최신 기술 공법을 사용하는 철재 구조물 기업인 주식회사 오룔(ООО «Орловский завод металлоконструкций») 철재 구조물 공장이 설립되었다.

브랸스크 주는 농업 중 가축산업과 곡물 재배, 그리고 원예산업이 발달해 있다. 농업 분야 중 가축산업이 대표적이며, 낙농과 말과 양 등을 사육하여 우유와 고기를 생산한다. 작물 재배도 이러한 축산업을 뒷받침하는 사료 산업이 발달하여 브랸스크 주의 전 파종면적의 반 이상이 이러한 사료작물이 차지하고 있다. 주로 기후조건이 따스한 중앙과 남부 지역에서 작물 재배가 이루어지고 있다. 브랸스크 주의 농산물 중 특색이 있는 것이 감자생산이다. 러시아에서 가장 크고 현대적 시설과 장비를 갖춘 감자공장이 위치해 있으며, 2012~2015년 국가 프로그램인 "브랸스크 주의 농업제품, 원료, 식품개발"을 위한 협정을 러시아 연방 농업청과 맺어 브랸스크 주 농업 발전을 위한 투자를 확

보했다.[41]

브랸스크 주는 농업 위주의 산업적 특색과는 달리 나노산업을 육성하기 위한 시도를 추진하고 있다. 브랸스크 주의 경우 시멘트와 건축자재 생산에 지역 내에서 원자재를 공급하고 있으며, 주 내에 위치해 있는 벽돌공장의 경우 일 년에 3천만 개의 벽돌을 생산하고 있다. 카라체프 시(г. Карачев)의 경우 2010년부터 나노 건설자재를 생산하는 등 도시에 건축자재 콤비나트를 건설하는 계획을 추진하고 있다.

트베리 주에 한국의 오리온 제과가 2010년 오리온 초코파이 공장을 완공하여 현지 생산하고 있다. 3천만 불이 투자된 오리온 현지공장에서 연간 7천만 불어치의 초코파이, 스낵, 비스킷 종류가 생산되어 판매

표 13 러시아의 대 EU 수입 금지 및 제한 품목[43]

상품명
소고기(신선·냉장)
소고기(냉동)
돼지고기(신선·냉장 또는 냉동)
가금류의 고기와 식용 설육 (제0105호의 가금류의 것으로 신선·냉장 또는 냉동한 것)
고기와 식용 설육(염장·염수장·건조 또는 훈제한 것) 및 고기 또는 설육의 식용 분과 조분
생선, 갑각류, 연체동물 등 기타 해양 무척추동물 등
우유 및 유제품
채소, 식용식물 및 뿌리·줄기식물
과일 및 견과류
소시지 기타 이와 유사한 제품(고기·설육 또는 피로 제조한 것)과 이들 물품을 재료로 한 제조식료품
식물성 기름을 재료로 한 치즈 및 고체 우유를 포함한 제조식료품
식료품(식물성 기름을 재료로 한 우유함량 식품)

하고 있다. 러시아 초코파이 시장의 60%를 장악한 오리온제과는 트베리 주 공장을 거점으로 러시아 시장뿐 아니라 동유럽 시장으로 진출하기 위한 발판을 마련하였다.[42]

3. 중앙연방관구 내 중앙-흑토경제지구

지도 2 중앙연방관구 내 중앙-흑토경제지구[44]

쿠르스크 주는 주내에 위치해 있는 철광석 산지를 중심으로 광공업이 발달해 있다. 역내 최대 광공업 업체인 미하일롭스키 회사는 러

그림 9 중앙연방관구 내 중앙-흑토경제지구[45)]

시아 내 철광석 생산량 2위이며 철 펠렛의 생산량은 1위이다. 이 업체는 철 함유량 45~70%인 적철석을 채굴하여 철 성분 65%의 철광석 정광을 생산한다. 이 철광석의 매장량은 110억 톤으로 향후 120년간 채굴이 가능하다. 이러한 철광회사가 쿠르스크 주 내에 여러 개 존재한다.[46)] 주 내에 이러한 철광석을 원료로 하는 세계적 제철기업들이 존재한다. 주식회사 메탈로인베스트(Металлоинвест) 제철회사는 HBI (Hot Briquetted Iron) 생산 세계 1위이며 철 펠렛은 3위를 강판은 5위에 링크된 세계적 제철기업이다. 이 회사는 러시아 철광석 정광 생산량의 38%, 철 펠렛은 58%, HBI 생산은 100%를 차지하고 있다. 미하일롭스키 광공업 콤비나트는 1996년 설립되어 2005년에 메탈로인베스트 그룹에 인수되었다. 여기에서 생산되는 생산물량의 20%는 동유럽 각국에 수출되고 있으며 러시아 내 유수 철강기업인 메첼과 시베르스탈과 제휴하고 있다.[47)]

쿠르스크 주에 위치한 «Курский Агрохолдинг» 양계장은 한번에 100만 개의 계란과 1만5천 톤의 닭고기를 생산하는 것을 목표로 투자

그림 10 쿠르스크 주에 위치한 «Курский Агрохолдинг« 양계장[48)]

를 진행하고 있는 대규모 양계공장이다.

쿠르스크 농업은 농업기술발전과 농기계 현대화에 힘입어 해바라기 수확량과 감자수확량이 전년 대비 2~3배 증가하는 등 주 내의 농업이 빠르게 발전하고 있다. 이를 위하여 주 정부는 농기계 현대화 사업을 추진하여 트랙터와 탈곡 선별 콤바인 등 농기계를 구입하여 농촌에 지원하였다. 또한, 낙농업과 가금류 산업에도 역량을 집중하여 우유와 돈육을 생산하였으며, 농업단지와 농촌경제발전을 위한 국가 프로그램을 진행하여 그 효과와 결과가 나타나고 있다.[49)]

쿠르스크 주에는 러시아 정부의 원자력 발전산업의 일환으로 원자력 발전소가 위치해 있다. 쿠르스크 주내 원자력 발전 총량은 2만 9,046GWh이며 그 생산량은 크게 증대될 예정이다. 이곳에서 생산되는 전력의 70%를 러시아 타 지역으로 송출한다.[50)] 쿠르스크 원자력 발전소는 총 4기이며 1호기는 1976년 10월 10일 발전을 시작해 현재 3기가 가동 중이다. 이곳에서 나오는 전력은 남부 흑토지대 발전량의 50%에 해당하며, 러시아 내 4대 원전 지대 중 하나이다.[51)]

그림 11 로스에네르고 아톰 운영 원자력발전소 분포도[52]

이 이외에도 쿠르스크 주에는 자기이상(Курская магнитная аномалия) 지역이 있다. 이는 지각의 암석 중 자철석과 같은 강자성 광물질에 의하여 발생한다. 강자성 광물질이 대규모로 존재하는 매장지는 쿠르스크와 벨고로트, 오룔 주에 걸쳐 있으며 매장량만 446억 톤에 이른다. 볼리비아 엘 무툰에 이어 세계 두 번째 철광산지이며 그 면적만 16만 ㎢ 에 이르는 광대한 광산이다. 메탈로인베스트 소유인 레베딘스크 광산 콤비나트는 그 깊이가 660m, 넓이가 5km에 이른다. 이곳 광산의 특징은 지하 깊숙이 매장된 형태가 아니라 얕은 지층에 매장되어 분포하고 있다. 보통 지하 60~700m에 주로 매장되어 있으며, 철 함유량에 따라 빈광(32~38.8%)과 부광으로 나누어져 있다.[53]

벨고로트 주는 비옥한 흑토지대로 유명하다. 농경지가 발달했으며 사탕무 생산으로 인한 설탕의 생산량이 많다. 설탕은 약 55만 톤 정도 생산하며 특히, 목축업과 가금류 산업이 발달하여 2012년 기준 소고기 2,840톤, 돼지고기 56만 톤, 가금류 132만 톤, 소시지 3만 5천 톤, 우유 55만 톤, 유제품 24만7천 톤, 동물사료 37만 톤을 생산한다.[54] 러시아 돼지고기 수요의 1/4, 가금류의 1/6 생산을 담당하며 농업제품 생산량은 전 러시아 연방 내 4위를 차지하고 있다. 주 정부는 목축산업과 가금류 생산을 더욱 늘려 돼지고기의 경우 2015년 68만 톤까지 생산을 계획하고 있다.[55] 벨고로트 주의 경우 유리를 제외한 모든 형태의 건설자재를 생산하고 있다. 3곳의 거대한 시멘트공장이 위치해 있으며, 케라믹 벽돌을 생산하는 공장도 위치해 있다. 벨고로트 주는 정원을 보유한 별장형식의 개인주택 건설에 더 초점을 맞추어 건설할 계획이다.

보로네시 주는 천혜의 자연조건을 가지고 있어 농업에 유리하다. 곡물과 가축사육을 주로 하고 있으며 중앙-흑토경제지구 내 생산량이 가장 높으며 곡물, 우유 및 유제품, 양돈, 가금류, 모피, 목양 등이 발달해 있다. 주로 식품 가공산업이 발달해 있다.[56] 보로네시 주 또한, 건설에 필요한 모래와 점토, 석회와 같은 건설자재가 많이 생산되어 건설공사에 필요한 자재와 재료를 충분히 공급할 수 있다.

리페츠크 주는 흑토지대 위에 세워진 농업이 전통적 산업이다. 작물생산에 적합한 토지와 기후 조건으로 농지 면적만 약 180ha이다. 대표적 작물인 사탕무를 비롯하여 감자, 곡물, 사과, 배, 자두를 재배하고 있다.

농업 이외 산업으로는 제철업이 발달하였다. 리페츠크가 경제적으로 성장할 수 있었던 원동력이 제철산업이며 그 제철산업의 핵심 업체가 노볼리페츠키 제철소(Новолипецкий металлургический комбинат)이다. 제철산업은 리페츠크 주 제조업 생산량의 50% 이상을 점하고 있다.[57] 제철과정에 필요한 철광석은 쿠르스크 철광석 산지에서 공급받고 있다. 노볼리페츠키 제철소는 강판, 열연강판, 냉연강판, 기타 금속제품에 있어서 세계적인 기업이다. 원료조달에서부터 생산, 운송, 납품까지 관리하며, 전 세계 70개국 이상으로 제품을 수출하고 있다. 러시아 시장 32%의 철강재 수급을 점유하고 있으며, 러시아 내 시베르스탈과 에브라즈 제철소보다 더 탄탄한 기업으로 알려져 있다. 노

그림 12 노볼리페츠키 제철소[59]

볼리페츠키 제철소는 2013년 세계적 철강분석기관인 WSD(World Steel Dynamics)가 세계 주요 철강회사들을 상대로 1위로 선정한 한국의 포스코에 이어 세계에서 가장 경쟁력 있는 제철회사 2위를 차지하였다.[58]

리페츠크 주는 탄탄한 철강제품 생산에 힘입어 기계 제조업이 발달하였다. 러시아 시장에서 세탁기의 약 40%, 냉장고 35%, 경운기 28%, 시멘트 혼합기 34%가 주내에서 생산되고 있다. 건설 부문에서 리페츠크 주는 세라믹 벽돌 생산, 시멘트 패널 생산, 유리판을 사용하여 투명 구조물 생산 등을 위한 투자가 진행되고 있다.

리페츠크 내 특별경제구역

2005년 러시아 연방 경제프로젝트 중 하나인 특별경제구역은 자국 및 해외 투자기업에 특별한 법적 지위와 경제적 혜택을 주기 위하여 발효되었다. 리페츠크 특별경제구역은 2005년에 설립되었으며 리페츠크 주 그랴진스키 군(Грязинский район)에 350ha 규모로 설립되었다. 현재 이탈리아 기업 4개소, 독일, 일본, 벨기에 기업이 각각 1개소 입주하였으며 러시아 국내 기업은 15개 사업체가 입주하여 계획대비 그 투자 실적은 한참 못 미치고 있다.[60]

표 14 리페츠크 특별경제구역 주요 세율[61]

항목	세율(%)
법인세	20
입주 첫 5년 법인세	15.5%
재산세	2.2%
토지세	1.5%
특별경제구역 토지임대료- 1ha당 77,066 루블(연간)	

탐보프 주는 자연환경이나 역사적으로 농업지대이다. 탐보프의 총 토지면적 중 약 78.9%인 270만 ha가 농경지이다. 탐보프 주는 중앙연방관구 총 생산물 중 곡물 - 11.3%, 사탕무 - 19.1%, 해바라기- 24.6%, 감자 - 5.4%, 육류 - 3.5%, 우유 - 3.9%, 달걀 – 2.6%를 생산한다. 이 지역 영농 기업들은 탐보프 지역 농산물 중 곡물 – 78%, 사탕 무 - 86%, 해바라기 - 74.5%를 생산한다. 2011년 1월 1일 기준, 개인 농민들이 운영하는 영농단지는 2,512개소에 농토는 449,900ha이다. 이는 평균적으로 한 농가당 179ha 정도의 경지를 운영하고 있다. 이러한 사유화된 개인농장들이 탐보프 지역 농업 총 생산량의 11.7%를 차지하고 있다.

탐보프 주에서는 27만 개의 개인농가에서 총 농업생산량의 50%를 생산한다. 그중에서도 육류 - 61.3%, 우유 - 72.3%, 달걀 약 60%, 86.2%의 야채, 그리고 90.5%의 감자가 이들 개인농가에 의하여 생산된다. 2011년 한 해 동안 탐보프 농업분야의 투자자금은 250억 루블에 달했으며, 투자자금 대부분은 이 지역 축산업에 투자되었다. 돼지와 가금류, 육류, 유제품 회사, 곡식 저장을 위한 격납고 및 사료용 곡물 가공을 하는 사업에 투자되었다. 자연환경 이외에 농·축산업에서 중요한 부문이 농산물 생산 시 높은 생산성을 확보할 수 있는 품종 개량과 현대적 기술을 이용한 품질 개선이다.[62)]

2011년 곡물 총 수확량은 2백만 톤이며 단위 헥타르 당 생산량은 약 1톤이다. 수확량의 증가로 인하여 탐보프 주에 필요한 곡물 수요를 충족시키고 남은 80만 톤은 외부로 반출 판매하였다. 주 정부는 2020년까지 곡물 수확량을 450만 톤으로 증대할 계획을 추진하고 있다. 곡물 생산량의 증가는 저장 및 곡물 정밀 가공산업으로 사업영역이 확대된다. 2011년에만 35만 톤의 곡물 비축 격납 단지가 추가로 건설되었으며, 2020년까지 단기 곡물 저장 단지 규모를 248만 톤까지 확대할 계획이다.[63)] 주 정부 계획에 의하면 2020년까지 가축생산 단지 확대를 고려한 사료 생산량을 190만 톤까지 끌어 올릴 것이며, 개인 곡물 가공은 31.2%에서 80.7%로 상승할 것으로 보고 있다. 2011년부터 새로운 영농기술을 도입하여 헥타르 당 약 20톤의 소출을 보여 총 510만

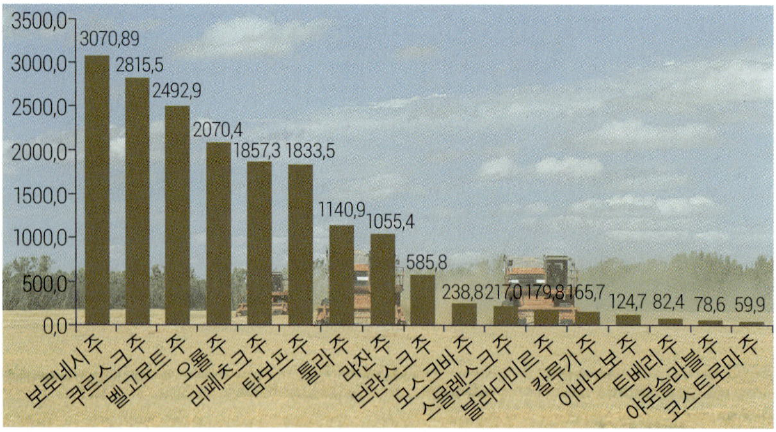

표 15 2012년 중앙연방관구 내 곡물 수확량 (단위: 천 톤)[64)]

톤의 사탕무를 수확할 수 있었다. 이는 러시아 연방 사탕무 생산량보다 11% 높다.

탐보프 축산업도 급속하게 성장하고 있다. 2009~2011년 사이에 돼지고기 수요는 두 배로 늘어났다. 축산 단지 건설 투자 프로젝트에 '탐보프 먀소프롬'사(ООО «Тамбовмясопром»), '첸트랄노예'사(ООО «Центральное»), '졸라타야 니바'사(ООО «Золотая нива»), '라스크'사(ООО «РАСК»), '리수르스'사(ООО «Ресурс») 등과 같은 유수한 기업들이 참여하고 있다.[65] 이러한 축산기업들이 추진하고 있는 축산 단지의 건설 투자 프로젝트로 인해 육류 산업뿐 아니라 소비시장도 확대 성장할 것이다. 이뿐만 아니라 탐보프 주 내 가금류 산업도 성장하고 있다. 2011년 4분기에 '인자빈스카야 프티체 파브리카'(Инжавинская птице фабрика) 가금류 공장이 건설되어 연 10만 톤의 가금류 생산을 시작했다. 축산업에서 주요한 사업의 하나가 낙농을 통한 우유생산과 육류생산이다. 신 낙농기술을 통한 사료 저장, 섭식, 부양 및 착유 프로젝트를 통하여 지역 내 가축사육과 낙농에 대한 새로운 개념이 생겼다. 이러한 투자로 인해 2012년 탐보프지역의 육류 생산량은 20만 톤, 계란 220억 개, 우유 22만 톤으로 2011년에 비하여 그 생산량이 두 배 이상 증가했다.[66]

그림 13 '인자빈스카야 프티체 파브리카'(Инжавинская птице фабрика) 가금류 공장[67]

[표 15] 2012년 중앙연방관구 내 곡물 수확량을 보면 중앙연방관구 내 중앙-흑토경제지구에 있는 연방주체들

이 주로 곡물을 많이 생산하고 있다. 중앙-흑토경제지구는 말 그대로 토양이 기름져 부쳐진 이름으로 농업생산에 천혜의 자연조건을 가지고 있다. 중앙-흑토경제지구를 구성하는 쿠르스크 주, 벨고로트 주, 보로네시 주, 리페츠크 주, 탐보프 주 모두가 중앙연방관구 내 여타 주에 비하여 월등한 곡물 생산량을 보이고 있다.

4장

사회

사회적 특징과 삶의 질

최우익

4장

사회 - 사회적 특징과 삶의 질[1)]

1. 지역연구의 의의와 연방관구 연구

러시아는 광대한 영토를 지닌 국가이며 이곳에는 다양한 민족이 거주하고 있다. 따라서 지리적 환경의 특징에 따라, 그리고 해당 지역 주민의 역사적, 문화적 전통에 따라 아주 다채로운 삶의 모습이 각 지역에서 발견된다. 게다가 오늘날 시장경제체제에서 러시아 각 지역 삶의 모습은 아주 빨리 변화하고 있는데, 이에 따라 오늘날 러시아 지역연구는 매우 중요한 연구 주제가 되고 있다. 특히 다음과 같은 점들로 러시아 지역연구는 중요하게 부각된다. 첫째, 개혁기에 전반적으로 경제 상황이 불안정해지면서 지역 경제가 주목받기 시작하였다는 점, 둘째, 지역 주민의 인종적 구성이 해당 지역의 사회·문화적 특수성을 규정하는 중요한 요소가 되었다는 점, 셋째, 세계화가 진행되면서 각 지역 공간들이 경제적, 사회적 발전에 영향을 주는 새로운 요인이 되었다는 점, 넷째, 지역에 대한 국가 관리가 약화되고 새로운 중앙-지방 관계가 모색되고 있다는 점, 다섯째, 소비에트 시대에는 없었던, 지리적 공간에 따른 실업이나 빈곤과 같은 사회 문제가 발생하기 시작하였다는 점 등이다.[2)]

실제로 1990년대에 비해 2000년대 러시아 연방정부는 각 지방에 대해 적극적이고 다양한 정치적, 경제적 정책을 펼치고 있으며, 지방의 도시, 주, 혹은 연방관구 차원에서도 스스로 지역의 문제를 해결하고 지역을 발전시키기 위해 자발적인 노력을 기울이고 있기 때문에 이제 러시아의 '지역'은 중요한 화두이자 연구주제가 되고 있다.[3)]

현재 러시아 지역의 사회적 측면에 대한 연구는 크게 세 가지 방향에서 진행되고 있다. 첫째는 시장 개혁 과정에서 나타나는 새로운 사회 문제와 현상이 각 지역에서 어떻게 나타나는가에 대한 연구이다. 예를 들어 노동시장, 소득, 빈곤 등에 대한 지역 연구가 이에 해당된다. 둘째는 해당 지역의 사회적 발전에 대하여 종합적으로 평가하는 방식의 지역연구이다. 예를 들어 특정 도시나 주, 혹은 일정 지역에 대하여 다양한 사회적 측면을 분석하고 평가하는 연구를 들 수 있다. 셋째는 국가 혹은 지방 행정단위 차원의 지역정책에 대한 연구이다. 예를 들어 해당 지역에 대한 예산 수립이나 경제 및 사회보장 정책 등에 대한 연구를 꼽을 수 있다.[4)] 본 연구는 위의 연구 방향 중 두 번째에 해당하는 것으로서 러시아 중앙연방관구(Центральный федеральный округ)에 대한 사회적 특징과 삶의 질을 다루고 있다.

중앙연방관구의 사회적 특징과 삶의 질을 분석하는 것은 또한 다음과 같은 의의가 있다. 즉, 중앙연방관구에는 수도인 모스크바가 있을 뿐만 아니라 역사적, 사회·문화적, 정치·경제적 측면에서 중앙연방관구는 러시아 국민 삶의 변화가 어떻게 변화하고 어떠한 특징을 지니게 되었는지 살펴볼 수 있는 가장 대표적인 지역 사례라는 점이다. 앞에서도 언급한 것처럼 러시아는 광대한 영토와 다양한 민족 및 문화로 인해 지역 삶의 모습에 큰 차이가 있다. 이러한 상황에서 가장 일반적이고 표준적인 러시아인의 삶의 모습과 변화를 추적하려면 적절한 연구 대상으로 중앙연방관구를 선택할 수 있다. 다시 말해 러시아의 중심적이고 일반적이며, 따라서 가장 대표성을 띤 지역 중 하나가 바로 중앙연방관구라 할 수 있다.

1992~1993년 일련의 법 제정 절차를 거쳐 오늘날의 85개 연방주체(субъект федерации)가 탄생한 뒤(최초에는 89개였고, 2000년대 후반에 83개로 줄었다가, 2014년부터 85개), 연방관구(федеральный округ)는 러시아 연방 내부를 나누는 가장 큰 지역 단위로서 2000년 5월 13일 푸틴 대통령에 의해 제정되었다. 당시 연방주체를 최소 6개에서 최대 18개까지 하나의 집합체로 묶었는데, 이와 같은 연방관구 단위의 창설은 국가를 효율적으로 관리하고자 하는 정치적 동기에서 비롯되었다. 하지만 연방관구의 경계를 행정적으로 구획하는 데에서 그 지역이 지니는 역사적 배경이나 지리적 특징, 그리고 경제지구(экономический район) 등의 요소들도 함께 고려되었다.[5] 제정 당시에는 7개 연방관구가 있었지만 2010년 남부에서 북캅카스연방관구가 분리되어 현재 러시아에는 8개 연방관구가 있다.[6]

그런데 러시아 지역연구는 1990년대 중반부터 현재까지 왕성하게 진행되었던 것에 비해 성과는 충분치 않다고 할 수 있다. 게다가 연방관구 차원에 대한 지역연구는 아직도 많이 이루어지지 않았다. 러시아나 국내 학계나 연방관구 차원의 지역연구는 여전히 간단한 정보와 통계수치를 정리하는 자료 차원에 머물러 있다.[7] 하지만 연방관구 차원의 지역연구는 향후 러시아 전체와 개별 지역연구를 연결하는 중간 수준의 지역연구 공간을 열 수 있을 것으로 보인다. 또한, 수도인 모스크바가 있는 중앙연방관구는 사실 러시아의 중심이라 해도 과언이 아니다. 역사적, 사회·문화적 측면뿐 아니라, 정치적, 경제적으로도 중앙연방관구는 러시아의 중추를 이루는 지역이다. 더 나아가 중앙연방관구에 대한 연구 성과는 다른 연방관구를 연구하는 데에서 비교 자료가 될 수 있을 뿐만 아니라, 연방관구를 연구하기 위한 일반적인 방법론 정립에도 기여할 수 있을 것으로 보인다.

그림 1 러시아 중앙연방관구 (출처: yandex.ru)

2. 연구내용과 방법

본 연구의 내용은 크게 중앙연방관구의 사회적 특징과 삶의 질 등 두 측면의 분석으로 구성되어 있다. 지역과 지역 주민에 대한 사회적 특징 연구에서는 보통 인구 및 이주 추이, 월평균 소득 및 임금 수준, 최저생계비, 실업률, 빈곤, 각종 소비지수, 교육수준, 노동, 취업부문 및 산업분야 등과 같은 사회적 지표가 이용된다.[8] 본 연구에서는 이러한 지표들을 활용하되, 각 사회적 현상에 대해 1990년대부터 2000년대 최근까지 시계열적인 흐름의 양상과 변화과정을 추적하고자 한다. 또한, 본 연구는 중앙연방관구와 다른 연방관구를 비교하거나 때에 따라서는 내부 연방주체별 비교를 통해 공간적이고 입체적인 이해를 얻는 데에 목표를 둔다.

이를 위해 본 연구는 러시아 통계청에서 출간된 다양한 자료의 통계정보 및 지표를 분석하고 재구성하고 있다. 그런데 이 글이 작성된 2014년 시점 러시아 전 국가 차원의 기본적 통계수치는 2013년 상황까지 통계청 사이트를 통해 제공되고 있고, 연방관구별 혹은 연방주체별 통계수치와 같은 세밀한 정보는 2012년 시점의 내용까지만 제공되고 있다. 따라서 중앙연방관구 주민의 사회적 변화에 대해 본 연구는 주로 2012년 시점의 내용까지 정리되고 있음을 밝힌다. 이외에도 여러 학자와 기관의 연구 성과들을 동원하여 자료로 이용한다.

세계적으로 삶의 질에 관한 연구는 이미 1970년대부터 본격화되었는데, R. 바우어는 삶의 질을 연구하기 위해 경제 지수에만 초점을 둘 것이 아니라 사회 지수도 고려해야 한다고 강조했고,[9] 1970년대 많은 학자는 다양한 사회 지표들을 고안하여 구체적이고 현실적인 삶의 질 연구를 전개하기에 이르렀다. 한편 사람들의 경제적 소득이 늘고 생활수준이 높아졌음에도 불구하고 심리적으로는 삶이 더 불안정해지는 현상이 발견되면서 학자들은 삶의 질이 단지 빵의 문제가 아니라는 점을 직시하게 되었다. 이것은 삶의 질 연구를 심리학과 결합하는 또 다른 계기를 제공했으며, 더 나아가 삶의 질의 주관적 측면에 대한 연구영역을 등장시키기에 이르렀다. 따라서 1980년대 후반부터 시작하여 1990년대는 삶의 질의 주관적 측면과 인식에 대한 연구가 활발히 진행되었다.[10]

중앙연방관구 주민 삶의 질 양상을 분석하기 위해 본 연구에서는 유엔개발계획(UNDP)의 '인간개발지수'(Human Development Index)와 러시아 내의 각종 연구기관에서 조사한 '삶의 질 지수'(이하 QLI로 표현) 자료들을 활용하고 있다.

유엔개발계획의 인간개발지수는 각국의 교육수준, 국민소득, 평균수명 등을 조사해 인간개발 성취 정도를 평가하는 지수로서, 매년 문자해독률, 평균 기대수명, 1인당 실질국민소득 등을 토대로 각 나라의 선진화 정도를 평가하는 수치이다. 이에 따르면 1인당 GNP가 동일한 수준의 국가 간에도 인간개발지수 순위가 크게 다른 경우가 나타나는데, 이것은 부의 크기와 생활의 풍요로움이 반드시 비례하는 것이 아니라는 점을 보여주는 것이다.[11)]

이외에도 본 연구는 러시아 연구기관들이 분석한 지역별 삶의 질 지수를 활용한다. 모스크바국립대학교의 정치 분석 및 예측 연구소(Лаборатория математических методов политического анализа и прогнозирования)에서는 2006년부터 최근까지 러시아 지역별 삶의 질 지수를 발표해왔다. 때로는 측정 방법과 지표를 변화시켜 다양한 버전의 분석 보고서를 발표했는데, 본 연구에서는 2012년에 5개 지표를 이용해 분석한 보고서를 활용하고 있다.[12)]

또한, 본 연구는 러시아 언론사인 리아 노보스티(РИА Новости)의 전문 평가기관인 РИА Рейтинг의 '삶의 질 지수'를 활용하고자 한다. РИА Рейтинг의 '삶의 질 지수'는 기본적으로 러시아 지역을 분석 대상으로 삼는데, 조사 방식이 영국 이코노미스트 계열사인 Economist Intelligence Unit(EIU)의 '삶의 질 지수'와 유사하다. EIU는 전 세계 국가를 대상으로 건강, 가족, 공동체, 물질적 수준, 정치적 안정성과 안보, 기후와 지리, 직업 안정성, 정치적 자유, 양성평등 등 다양한 지표를 종합하여 삶의 질 지수를 산정한다.[13)] РИА Рейтинг 역시 크게 10개의 지표(세부적으로는 61개 지표)로 삶의 질 지수를 산정하고 있다.[14)]

이와 같이 본 연구는 삶의 질 양상을 분석하기 위해 세 연구기관의 자료를 활용하고 있는데, 각 기관의 삶의 질 지수 산정 방법에는 다소 차이가 있다. 유엔개발계획의 인간개발지수(이하 UNDP-HDI로 표현)는 더 협소한 지표를 산정 대상으로 하고 있지만, 모스크바국립대학교의 정치 분석 및 예측 연구소(이하 МГУ-QLI로 표현)와 РИА Рейтинг의 삶의 질 지수(이하 РИА-QLI로 표현)는 더 확대된 지표를 대상으로 한다. 그런데 지표 수의 차이보다 더 중요하게 고려할 점은 각 연구기관이 정의하고 초점을 두는 삶의 질의 측면이 다소 다르다는 것이다. 그러한 차이점을 다음과 같이 [표 1]에 정리했다.

표 1 3개 연구기관별 삶의 질 지수의 차이점과 특징

<table>
<tr><th>UNDP-HDI</th><th>МГУ-QLI</th><th>РИА-QLI</th></tr>
<tr><td>소득</td><td></td><td>소득 수준</td></tr>
<tr><td>수명</td><td></td><td>인구학적 상황</td></tr>
<tr><td>교육</td><td></td><td rowspan="2">건강 및 교육</td></tr>
<tr><td></td><td>건강</td></tr>
<tr><td></td><td>주택 여건</td><td>주택 여건</td></tr>
<tr><td></td><td>개인 안전성</td><td>거주 안전성</td></tr>
<tr><td></td><td>빈곤 및 실업</td><td>사회 보장 제도</td></tr>
<tr><td></td><td></td><td>영토 개발과 교통 발달</td></tr>
<tr><td></td><td>생태 환경</td><td>생태 및 기후 여건</td></tr>
<tr><td></td><td></td><td>경제 발전 수준</td></tr>
<tr><td></td><td></td><td>소기업 발전 수준</td></tr>
<tr><td>개인에 관한 가장 단순화된 핵심 지표만 존재: 사회적, 자연적 환경에 대한 검토 부재</td><td>소득, 경제, 교육 지표가 없고, 개인을 둘러싼 사회 및 자연환경에 초점: 개인 자체와 경제적 요소에 대한 평가 비중이 낮음</td><td>개인에 관한 핵심 지표뿐 아니라, 개인을 둘러싼 사회적 환경과 거시적, 미시적 경제조건, 그리고 지리적, 자연환경적 요소도 고려: 다양한 요소를 골고루 검토함</td></tr>
</table>

[표 1] 하단에 각 연구기관이 초점을 두는 삶의 질 지수의 차이점을 기술했는데, 더 간단히 그 차이를 표현하면 UNDP-HDI는 '개인'에, МГУ-QLI는 '개인을 둘러싼 사회 및 자연 환경'에 초점을 둔다는 점이다. 따라서 양자의 지표는 거의 중복되지 않고 서로 다르다. 그런데 РИА-QLI는 양자의 지표 모두를 거의 포괄하고 있을 뿐 아니라, 경제 조건에도 초점을 두고 있다. 따라서 삼자는 서로 다른 관점을 보여주고 있다. 이외에도 러시아 국민에 대한 몇몇 삶의 질 지수 측정 보고서들이 존재하지만, 본 연구에서는 이렇게 구분된 삼자(개인, 환경, 개인+환경)를 분석 자료로 선택하게 되었다. 후술하는 바와 같이 각 기관 관점의 차이에 따라 러시아 국민 삶의 질에 대한 평가는 다양하게 표현된다.

이 세 기관의 보고서는 또 이러한 점에서 차이가 있다. UNDP-HDI는 전 세계를 대상으로 동일한 방법으로 조사되고 있기 때문에, 이 지수의 비교를 통해 러시아와 다른 나라를 비교하거나 혹은 러시아 각 지역의 수준을 세계 차원에서 조망하는 것이 가능하다는 점이다. 또한, 러시아 지역별 HDI 측정은 2000년대 초부터 현재까지 꾸준히 진행되고 있어서 현재로써는 이 자료가 러시아 지역별 삶의 질 보고서 중 가장 많은 데이터를 축적한 상태다. 반면에 МГУ-QLI는 2006~2012년까지만 보고서가 작성된 상태이며, РИА-QLI는 최근에 분석이 시작되어 현재는 2012~2013년의 보고서(실제 조사 대상 시점은 2011~2012년)만 존재한다. 또한, МГУ-QLI와 РИА-QLI는 러시아 지역만을 분석 대상으로 한다는 점에서 UNDP-HDI와 차이가 있다. 각 보고서가 지니는 강점을 활용, 종합, 비교하여 중앙연방관구 주민 삶의 질을 살펴보면 보다 다층적이고 복합적인 측면을 발견할 수 있다.

3. 중앙연방관구 사회 개황

러시아 중앙연방관구(Центральный федеральный округ)는 동유럽평원의 중심부에 있으며, 러시아 내에서는 서쪽 경계에 있다. 그 경계는 러시아의 북서연방관구, 남부연방관구, 볼가연방관구뿐 아니라 우크라이나와 벨라루스와도 인접해 있다. 중앙연방관구의 면적은 65만㎢로 러시아 영토의 3.8%에 불과하지만, 인구는 약 3,900만 명(27%)으로 8개 연방관구 중 가장 많다. 특히 모스크바 시와 모스크바 주 인구는 약 1,900만 명으로 중앙연방관구 인구의 절반가량을 차지한다.[15] 중앙연방관구에는 17개 주와 1개 시 등 모두 18개 연방주체가 포함되어 있다. 또한, 중앙연방관구는 중앙경제지구(Центральный экономический район)와 중앙-흑토경제지구(Центрально-Черноземный экономический район) 등 2개의 경제 구역으로 나뉘어 있는데, 전자에 13개 연방주체가, 후자에 5개 연방주체가 속해 있다. 중앙-흑토경제지구에는 벨고로트 주, 쿠르스크 주, 보로네시 주, 리페츠크 주, 탐보프 주가 포함되어 있다. 중앙-흑토경제지구는 행정적으로나 지리적으로나 중앙연방관구에 속해 있지만, 역사, 언어, 문화적 측면에서 볼 때 남부연방관구 및 북캅카스연방관구와 유사한 측면이 있다고 평가되기도 한다. 또한, 행정적으로는 중앙경제지구에 속해 있지만, 오룔 주 역시 흑토지대 지역과 비슷한 측면이 있다고 언급된다.[16]

표 2 중앙연방관구 개황(2012년)[17)]

	면적 (천㎢)	인구 (천 명)	국내총생산 (백만 루블)	제조업 (백만 루블)	농업 (백만 루블)	수출 (%)	수입 (%)
러시아 연방 (Российская Федерация)	17098.2 (100%)	143347.1 (100%)	45265221.6 (100%)	25097647 (100%)	3340537 (100%)	100	100
중앙연방관구 (Центральный федеральныйокруг)	650.2 (3.8%)	38678.9 (27.0%)	16170448.5 (35.7%)	7455335 (29.71%)	839371 (25.2%)	45.3	61.8
벨고로트 주 (Белгородская область)	27.1	1541.0	511663.0	409330	149265	0.7	1.7
브랸스크 주 (Брянская область)	34.9	1253.6	179920.9	110055	35953	0.1	0.6
블라디미르 주 (Владимирская область)	29.1	1421.7	256409.2	244800	26771	0.2	0.5
보로네시 주 (Воронежская область)	52.2	2330.4	447155.4	250019	125547	0.3	0.4
이바노보 주 (Ивановская область)	21.4	1049.0	127218.6	82750	13241	0.0	0.2
칼루가 주 (Калужская область)	29.8	1005.6	234278.6	420364	26940	0.1	2.7
코스트로마 주 (Костромская область)	60.2	658.9	111462.3	96283	15989	0.1	0.1
쿠르스크 주 (Курская область)	30.0	1119.3	233362.4	104612	69083	0.1	0.2
리페츠크 주 (Липецкая область)	24.0	1162.2	285884.3	382979	54967	1.0	0.5
모스크바 주 (Московская область)	44.3	7048.1	2243264.0	1528670	81237	1.1	10.5
오룔 주 (Орловская область)	24.7	775.8	130951.4	70810	39066	0.0	0.2
랴잔 주 (Рязанская область)	39.6	1144.7	210435.5	173419	36159	0.1	0.2
스몰렌스크 주 (Смоленская область)	49.8	975.2	183201.3	129460	18477	0.2	0.5
탐보프 주 (Тамбовская область)	34.5	1075.7	182305.1	83331	60021	0.0	0.1
트베리 주 (Тверская область)	84.2	1334.1	253757.1	165889	21890	0.1	0.3

	면적 (천㎢)	인구 (천 명)	국내총생산 (백만 루블)	제조업 (백만 루블)	농업 (백만 루블)	수출 (%)	수입 (%)
툴라주 (Тульская область)	25.7	1532.4	272462.8	327597	32252	0.7	0.4
야로슬라블주 (Ярославская область)	36.2	1271.7	285159.8	219859	23411	0.2	0.3
모스크바시 (г. Москва)	2.6	11979.5	10021556.8	2655111	9100	40.3	42.5

중앙연방관구는 소비에트 시대에 기계제작, 금속가공, 화학, 인쇄, 경공업, 식품, 건축자재 등의 산업 분야가 기술집약적, 노동집약적으로 발달했다. 그런데 1990년대 계획경제가 시장경제로 바뀌면서 많은 변화가 일어났다. 중앙연방관구에서는 무엇보다도 군수산업과 기계제작이 주요 산업이었는데, 국가 차원의 지원과 수요가 감소하면서 중앙연방관구의 산업 생산량은 급속히 저하되었으며 취업자 수도 현격히 줄었다. 경제지구별로 볼 때 중앙경제지구의 1999년 산업생산량은 1990년에 비해 35% 남짓 수준으로 감소하였고, 중앙-흑토경제지구의 산업생산량은 동기간 50%로 감소하였다.[18]

그 이후 중앙연방관구의 경제는 국가가 아닌 국민의 소비 및 수요를 충족시키는 산업 중심으로 변화되었다. 그러나 그것의 현실적 결과는 기술 수준의 전반적인 하락이었다. 물론 후기산업사회에서 나타나는 하나의 현상으로서 상업, 금융업이 활성화되고, 전체적으로 서비스업 분야가 발전하였다. 특히 모스크바는 상업과 금융의 중심지가 되었다. 그러나 모스크바와 모스크바 주변 지역의 과학, 설계, 엔지니어 계통의 전문가가 급속히 줄어드는 현상이 나타났다. 그들은 주로 군수산업 종사자였다.[19]

하지만 경제개혁기간 산업 생산량이 줄고 단일 경제 공간이 와해되었음에도 불구하고 중앙연방관구는 러시아 경제에서 여전히 중추 역할을 담당하고 있다. 생산력, 고정자산, 노동력, 과학기술, 경제 및 사회 인프라 면에서 중앙연방관구는 다른 연방관구들을 압도하고 있으며, 2012년 시점 국내 총생산량의 36%, 농업생산의 25%, 제조업의 30%, 수출 및 수입의 45% 및 62%를 담당하고 있다([표 1] 참조). 또한, 시장경제 제도와 하부구조가 짜임새 있게 갖추어져 있고, 금융 및 신용 체계, 운송 및 정보 서비스, 외국 투자, 외국합작기업 등이 높은 수준으로 발달했다. 또한, 제조업과 농업을 아우르는 산업복합단지들이 잘 조성되어 있다. 단, 연료, 에너지, 광물자원이 제한적이어서 외부로부터 이들의 지속적인 공급이 필요하다.[20]

한편 중앙연방관구 내 5개 주가 속해 있는 중앙-흑토경제지구에는 다른 특징이 있다. 이곳에서 농업은 발달했지만, 공업 발달 수준은 낮은 편이다. 하지만 산업자원이나 노동력이 풍부하여 이 양자가 결합한 철광석 채굴 산업이 발달했다. 이 지역에서는 농업에 대한 투자를 확대하고 금속산업을 현대화시키는 발전 방안이 강구되고 있다.[21]

중앙연방관구의 중앙경제지구에 속한 주들의 사회 발전 방향은 기본적으로 유사하지만, 지리, 인구, 생산력, 과학기술 등의 측면에서 다소 차이가 있다. 이 지역의 산업화는 사회주의 근대화 과정에서 이루어졌는데, 무엇보다도 모스크바는 가장 중추적이고 강력한 산업 근거지이다. 그리고 모스크바 주변으로 수많은 새로운 도시와 산업지대가 형성되었다. 그러한 도시와 산업지대는 다음과 같이 원형 형태로 건설되어 갔다.

1) 모스크바 시와 그에 인접한 도시와 주거지,

2) 모스크바 시 교외 삼림공원 지대,

3) 모스크바 시 근거리 위성도시(반경 40~60㎞),

4) 모스크바 시 원거리 위성도시(반경 90~100㎞),

5) 각 주의 수도(반경 150~250㎞),

6) 주변부 도시.

이렇게 형성된 중앙경제지구는 산업 종류에 따라 다시 다음과 같은 지역으로 분류될 수도 있다. 즉, 모스크바와 모스크바 주, 볼가 강과 오카 강 사이 섬유산업 중심의 동부 지역(야로슬라블 주, 이바노보 주, 블라디미르 주), 모스크바 주변 광물 매장 지대(툴라 주, 랴잔 주, 오룔 주), 브랸스크 산업 지역(브랸스크 주, 칼루가 주), 서부 지역(스몰렌스크 주, 트베리 주), 볼가 강 건너편 지역(코스트로마 주) 등이다.[22)]

중앙-흑토경제지구에 속한 주들은 격자 모양의 형태로 산업지대가 형성되어 갔다. 북에서 남으로, 서에서 동으로 지나는 철도 교차로에는 산업, 특히 기계제작, 철금속, 화학 산업이 발달한 대도시들이 건설되었다. 중소도시들은 주로 농업원료와 건축자재를 가공하는 역할을 담당하였다. 일부 도시의 산업은 순전히 철광석 채굴에 집중되어 있다. KMA(Курская магнитная аномалия)는 세계에서 가장 두꺼운 철광석 매장 지대이며 벨고로트 주와 쿠르스크 주에 걸쳐 있다. 이곳에서 러시아 철광석의 절반 이상이 생산된다. 철광석은 리페츠크 시의 금속산업 기업들로 보내져 가공된다.[23)]

이처럼 중앙연방관구는 내부적으로 짜임새 있게 역할 분담되어 있으며, 러시아 중심으로서의 위상을 차지하고 있다. 당연히 이곳에 거주하는 주민은 시장 개혁기 러시아의 가장 역동적 현장에서 살아가는 주인공들이라 할 수 있다. 이들의 삶이 어떻게 변화되었고, 어떠한 삶의 질을 지니게 되었는지 살펴보면 그 속에서 바로 오늘날 러시아인의 현주소를 발견할 수 있다.

4. 인구학적 상황

러시아의 인구는 20세기 후반 점진적으로 증가하였지만, 1990년대 개혁기에 급속히 감소하기 시작했다. 1992년을 기점(1억 4,870만 명)으로 인구가 감소하기 시작하여,[24] 2000년 전후에는 연간 인구감소 규모가 약 100만 명에 달했는데, 그 후 점차 감소세가 완화되다가 2008년(1억 4,274만 명)에야 겨우 증가세로 돌아섰다.[25]

그리하여 2013년 현재 러시아 인구는 1억 4,330만 명을 기록 중이다.[26] 오늘날 러시아의 인구학적 상황은 1990년대부터 빠르게 진행된 시장 개혁과 이로부터 발생한 여러 과도기적 사회 현상으로부터 영향을 받았다. 약 15년 만에 약 600만 명의 인구가 준 것인데, 전쟁, 전염병, 자연재해 등이 아니라 사회적 과도기의 후유증으로 인구가 단기간에 이렇게 대규모 감소한 것은 현대사에서 유래를 찾기 힘들다.

그런데 이러한 인구 감소 양상은 연방관구마다 다르게 나타났다. 2012년 현재 연방관구 중 인구가 가장 많은 곳은 중앙연방관구(3,868만 명)이며, 가장 적은 곳은 극동연방관구(625만 명)이다. 개혁기 전반적으로 대부분 지역에서 인구가 감소하였지만, 일부에서는 증가하였다. 즉, 1990년과 2012년 시점을 비교했을 때 남부연방관구와 북캅카스연방관구에서는 합하여 약 243만 명의 인구가 늘었다. 또한, 2000년대 중반과 후반부터 중앙연방관구, 북서연방관구, 우랄연방관구, 시베리아연방관구에서도 인구가 조금씩 늘고 있다. 반면 볼가연방관구와 극동연방관구에서는 여전히 인구가 감소하고 있다.[27] 인구가 가장 많이 감소한 곳은 약 207만 명이 줄어든 볼가연방관구이지만, 비율로 보았을 때는 극동연방관구 인구가 23% 축소되어 가장 큰 감소세를 보였다([표 3] 참조).

표 3 러시아 연방관구별 인구의 증감 추이 (단위: 천 명)[28]

	1990	1995	2000	2005	2010	2011	2012	증감수	증감률
러시아 연방	148274	148292	146304	143236	142865 (-3.6%)	143056	143347	-4927	-3.3%
중앙 연방관구	38155	38189	38175	38109 (-0.1%)	38445	38538	38679	+524	+1.4%
북서 연방관구	15311	14750	14199	13716	13626 (-11.0%)	13660	13717	-1594	-10.4%
남부 연방관구	21018	22455	22762	13837	13851	13884	13910	+2433	+11.6%
북캅카스 연방관구	-	-	-	9037	9439	9493	9541		
볼가 연방관구	31837	32049	31532	30453	29880	29811	29772	-2065	-6.5%
우랄 연방관구	12748	12606	12471	12129	12087 (-5.2%)	12143	12198	-550	-4.3%
시베리아 연방관구	21141	20883	20333	19495	19252 (-8.9%)	19261	19278	-1863	-8.8%
극동 연방관구	8064	7360	6832	6460	6285	6266	6252	-1812	-22.5%

비고: 인구증감과 증감률은 1990년 대비 수치임.

[표 3]에서 중앙연방관구의 인구는 1990년에 비해 2012년에 증가한 것으로 보이지만, 사실 중간에 기복이 있었다. 즉, 2002년에 3,800만 명 이하로 인구가 줄었다가 그 이후 다시 늘어나게 된 것이다. 2012년 시점 인구는 1990년보다 52만 명 늘어났다. 그런데 중앙연방관구 18개 연방주체 중에서 인구가 실제 늘어난 곳은 벨고로트 주, 모스크바 주, 모스크바 시뿐이며 나머지 주의 인구는 여전히 줄거나 정체 상태에 있다. 인구가 늘어난 세 곳은 1990년에 비해 2012년 시점 각각 약 14만 명, 33만 명, 296만 명이 증가하여 사실 이곳이 중앙연방관구 인구 증가의 주요 근거지였다고 할 수 있다.[29]

이와 같이 대부분의 연방관구와 연방주체에서는 인구가 줄었지만, 일부 지역에서는 증가하였다. 한 나라의 인구학적 상황은 그 나라의 역사, 사회, 문화, 정치, 경제 등 다양한 측면으로부터 영향을 받아 일어나는데, 궁극적으로 '인구의 출생과 사망에 의한 자연 증가,' 그리고 '인구의 이주에 따른 유입과 유출' 등 두 요소로 이루어져 있다. 따라서 이러한 상황이 중앙연방관구에서 어떻게 전개된 것인지 인구의 '자연 증가'와 '이주' 두 측면으로 나누어 살펴보겠다.

시장 개혁기 러시아의 인구가 급속히 감소한 것은 기본적으로 낮아진 출생률과 높아진 사망률로부터 기인한다. 시장 개혁기에 사망률이 높아지고 평균수명이 저하된 원인과 배경으로는 경제위기, 산업재해, 과도한 노동, 알코올중독, 마약중독, 심리적 스트레스 등을 꼽을 수 있다.[30] 사실 출생률은 20세기 후반 계속 떨어지고 있었는데, 1960년대 이후 연간 1,000명당 출생자 수치인 조출생률은 20‰ 이하로, 1993년부터는 10‰ 이하로 낮아져 1999년에는 8.3‰까지 떨어졌다. 그 후 조출생률은 회복되어 2011년에는 12.6‰, 2012년에는 13.3‰이 되었다. 한편 조사망률은 1980년대 10‰ 남짓 수준을 보이다가 1990년대에 급속히 치솟아 2003년에는 최고 16.4‰을 기록하였다. 그 후 다소 누그러져 2011년에는 13.5‰, 2012년에는 13.3‰로 떨어졌다.

따라서 1990년대부터 인구의 자연 증가율은 마이너스를 기록하며 2000년대 초반 -6.6‰까지 떨어졌다. 하지만 최근 출생률이 높아지고 사망률이 낮아지면서 2012년 시점에는 조출생률과 조사망률이 13.3‰로 일치하면서 자연증가율이 0‰, 즉 현상유지 상태가 된 것이다.[31]

연방관구 차원에서 보았을 때 1990년대 이후 최근까지 인구의 자연 증가율은 북캅카스연방관구를 제외하고 모든 연방관구에서 마이너스였다.[32] 단지 2009년 이후 우랄과 시베리아연방관구에서 플러스 증가율이 미세한 수준으로 나타나기 시작하였다. 중앙연방관구 인구의 자연증가율도 1990년대 이래 현재까지 마이너스였으며, 그 내부 18개 연방주체 모든 곳에서도 사정은 마찬가지였다. 유일하게 모스크바에서 2011년 최초로 플러스 증가율(1.1‰)이 나타났고 2012년에도 1.4‰을 기록했다([표 4] 참조). 이러한 점으로 미루어볼 때 중앙연방관구에서 2002년 이래 인구가 늘어난 이유는 후술하는 바와 같이 사실 외부로부터 이주민의 유입이 증가했기 때문으로 풀이할 수 있다.

표 4 중앙연방관구 주별 1,000명당 순자연증가수 추이 (단위: 명)[33]

	1990	2000	2005	2006	2007	2008	2009	2010	2011	2012
러시아 연방	2.2	-6.6	-5.9	-4.8	-3.3	-2.5	-1.8	-1.7	-0.9	0.0
중앙연방관구	-2.0	-9.6	-8.4	-7.5	-6.3	-5.6	-4.5	-4.5	-3.2	-2.5
벨고로트 주	0.0	-7.5	-7.1	-5.8	-4.5	-3.7	-3.4	-3.5	-3.0	-2.4
브랸스크 주	0.1	-10.4	-10.8	-9.5	-7.7	-6.8	-5.8	-6.3	-5.2	-4.8
블라디미르 주	-0.4	-11.5	-11.1	-9.7	-8.5	-7.9	-7.5	-7.2	-6.2	-5.2
보로네시 주	-2.4	-10.3	-10.3	-9.5	-8.5	-7.7	-6.4	-6.8	-5.7	-4.7
이바노보 주	-2.4	-13.6	-13.3	-10.9	-9.0	-9.0	-8.0	-8.0	-6.5	-5.8
칼루가 주	-0.5	-10.7	-10.3	-8.4	-7.2	-6.8	-6.1	-5.5	-4.5	-4.1
코스트로마 주	-0.8	-10.8	-11.5	-9.0	-7.2	-6.9	-5.5	-5.6	-4.3	-3.2
쿠르스크 주	-2.0	-10.4	-11.2	-10.2	-8.0	-7.7	-6.9	-6.5	-5.3	-4.6
리페츠크 주	-0.7	-8.7	-8.5	-7.7	-6.7	-6.3	-5.5	-5.8	-4.5	-3.7
모스크바 주	-2.0	-9.8	-8.3	-7.7	-6.8	-5.9	-4.7	-4.5	-3.1	-2.4
오룔 주	-0.7	-9.8	-10.1	-9.0	-8.0	-7.2	-6.4	-6.4	-5.8	-5.2
랴잔 주	-2.4	-12.3	-11.8	-10.6	-9.5	-8.4	-7.7	-7.9	-6.2	-5.5
스몰렌스크 주	-1.4	-13.0	-12.7	-11.7	-9.8	-9.3	-8.2	-8.0	-6.4	-6.3
탐보프 주	-3.2	-11.0	-10.9	-10.0	-8.6	-8.5	-7.9	-8.0	-7.1	-6.5

	1990	2000	2005	2006	2007	2008	2009	2010	2011	2012
트베리 주	-3.4	-14.1	-13.8	-12.2	-10.4	-9.9	-8.9	-9.2	-7.7	-6.7
툴라 주	-4.3	-14.2	-14.0	-12.8	-11.8	-11.2	-9.7	-9.8	-8.3	-7.6
야로슬라블 주	-1.9	-10.7	-10.8	-9.0	-7.7	-7.1	-5.7	-6.0	-4.7	-4.0
모스크바 시	-2.2	-5.8	-3.4	-3.0	-2.0	-1.5	-0.4	-0.3	1.1	1.4

북서연방관구와 더불어 중앙연방관구는 가장 낮은 출생률과 가장 높은 사망률을 보이며 인구의 자연감소가 가장 큰 폭으로 일어난 대표적 지역이다. 이곳은 러시아 정치·경제 중심지로서 체제전환의 후유증을 가장 첨예하게 겪은 곳 중 하나이다. 이 지역에는 수많은 산업체가 있는데 이들은 개혁에 대한 준비가 부족한 상태에서 시장경제로 급속히 흡수되면서 많은 진통을 겪었고, 이러한 과정에서 사망률이 높아진 것이다.[34] 최근 중앙연방관구의 인구학적 상황이 개선되어 2012년 시점 중앙연방관구 전체 자연증가율이 -2.5‰로 완화되었음에도 불구하고, 내부적으로 탐보프 주, 트베리 주, 툴라 주의 자연증가율은 여전히 -6~7‰로서 여전히 인구학적 상황이 심각한 지역들이 남아 있다.[35]

한편 중앙연방관구는 노령화 현상이 심각하고 노동연령 인구 비율이 낮은 지역이다.[36] 2012년 시점 중앙연방관구의 유년 인구 비율(14.4%)은 모든 연방관구 중에서 가장 낮지만, 노년 인구의 비율(25.6%)은 가장 높다. 그럼에도 불구하고 중앙연방관구(60.0%) 중에서 모스크바 주(61.1%)와 모스크바 시(61.9%)는 노동연령 인구 비율이 전국 평균(60.1%)보다 유일하게 높다. 따라서 천 명당 부양해야 할 비노동연령 인구의 수도 모스크바 주(636명)와 모스크바 시(614명)는 전국 평균치(664명)보다 상당히 낮다.[37] 그만큼 이 지역이 중앙연방관구의 다른 곳에 비해 경제활동이 활발히 일어나는 곳이라 할 수 있다. 즉, 같은 중앙연방관구 지역이라 하더라도 나머지 다수는 러시아 전체에서 일반적으로 나타나는 노령화 현상, 그리고 저출산으로 인한 유년층 비율의 축소 현상이 나타나고 있지만, 모스크바 주와 모스크바 시에서는 이와 반대 현상이 나타나는 것이다.

5. 이주민의 유입

러시아의 인구학적 상황에 영향을 주는 또 하나의 중대한 요인으로 개혁 이후 전 지역에서 광범위하게 일어난 인구의 이주 현상을 꼽을 수 있다. 1990년대 러시아 내 지역 간 이주민은 매년 약 110~160만 명 선이었고 2000년대에도 80~100만 명 선에 달했다. 2008년부터 러시아 인구가 다시 증가세로 돌아섰는데, 1990년에서 2008년까지 러시아로 순유입된 국제이주민의 규모는 약 460만 명에 달했다. 국제이주민의 대부분은 독립국가연합으로부터 유입된 이민자들이다.[38] 가정이지만 만약 이들의 유입이 없었다면 동 기간 러시아 인구는 600만 명이 아니라 1,000만 명 이상 줄었을 것이다.

1990년대부터 현재까지 전체적으로 연방관구별 이주민 유출비율이 가장 높은 지역은 극동연방관구이며, 그다음은 시베리아연방관구이다. 2000년대 중후반에는 우랄연방관구와 볼가연방관구에서도 부분적으로 유출 현상이 나타나며, 특히 2010년대에는 북캅카스연방관구에서 유출 현상이 급증하고 있다. 반면 남부연방관구와 북서연방관구 및 특히 중앙연방관구로는 개혁 기간 전체적으로 인구가 계속 유입되었다([표 5] 참조).

표 5 러시아 연방관구별 만 명당 이주민 증감 추이 (단위: 명)[39]

	1990	1995	2000	2005	2010	2011	2012
러시아 연방	19	44	25	20	19	22	21
중앙연방관구	55	111	82	101	74	56	62
북서연방관구	-8	3	-0.2	27	51	50	58
남부연방관구	80	116	39	32	21	43	27
북캅카스연방관구	159	42	35	2	4	-34	-41
볼가연방관구	-7	41	11	-8	-12	-4	-6
우랄연방관구	-22	23	16	-26	-12	31	19
시베리아연방관구	-28	5	-15	-41	-18	1	-4
극동연방관구	-49	-188	-83	-80	-49	-28	-32

중앙연방관구는 바로 이주민의 물결이 모이는 대표적 지역이다. 1990년대 중반에는 인구 만 명당 100명 이상 유입되기도 했고, 2000년대 중반에도 역시 100명이 넘었다가 최근 몇 년간은 60~70명 선으로 줄었다. 그런데 이주민의 유입 비율이 특히 높은 지역들을 발견할 수 있는데, 그것은 바로 모스크바 주와 모스크바 시다. [표 5]의 출처 자료를 더 살펴보면, 특히 모스크바 시로는 만 명당 200명, 모스크바 주로는 만 명당 150명 전후 규모의 이주민이 유입된 해들이 많다. 이들 지역에서 인구의 자연증가율은 마이너스이지만 인구 유입으로 총인구가 늘어 결국 중앙연방관구 전체 인구를 증가시키는 데에 영향을 준 것이다.

국제이주민의 유입 양상을 보더라도 유사한 상황을 발견할 수 있다. 러시아 통계청 『인구연감(Демографический ежегодник России)』 자료의 수치를 비율로 전환하여 계산한 [표 6]에 따르면, 국제이주민들이 중앙연방관구로 집중되는 현상을 발견할 수 있다. 물론 그 비율이 2004

년 70%에서 최근 수년간 30%대로 낮아졌고, 우랄연방관구와 시베리아연방관구에서 2005년부터 순유입 이주민의 비율이 급증하였다. 또한, 최근에는 북서연방관구와 극동연방관구에서도 순유입 이주민의 비율이 점진적으로 증가하고 있지만, 여전히 중앙연방관구로의 이주 비율은 현재 가장 높은 상태이다. 또한, [표 6]의 출처 자료를 더 살펴보면, 중앙연방관구 내부에서도 모스크바 주와 모스크바 시에 국제이주민이 집중되고 있음을 발견할 수 있다(양 지역 합하여 2011~2012년 37~38%). 이들 지역은 러시아의 가장 중심부로서 국제 및 국내 이주민이 몰리는 대표적 지역이다.

표 6 국제이주민의 러시아 연방관구별 순유입 분포 (단위: %)[40]

	2004	2005	2006	2007	2008	2009	2011	2012
중앙연방관구	70	45	41	34	34	33	32	32
북서연방관구	9	8	7	7	7	8	11	17
남부연방관구	13	10	14	14	13	11	10	7
북캅카스연방관구	-	-	-	-	-	-	3	3
볼가연방관구	20	19	19	21	20	23	15	15
우랄연방관구	0	10	9	9	9	9	11	9
시베리아연방관구	-10	8	9	12	13	14	14	12
극동연방관구	-1	1	1	3	3	2	5	5

개혁기 러시아 이주의 물결은 동에서 서로, 그리고 그중에서도 러시아 유럽 지역의 서쪽과 남쪽으로 흘렀다고 할 수 있다. 이와 같이 러시아의 서쪽과 남쪽으로 돌출한 국경지대에 인구가 유입된 주요 원인 중 하나로 이 지역에서 시장경제가 높은 수준으로 발전했기 때문이라는 점을 들 수 있다. 즉, 이 지역에서는 고소득과 높은 보수, 창의성의 발

현, 기업가적 도전 등을 실현할 수 있는 다양한 여건이 마련되었고, 바로 이러한 점들이 주변 지역으로부터 이주민을 끌어들인 것이다.[41)]

이처럼 많은 인구와 도시가 집중된 중앙연방관구는 대체로 낮은 출생률과 높은 사망률로 인구의 자연감소율이 높으며 일부 지역을 제외하고 노년 인구의 비율도 높다. 게다가 중앙연방관구는 이주민의 유입이 큰 규모로 일어나고 있기 때문에 인구학적으로 가장 복잡한 지역이라 할 수 있다. 중앙연방관구의 상황을 연구한 다른 연구에서도 역시 이 지역의 인구학적 상태가 양호하지 않다고 언급하고 있다.[42)] 한편 2010년의 상황을 예측한 1990년대 말의 또 다른 한 연구에 따르면, 중앙연방관구는 자연감소율이 높음에도 불구하고 계속되는 인구 유입에 따라 인구가 축소되지 않고 늘어날 것으로 예측했는데,[43)] 바로 이러한 현상이 지금 2000년대에 지속하였음을 본 연구에서 알 수 있었다. 그런데 앞에서도 본 것처럼 이러한 현상은 주로 모스크바 주 및 모스크바 시의 인구학적 특성 때문이었다고 할 수 있다.

6. 취업 양상

중앙연방관구의 경제활동인구는 2012년 시점 약 2,104만 명, 연평균 취업자 수는 1,881만 명으로 이것은 각각 러시아 연방 전체의 28%에 달한다.[44)] 8개 연방관구 중 가장 많은 경제활동인구와 취업자가 중앙연방관구에 집중되어 있는데, 이것만으로도 이곳이 국가 경제의 중심 지역임을 알 수 있다.

1990년대 이전인 소비에트 시대에는 전 국민의 약 90%가 국영 및 공영 혹은 공공 사회조직 부문에 취업했으나[45)] 시장 개혁이 시작된 지

20여 년이 흐른 2012년 시점에는 그 비율이 28.7%로 낮아졌다. 반대로 이제 70% 이상의 국민이 사적 부문(59.7%)이나 외국 부문 혹은 합작 부문(11.1%)에 취업해 있다.[46] 중앙연방관구에서도 이러한 사정은 비슷하게 나타나는데, 2012년 시점 국영 및 지방자치 부문에 취업한 주민의 비율은 26.8%이며 사적 부문이나 합작 및 외국 부문에 취업한 주민의 총비율은 73.3%이다.[47]

중앙연방관구 주민의 취업률은 2012년 시점 8개 연방관구 중에서 두 번째로 높으며, 실업률은 가장 낮아서 전체적으로 양호한 취업 상태를 보이고 있다. 하지만 중앙연방관구 내부적으로 이러한 사정이 지역마다 동일하지는 않은데, 예를 들어 83개 연방주체 중에서 모스크바 시(5위)나 모스크바 주(6위), 리페츠크 주(11위)의 취업률은 높지만, 보로네시 주(66위), 탐보프 주(67위), 랴잔 주(69위)의 취업률은 상당히 낮다.[48] 또한, 경제활동인구 비율 면에서도 모스크바 시(72.2%), 모스크바 주(72.8%)는 평균 수준(68.7%)을 웃돌지만, 랴잔 주(63.5%), 탐보프 주(64.1%), 보로네시 주(64.6%)는 훨씬 밑돈다.[49] 이처럼 중앙연방관구 내부에서 취업 및 실업, 그리고 경제활동인구 비율 측면에서 지역별로 대조적인 양상이 나타나고 있다.

모스크바 시의 경우 2012년 시점 실업자 비율은 0.8%인데 이것은 전국 평균(5.5%)이나 중앙연방관구 평균(3.1%)보다 훨씬 낮은 수치이다. 실업 후 재취업에 걸리는 시간은 5.9개월로 역시 러시아 평균 기간(7.5개월)보다 훨씬 짧다.[50] 이러한 점을 고려할 때 왜 모스크바 시로 이주민이 집중되는지 이해할 수 있다.[51]

중앙연방관구 주민의 주요한 특징 중 또 하나는 취업자의 교육 수준이 8개 연방관구 중에 가장 높다는 점이다. 중앙연방관구의 고등교육자 비율은 2012년 시점 35.8%로 러시아 평균인 30.4%를 훨씬 웃돈다.

그런데 이것은 특히 모스크바 시(49.3%)와 모스크바 주(38.0%)가 높기 때문에 나타나는 현상이다. 즉, 이 양 지역 취업자 수는 중앙연방관구의 절반에 달하는데 이들의 교육 수준이 높아 중앙연방관구 전체 고등교육자 비율을 높인 것이다. 반면 다른 주들은 모두 러시아 평균 수준보다 낮을 뿐 아니라 트베리 주(22.7%)와 리페츠크 주(23.3%)를 비롯한 몇몇 주의 고등교육자 비율은 현저히 낮다.[52] 중앙연방관구 안에서도 지역마다 취업자의 고등교육자 비율은 이처럼 상당히 대조적이다.

하지만 전체적으로 중앙연방관구 취업자의 교육 수준은 높은 편인데, 그것은 사실 그만큼 교육 여건이 우수하기 때문이라고 할 수 있다. 한 가지 예를 들면 중앙연방관구의 만 명당 고등교육 학생 수의 비율은 연방관구 중에서 가장 높다. 83개 연방주체별로 보았을 때도 모스크바 시(1위)뿐 아니라 벨고로트 주(15위), 보로네시 주(8위), 쿠르스크 주(4위), 오룔 주(7위), 랴잔 주(21위) 등 여러 지역이 상위에 포함되어 있다.[53]

앞에서 언급한 것처럼 중앙연방관구를 비롯한 일부 지역으로 국제 이주민의 유입이 강하게 일어나고 있는데, 외국인 노동자들의 지역별 분포를 보면 역시 유사한 양상이 나타난다. 러시아 전체로 보았을 때 외국인 노동자는 2000년 약 21만 명에서 2008년 약 240만 명으로 최대 11배까지 늘었다가, 그 이후 다소 감소하여 2011년에는 약 180만 명 수준이 되었다. 2000년대 초반보다 후반에 10배 전후 규모로 외국인 노동자가 증가한 것인데, 이들은 특히 중앙연방관구에 집중되었고 그 비율은 40%가 넘는다. 그다음으로는 우랄연방관구, 북서연방관구, 시베리아연방관구 등에 각각 10% 남짓씩 외국인 노동자가 분포해 있다([표 7] 참조).

표 7 연방관구별 외국인 노동자 취업규모 추이 (단위: 명, %)[54]

	2000	2005	2006	2007	2008	2009	2010	2011	
								직장 허가	개인 허가
러시아 연방(명)	213,293	702,500	1,014,013	1,717,137	2,425,921	2,223,596	1,640,801	1,027,929	764,900
중앙연방관구(명)	92,048	323,456	484,151	762,146	1,043,917	919,766	664,857	380,326	329,863
중앙연방관구(%)	43.2	46.0	47.8	44.4	43.0	41.4	40.5	37.0	43.1
북서연방관구	7.4	8.0	7.2	8.4	8.4	9.4	11.6	19.0	7.5
남부연방관구	7.7	4.0	3.8	5.3	6.3	6.6	6.1	6.6	8.5
북캅카스연방관구	0.8	0.6	0.6	0.7	0.7	0.5	0.6	0.8	2.2
볼가연방관구	6.5	6.9	7.0	9.0	9.2	8.8	8.1	7.5	11.2
우랄연방관구	14.9	13.8	13.3	12.4	13.2	14.6	12.8	10.9	6.0
시베리아연방관구	7.0	9.4	9.1	11.3	11.9	11.2	11.1	8.3	15.8
극동연방관구	12.4	11.2	11.3	8.6	7.2	7.5	9.2	7.8	5.6

그런데 중앙연방관구 중에서도 특히 모스크바 시와 모스크바 주에 외국인 노동자가 집중돼 있다. 2011년 시점 모스크바 시에 약 29만 명, 모스크바 주에 약 25만 명의 외국인 노동자가 있는데, 양자를 합한 비율은 러시아 전체에서는 30%, 중앙연방관구에서는 76%에 달할 정도이다.[55] 이들은 모스크바 시에서는 도소매업, 건설업, 제조업 순으로, 모스크바 주에서는 제조업, 건설업, 도소매업 순으로 취업해 있다.[56]

이처럼 중앙연방관구 주민의 경제활동은 러시아 전체에서 차지하는 비중이 상당히 크다. 경제활동인구나 취업자의 다수가 이곳에 집중되어 있고, 취업률은 높고 실업률은 낮은 등 전체적으로 안정적인 경제 여건을 지녔다. 하지만 이것은 사실 모스크바 시나 모스크바 주 주민의 월등한 사회 지표에 인한 것으로서 나머지 주민의 경제적 여건은 매우 열악한 상태라고 할 수 있다. 또한, 외국인 노동자 다수도 역시 모스크바 수도권에 집중되어 있다. 따라서 중앙연방관구 내부적으로 주민의 취업 및 경제활동 여건 역시 사실은 매우 대조적이며 상반된 양상을 띠고 있다고 평가할 수 있다.

7. 임금과 소득

시장 개혁 초기인 1990년대 러시아는 상당히 사회적으로 혼란스러웠는데, 2000년대에 들어와 일정 부분 국가 경제가 성장하고 국민 소득이 향상되면서 상대적으로 안정을 찾아가고 있다. 1998년 모라토리엄으로 휘청했던 경제는 2001년에 그 이전 수준을 회복했고 차츰 소득, 연금, 임금 등도 상승하기 시작하였다. 그 상승세는 2008년 세계금융위기 때 잠시 주춤하였지만,[57] 다시 상승하여 2012년 시점 실소득은 1995년에 비해 약 2.3배, 실질임금은 2.7배, 실질연금은 약 2.9배 높

표 8 노동자 1인당 월평균 명목임금 추이 (단위: 1990~95년 천 루블, 그 이후 루블)[59]

	1990	1995	2000	2005	2010	2011	2012	2012 (순위)
러시아 연방	0.303	472	2,223	8,555	20,952	23,369	26,629	-
중앙연방관구	0.285	419	2,173	9,622	25,377	28,449	32,466	2
북서연방관구	0.325	529	2,532	9,487	23,532	25,776	29,058	4
남부연방관구	0.278	339	1,587	6,204	15,560	17,237	19,823	7
북캅카스연방관구	0.244	254	1,213	4,785	12,569	13,898	16,725	8
볼가연방관구	0.269	389	1,783	6,473	15,614	17,544	20,020	6
우랄연방관구	0.356	670	3,487	11,680	25,035	28,055	31,598	3
시베리아연방관구	0.327	553	2,270	8,110	18,658	20,890	23,789	5
극동연방관구	0.445	807	3,114	11,508	25,814	29,320	33,584	1

아졌다.

[표 8]에 따르면, 중앙연방관구 기업체 노동자의 평균 명목임금 수준은 2000년까지는 러시아 평균에도 미치지 못하는 중위권이었으나, 그 이후 점차 상승하여 2012년 시점에는 전체 연방관구에서 2위를 차지하고 있다. 소련시대부터 임금 수준이 가장 높은 곳은 극동과 우랄연방관구였다. 그 이유는 극동연방관구는 인간이 거주하기 힘들고 경제활동에 불리한 혹독한 자연환경 때문에 노동력 유입을 위해 높은 임금 수준을 유지할 필요가 있었기 때문이며, 우랄연방관구는 그러한 요인에 더해 러시아 경제의 견인차 역할을 한 석유 및 가스 채굴 산업을 위해 노동력을 집중적으로 확보할 필요가 있었기 때문이다. 그런데 2000년대 중앙연방관구의 임금 수준은 계속 상승하여 우랄연방관구를 앞질렀고, 극동연방관구와도 격차를 좁히고 있다. 그만큼 중앙연방관구의 경제적 역동성은 단시간에 극대화되었다.

그런데 중앙연방관구 내부적으로 볼 때 주별 임금 수준의 차이가 크다는 것을 발견할 수 있다. 2012년 83개 연방주체 중 모스크바 시는 5위(50,628루블), 모스크바 주는 14위(32,303루블)를 차지할 정도로 임금 수준이 높다. 하지만 나머지 주는 모두 중하위권에 머물러 있다. 이 중 브랸스크 주(75위), 이바노보 주(69위), 탐보프 주(73위)는 최하위권이다.[60] 따라서 중앙연방관구 노동자의 평균 명목임금이 전체 연방관구에서 2위를 차지하는 이유는 사실 모스크바 시와 모스크바 주 임금 수준이 높기 때문이라고 할 수 있다.

[표 9]는 연방관구별 1인당 월평균 소득의 양적 수치를 정리한 것인데, 2000년에 비해 2012년 소득은 거의 10배 이상 상승하였다. 중앙연방관구는 1990년대부터 현재까지 연방관구 중에서 줄곧 소득 순위 1위를 차지하였다. 앞에서 본 것처럼 1인당 월평균 명목임금의 순위는 2

표 9 연방관구별 1인당 월평균 소득 변화 (단위: 1995년 천 루블, 그 이후 루블)[61]

	1995	2000	2005	2010	2011	2012	2012 (순위)
러시아 연방	516	2281	8088	18958	20755	23058	-
중앙연방관구	692	3231	10902	24645	27091	29721	1
북서연방관구	565	2269	8996	19837	21156	23403	4
남부연방관구	309	1592	5757	15114	16584	18603	6
북캅카스연방관구	-	1130	4537	13253	15050	17076	8
볼가연방관구	369	1726	6229	15840	17282	19597	5
우랄연방관구	605	2744	9581	21832	23638	26175	2
시베리아연방관구	494	1933	6731	15007	16568	18322	7
극동연방관구	649	2498	8989	20807	22870	25326	3

위인데, 노동임금 이외에 주민의 기업소득, 사회지급금(연금, 보험 등), 재산소득, 기타 소득을 종합적으로 고려한 1인당 월평균 소득의 측면에서는 중앙연방관구가 1위를 차지한다. 역시 83개 연방주체별로 보았을 때 모스크바 시(3위), 모스크바 주(10위) 주민의 소득 순위는 최상위권이다.[62]

2012년 시점 러시아 연방 전체와 중앙연방관구 사이의 각 소득원의 비율은 커다란 차이를 보이지 않지만(대체로 2.3% 이내), 재산소득(예금, 증권, 배당금에 대한 이자 형태의 재산 소득)의 비율에서 러시아 연방은 5.2%지만 중앙연방관구는 8.8%로서 거의 3.6%의 차이가 난다.[63] 이것은 특히 모스크바 시 주민의 재산소득 비율이 14.2%이기 때문에 나타난 현상인데 이것은 전국에서 가장 높은 수준이다. 즉, 그만큼 모스크바 시 주민은 소유한 재산과 그로부터 발생한 다양한 이자 및 이윤에 의한 소득이 크다고 할 수 있다.

이처럼 중앙연방관구 주민의 임금과 소득 수준은 상위권에 있지만,

사실 그것은 주로 모스크바 시와 모스크바 주 주민에 의한 것임을 알 수 있다. 따라서 연방관구들 사이에서도 임금과 소득 수준은 지역별로 차이가 크지만, 연방관구 내에서도 지역별 차이가 크다는 것을 중앙연방관구 사례에서 알 수 있다.

8. 사회계층화 현상

2000년대에 들어와 러시아 국민의 소득 수준이 높아졌지만, 그러한 현상이 모든 국민에게 균질하게 일어나지는 않았다. 소비에트 시대 후반(1970~90년)에 최상위 소득 수준 20% 집단이 차지하는 소득 총액 비율은[64] 약 1/3이었다. 그러나 1990년대에 들어와 점차 그 비율이 높아지더니 2012년 최근에는 거의 1/2을 차지하게 되었다. 나머지 4개 집단의 소득 총액은 소비에트 시대에는 일정 정도 각각의 비율이 유지되었지만, 1990년대 시장경제체제로 들어와 전체적으로 하락했다. 게다가 최하위 집단과 차상위 집단 등 하위 층위 집단이 차지하는 소득 총액 비율은 더욱 큰 폭으로 내렸다. 따라서 최상위 20% 집단의 소득 총액

표 10 소득 순위 20% 집단별 소득 총액 비율 추이 (단위: %)[65]

	1970	1975	1980	1985	1990	1995	2000	2005	2006	2007	2008	2009	2010	2011	2012
1집단	7.8	9.5	10.1	10.0	9.8	6.1	5.9	5.4	5.3	5.1	5.1	5.2	5.2	5.2	5.2
2집단	14.8	14.8	14.8	14.6	14.9	10.8	10.4	10.1	9.9	9.8	9.8	9.8	9.8	9.9	9.8
3집단	18.0	18.6	18.6	18.3	18.8	15.2	15.1	15.1	15.0	14.8	14.8	14.8	14.8	14.9	14.9
4집단	22.6	23.3	23.1	23.1	23.8	21.6	21.9	22.7	22.6	22.5	22.5	22.5	22.5	22.6	22.5
5집단	36.8	33.8	33.4	34.0	32.7	46.3	46.7	46.7	47.2	47.8	47.8	47.7	47.7	47.4	47.6
총합계	100	100	100	100	100	100	100	100	100	100	100	100	100	100	100

비고: 1집단: 최하위, 5집단: 최상위

비율만이 변함없이 지속해서 증대하였다([표 10] 참조). 따라서 2000년대 주민 소득 금액의 절대적 수치는 높아졌다고 하더라도, 사실 최상위 20% 집단이 부의 축적에서 큰 성과를 거둔 것이라고 할 수 있다.

그런데 중앙연방관구 주들의 20% 집단별 소득 총액의 격차 현상을 살펴보면 특이한 점이 발견된다. 2012년 시점 최상위 소득 수준 20% 집단의 총소득액 비율을 살펴볼 때, 모스크바 시를 제외한 모든 주는 전국 평균 비율(47.6%)보다도 낮다. 모스크바 시는 그 비율이 무려 53.3%에 달한다. 또한, 모스크바 시의 소득격차율은 전국 평균인 16.4배보다 훨씬 높은 27.3배이며, 지니계수도 0.486인 등 상당한 빈부 격차 현상을 보이고 있다.[66] 모스크바 시의 이 지수들은 모두 전국 1위지만, 나머지 주의 소득격차율이나 지니 계수는 모두 전국 평균 수준보다도 낮다.[67] 따라서 중앙연방관구 중 바로 모스크바 시, 그리고 그중에서도 유독 상위 소득 20% 집단에 부가 집중되는 현상이 두드러졌다고 할 수 있다. 이것은 러시아에서 국민 소득이 높아질수록, 그리고 또 한편 지역적으로도 소득 수준이 더 높은 곳일수록 빈부격차 현상이 더 심하게 나타남을 보여주는 극명한 사례라고 할 수 있다.

이와 같이 현재 러시아 국민의 평균적인 소득 수준은 높아지고 있다고 하더라도, 사실상 그 부의 상당 부분이 상위 계층에 축적되고 있음을 알 수 있다. 따라서 러시아의 사회계층화 현상이 심화하고 있다고 볼 수 있는데, OECD에서 소득 수준을 이용해 사회계층화 현상을 추산하는 방법을 이용하여 중앙연방관구 각 주의 사회계층 비율을 계산하면 다음과 같다.[68]

[표 11]에 따르면, 러시아 빈곤층은 약 19%, 중산층은 51%, 고소득층은 30% 정도의 비율이다. 중앙연방관구의 경우 놀랍게도 대부분 주에서 러시아 평균보다 더 높은 비율의 빈곤층이 존재하고 있다. 모스

표 11 2012년 중앙연방관구 주별 사회계층 비율 산정 (단위: %)[69]

	빈곤층 (약 ~8,600루블)	중산층 (약 8,600~26,000루블)	고소득층 (26,000~ 루블)
	2012	2012	2012
러시아 연방	19.1	50.7	30.2
벨고로트 주	20.3	52.2	27.5
브랸스크 주	27.4	53.7	18.9
블라디미르 주	28.0	56.1	15.9
보로네시 주	24.9	53.1	22.0
이바노보 주	28.6	56.1	15.3
칼루가 주	21.0	53.4	25.6
코스트로마 주	28.3	56.7	15.0
쿠르스크 주	23.8	54.3	21.9
리페츠크 주	22.1	54.1	23.8
모스크바 주	11.5	46.2	42.3
오룔 주	29.7	52.6	17.7
랴잔 주	24.9	55.8	19.3
스몰렌스크 주	23.2	56.3	20.5
탐보프 주	29.1	51.7	19.2
트베리 주	24.1	57.7	18.2
툴라 주	21.7	55.4	22.9
야로슬라블 주	24.1	54.6	21.3
모스크바시	8.0	32.9	59.1

크바 주와 모스크바 시의 빈곤층 비율만 더 낮을 뿐이다. 한편 대부분 주의 중산층 비율은 50%가 넘는다. 모스크바 주(46.2%)와 모스크바 시(32.9%)만 이에 미치지 못한다. 그런데 이것은 양 지역의 중산층 비율이 낮다기보다는 사실 고소득층 비율이 높아서 그쪽으로 수치가 쏠

리며 나타난 현상이다. 실제로 양자의 고소득층 비율은 각각 42.3%와 59.1%로서 전국 평균치인 30%를 훨씬 웃돈다.[70] 반면 다른 주는 모두 이 수준에 미치지 못한다. 이로써 모스크바 주 및 모스크바 시와 나머지 주들 간의 사회계층화 현상에서도 대조적인 양상이 나타나고 있음을 발견할 수 있다.

주민의 생활 수준을 측정할 수 있는 지표 중 하나가 소비 비용이다. 2012년 시점 중앙연방관구의 1인당 월평균 소비 비용은 21,767루블로서 연방관구 중 가장 높다. 그런데 중앙연방관구의 소비 비용이 높게 나오는 이유는 바로 모스크바 시 때문이라는 점을 참작할 필요가 있다. 전국에서 소비 비용이 가장 많이 지출되는 모스크바 시(37,175루블)를 제외하면 나머지 주들은 모두 중앙연방관구의 평균 수치보다 아래이다. 게다가 모스크바 주(19,680루블)를 뺀 나머지는 심지어 전국 평균 수치보다도 아래로서 대략 10,700~14,800루블 사이에 불과한 실정이다. 이 수치는 연방관구 중에서 가장 하위권인 북캅카스연방관구(12,582루블)나 시베리아연방관구(13,321루블) 수준에 해당한다.[71] 따라서 중앙연방관구 중에서 모스크바 시와 모스크바 주를 제외한 나머지 주의 주민은 소비 수준에서 볼 때 오히려 다른 하위권 연방관구 주민 처지에 더 가깝다고 볼 수 있다.

9. 인간개발지수

먼저 앞의 2장에서 언급한 세 기관의 보고서 중 UNDP-HDI(인간개발지수) 자료를 이용하여 2000년대 러시아 국민 삶의 질 지수 변화 양상을 살펴보고자 한다. 러시아 지역에 대한 UNDP-HDI 보고서는

2000년대 초반부터 현재까지 일관된 측정 방법으로 축적된 데이터이며, 러시아 지역별 삶의 질이 상승하는 과정과 수준을 다른 나라와 용이하게 비교할 수 있는 자료이다.

러시아는 국가 차원에서 2006년에 HDI 0.8이 넘었는데, 당시 HDI 상위수준 국가이자 선진국으로 인식되는 경계가 바로 0.8이었다.[72] 83개 러시아 연방주체별로 보았을 때 HDI 0.8이 넘는 러시아 내부 지역은 2004년에는 4곳에서 2006년에는 12곳으로 늘었고, 그중 모스크바는 0.9가 넘었다. 2006년 시점 HDI 상위수준 지역에 러시아 인구 중 거의 30%가 거주했고, 이곳에서는 인간개발 수준을 끌어올릴 만한 자원과 가능성이 풍부한 것으로 평가되었다. 그러나 러시아인 대부분은 여전히 HDI 중위수준 지역에 거주했다. HDI 0.75 이하의 하위수준 지수 지역에는 인구 중 6%가 거주했는데, 이곳은 정부의 계속적인 지원 없이는 발전하기 힘든 곳으로 평가되었다.[73]

세계금융위기의 여파로 러시아 경제가 악화되면서 2009년 러시아 각 지역 HDI 상승 속도도 둔화되었다. 그래도 국가 차원에서 HDI는 전년도의 0.838에서 2009년에는 0.840으로 근소하게 올랐다. 2009년에는 HDI 0.8이 넘는 지역에 러시아 인구의 85%가 거주하게 되었고, HDI 0.7 미만 지역은 이제 사라졌다.[74] 따라서 2000년대 전반적으로 러시아 각 지역 HDI는 상승했다고 평가할 수 있다. 항상 1위를 차지한 모스크바 시는 HDI가 2001년 0.852, 2006년 0.907, 2010년 0.931, 항상 마지막 순위를 차지한 티바 공화국도 HDI가 각각 0.646, 0.691, 0.750으로 상승하는 등 러시아 각 지역 주민 삶의 질 지수는 전체적으로 향상되었다.[75]

짧은 시간에 HDI가 치솟은 원인으로는 무엇보다도 소득과 평균수명의 상승을 꼽는다.[76] HDI 상승을 주도한 대표적 지역들은 주로 연료 및 에너지 자원 채굴지이거나, 석유정제업과 금속산업이 발달한 곳이며, 이러한 지역들을 중심으로 러시아 국민 소득도 함께 증가하였다. 또한, 이러한 과정에서 마련된 연방재정을 바탕으로 국가가 주도한 '건강'(Здоровье) 프로젝트가 원만히 진행되면서 역시 HDI 상승에 기여를 했다. 반대로 세계 경제가 불안정하여 연료와 금속 국제가가 하락하거나, 연방재정이 제대로 확보되지 않으면 각 지역 HDI 상황은 나빠지곤 했다.[77]

표 12 2000년대 중앙연방관구 각 주의 UNDP-HDI 순위 변화[78]

조사시점	2004	2005	2006	2007	2008	2009	2010
벨고로트 주	9	5	6	5	5	6	5
브랸스크 주	67	68	66	67	67	67	64
블라디미르 주	65	58	60	62	66	63	62
보로네시 주	37	34	40	38	37	29	43
이바노보 주	74	74	73	73	76	74	77
칼루가 주	42	48	51	47	41	36	34
코스트로마 주	64	60	59	55	61	65	54
쿠르스크 주	23	26	30	27	29	21	14
리페츠크 주	6	6	7	13	10	13	17
모스크바 주	39	29	31	28	23	26	35
오룔 주	21	25	29	29	33	32	29
랴잔 주	33	37	38	51	47	47	47
스몰렌스크 주	59	54	62	58	62	62	57
탐보프 주	40	45	46	42	50	50	55
트베리 주	63	67	63	66	64	69	66
툴라 주	60	57	50	53	49	55	59
야로슬라블 주	18	21	18	21	24	23	23
모스크바시	1	1	1	1	1	1	1
순위 평균	40.06	39.72	40.56	40.89	41.39	41.06	41.22

[표 12]는 2004~2010년까지 매년 UNDP-HDI 보고서 중 중앙연방관구 각 주의 HDI 순위(83개 연방주체 중)만을 모아 정리한 것이다. HDI의 절대 수치는 앞에서도 언급한 것처럼 중앙연방관구에서도 계속 높아졌다. 즉, 중앙연방관구 지역 중 HDI 순위가 가장 낮은 이바노보 주의 경우도 HDI가 2004년 0.717에서 2010년 0.778로 오르는 등 2000년대 중앙연방관구 각 주의 UNDP-HDI는 모두 높아졌다. HDI 0.9 이상은 최상위 수준으로 평가되는데 2010년 모스크바는 0.931이며, 0.8이 넘는 지역도 14개 주에 달하고, 0.8 미만 지역은 3곳에 불과하다.[79)]

하지만 83개 연방주체 차원에서 보았을 때 중앙연방관구 각 주 HDI 순위는 다양한 수준에 분포되어 있는데, [표 12]에서 볼 수 있는 것처럼 예를 들어 모스크바 시(1위), 벨고로트 주(5위) 등은 최상위 수준에, 이바노보 주(77위), 트베리 주(66위) 등은 최하위 수준에, 기타 주들은 중상부터 중하 수준까지 골고루 퍼져 있다. 또한, 코스트로마 주(64→54위), 쿠르스크 주(23→14위)처럼 순위가 점차 올라가거나, 랴잔 주(33→47위), 탐보프 주(40→55위)처럼 내려간 주들도 있다. 이처럼 중앙연방관구 각 주의 삶의 질 수준은 다양하게 분포되어 있다.

그런데 중앙연방관구 각 지역 HDI 순위 평균치를 산출해보면 중앙연방관구 주민 삶의 질 수준은 전체적으로 큰 변화가 없었다고 할 수 있다. [표 12]에서 중앙연방관구 주들의 HDI 순위 평균은 미세하게 등락을 반복하다 2004년(40.06)에 비해 2010년(41.22) 순위가 조금 떨어지긴 했지만, 대체로 2000년대 중앙연방관구 주들의 HDI 순위 평균치는 그 상태 그대로 유지된 것으로 판단할 수 있다. 7장에서 살펴본 것처럼 2000년대 중앙연방관구 주민의 평균 임금과 소득이 급속히 상승하였고, 더 나아가 다른 연방관구보다 그 순위가 높아졌음에도 불구하고 삶의 질 순위는 제자리걸음을 했다. HDI에는 소득뿐 아니라 수명 및 교육 지수가 함께 산정되는데, 이러한 측면에서 중앙연방관구 주민 삶의 질 수준은 연방관구 차원에서 비교했을 때 큰 변화가 없었던 것이다. 특히 수명 문제로 인해 HDI가 향상되지 못하였다고 그 이유를 찾을 수 있다. 중앙연방관구는 2000년대 후반까지도 낮은 출생률과 높은 사망률로 인구의 자연감소가 가장 큰 폭으로 일어난 대표적 지역이다. 이곳에는 많은 산업체가 있는데, 개혁에 대한 준비가 부족한 상태에서 이들은 시장 개혁 과정에서 많은 진통을 겪었고, 이러한 과정에서 인구학적 위기가 나타난 것이다.[80)]

삶의 질을 평가하는 데에는 주관적 만족도나 상대적 관점도 중요한데 특정 지역 삶의 질 지수의 절대적 수치가 높아졌다고 하더라도 다른 지역도 그와 비슷한 수준으로 높아졌다면, 사실 그 지역 삶의 질은 해당 지역 주민에게 그리 만족할만한 것이 될 수 없을 것이다.

10. 각종 삶의 질 지수 비교

이번에는 UNDP-HDI를 포함하여 각종 연구기관의 삶의 질 지수를 연방관구 차원에서 비교해보고자 한다. 이 순위 평균은 각 연방관구에 속한 내부 지역의 순위를 산출한 것인데, 우선 각 연구기관의 삶의 질 지수는 산정 기준과 방법이 달라 직접적인 비교는 곤란하다는 점을 염두에 둘 필요가 있다. 따라서 동일 연구기관 내의 결과치를 보면서 상대적인 추이를 분석할 수 있을 따름이다. 우선 UNDP-HDI의 연방관구별 양상을 보면, 중앙연방관구는 8개 연방관구 중 2001년이나 2010년 모두 5위를 차지한다. 즉, 순위가 오르지 못했을 뿐 아니라 평균적인 삶의 질 수준 자체도 다른 연방관구와 비교했을 때 중하 수준에 있다.

표 13 8개 연방관구별 내부 지역의 HDI 순위 평균치[81)]

	UNDP-HDI		МГУ-QLI		РИА-QLI	
조사 시점(년)	2001	2010	2006	2012	2011	2012
중앙연방관구	41.7	41.2	25.9	22.7	28.0	25.4
북서연방관구	38.3	33.1	39.3	37.5	43.3	44.4
남부연방관구	36.8	45.2	36.7	40.3	37.8	38.0
북캅카스연방관구	47.0	65.7	39.0	40.2	67.8	67.2
볼가연방관구	29.2	35.3	31.8	32.6	34.9	34.7
우랄연방관구	30.5	21.5	44.2	49.7	24.8	27.0
시베리아연방관구	48.2	42.2	62.8	62.8	55.2	57.1
극동연방관구	49.0	38.9	65.3	65.8	54.2	54.9

그런데 МГУ-QLI와 РИА-QLI에서 중앙연방관구 지역의 순위 평균은 2012년 시점 각각 22.7위와 25.4위로서 각각 8개 연방관구 중 제일 상위를 차지하는 것으로 나타난다([표 13] 참조). 왜 이러한 차이점이 나타날까? 그 이유는 바로 2장에서 설명했듯이 각 기관이 초점을 두는 삶의 질에 대한 관점과 지수를 산정하는 방식이 다르기 때문이다. МГУ-QLI는 개인을 둘러싼 사회 및 자연 환경에 초점을 두고 있는데, 이러한 측면에서 중앙연방관구 삶의 질 수준은 다른 연방관구와 비교할 때 가장 높다. РИА-QLI는 개인에 관한 요소도 포함하지만, 개인을 둘러싼 사회적, 경제적 조건 그리고 지리적, 환경적 요소를 강조하고 있는데, 역시 이러한 종합적인 측면에서 중앙연방관구 삶의 질 수준은 연방관구 중 가장 높은 것으로 나타난다.

중앙연방관구 이외에 다른 연방관구들의 삶의 질 지수가 기관마다 차이가 나는 것은 다음과 같이 설명할 수 있다. 환경적 요소를 강조하는 МГУ-QLI에서 가장 낮은 순위 평균치를 보이는 곳은 극동연방관구(2012년 65.8위)와 시베리아연방관구(62.8위)이며 그다음은 우랄연방관구(49.7위)이다. 그것은 이곳이 다른 연방관구에 비해 사회적 제도의 발달이 미흡하다는 점과 열악한 자연환경 및 기후적 측면을 지녔기 때문이라 할 수 있다. 하지만 사회 및 자연환경뿐 아니라 개인소득 및 경제적 조건을 함께 고려하는 РИА-QLI에 따르면 경제적 지표가 높게 나올 경우 열악한 사회 및 자연환경을 지닌 지역이라도 삶의 질 지수의 순위는 더 높아질 수 있으며, 환경적 요소에 대한 지표가 아예 없는 UNDP-HDI 측면에서는 순위가 더 높아질 수 있다. 특히 우랄연방관구는 UNDP-HDI에서는 순위가 21.5위(2010년), РИА-QLI에서는 순위가 27.0위(2012년)로서 정상권에 있다. 이것은 이곳에 최대 규모의 석유 및 가스 채굴지가 있기 때문이며, 따라서 개인의 경제적 지표를 고려하는 두 연구기관에서 우랄연방관구의 삶의 질 지수 순위는 당연히 상위권에 들어갈 수 있다. 한편 북캅카스연방관구는 UNDP-HDI(2010년 65.7위)와 РИА-QLI(2012년 67.2위)에서 제일 하위권이다. 하지만 МГУ-QLI에서는 2012년 40.2위로서 중위권이다. 즉, МГУ-QLI에서는 북캅카스연방관구의 열악한 개인의 경제적 지표가 고려되지 않기 때문에 중위권이 가능한 것이다.[82]

따라서 삶의 질 수준을 측정할 때 UNDP-HDI처럼 개인적 요소에 초점을 둔다면 중앙연방관구 주민 삶의 질 수준은 높지 않다고 할 수 있다. 그런데 개인적 요소보다 상대적으로 사회적, 환경적 요소를 더 중시하는 МГУ-QLI와 РИА-QLI에 따르면 중앙연방관구는 자연환경과 기후 면에서 인간이 거주하기에 큰 장애가 없으며, 무엇보다도 다

표 14 러시아 중앙연방관구 2013년 PИA-QLI 보고서의 각 세부 지표별 유형화[83)]

중앙연방관구		소득수준	주택여건	사회보장	생태기후	거주 안전	인구상황	건강 교육	영토 개발	경제 발전	소기업	종합순위
A	모스크바 시	1	1	2	53	64	2	1	2	1	1	1
	모스크바 주	7	4	61	45	31	5	3	3	6	18	3
B	코스트로마 주	61	50	31	41	18	64	37	48	63	40	52
	이바노보 주	49	19	27	38	63	65	38	20	72	21	41
	블라디미르 주	46	7	39	20	58	72	54	7	35	44	27
	랴잔 주	39	30	22	36	72	60	32	19	39	52	35
	트베리 주	46	27	49	31	56	72	69	26	44	48	44
	스몰렌스크 주	53	20	32	17	45	67	52	18	51	17	26
	브랸스크 주	48	22	52	21	23	82	64	12	64	43	46
	툴라 주	28	58	52	47	43	69	20	5	40	38	25
	오룔 주	40	34	35	11	76	71	42	13	61	61	57
	탐보프 주	52	11	70	11	1	76	11	29	67	31	24
C	야로슬라블 주	24	21	3	14	32	46	34	21	24	30	12
	칼루가 주	16	52	56	15	51	51	39	10	19	34	17
	리페츠크 주	19	9	71	42	39	54	41	9	31	15	15
	보로네시 주	23	53	50	23	10	39	4	17	32	4	7
	쿠르스크 주	34	30	69	3	28	57	16	7	42	58	19
	벨고로트 주	15	15	47	5	11	30	18	6	28	23	6

른 지역에 비해 주민에 대한 사회적 보호와 지원을 위한 각종 제도와 시설이 상대적으로 짜임새 있게 갖추어졌다고 평가할 수 있다. 또한, 후자의 두 기관 보고서에 따르면 중앙연방관구의 삶의 질 지수가 큰 폭은 아니지만, 상승세에 있다는 점도 긍정적인 면이라 할 수 있다.

PИA-QLI에는 세부적인 지표 순위와 수치들이 공개되어 있는데, 본 연구에서 그 수치들을 활용하여 중앙연방관구 각 지역 삶의 질 양상을 유형화한 결과가 [표 14]이다.

먼저 중앙연방관구 주들의 전체적인 특징을 보면, 소득 수준, 주택 여건, 생태 및 기후, 건강 및 교육, 영토 개발, 소기업 발전 지표들이 83개 연방주체 중 대부분 상위 및 중위권에 있음을 알 수 있다.[84] 하지만 일부 주의 사회 보장, 거주 안전, 경제 발전 지표는 하위권이며, 특히 절반 이상 주들의 인구 상황 지표가 하위권에 있다. 앞에서도 살펴보았듯이 중앙연방관구 주민의 소득 수준이 높아졌지만, UNDP-HDI가 높지 않은 것은 바로 이곳의 인구학적 상황이 좋지 않기 때문이었는데, 역시 PИA-QLI에서도 중앙연방관구 많은 주의 인구학적 상황은 좋지 않은 것으로 나타난다.

PИA-QLI의 각 세부 지표별 순위를 고려할 때 경계가 완벽하게 구분되지는 않지만 본 연구는 대체로 3개의 집단으로 중앙연방관구 각 지역 주민 삶의 질의 양상과 특징을 유형화하였다. 먼저 A형 집단으로 대도시와 그에 인접한 소도시 지역으로 구성된 모스크바 시와 모스크바 주를 꼽을 수 있다. 이들의 PИA-QLI 대부분 지표는 최상위 수준인데, 다만 생태 및 기후, 거주 안전, 사회 보장(모스크바 주만 해당) 지표는 중위 및 하위권이다. 특히 모스크바 시의 생태 및 기후는 중앙연방관구 중에서 가장 낮은 순위를 차지하고 있다. 하지만 이러한 몇몇 지표를 제외하고 대부분 지표는 83개 연방주체 중에서도 최상위 수준이다.

B형 집단에 속하는 주들은 중앙연방관구에서 대체로 북부와 중부 지대에, C형 집단은 주로 남부 지대(단, 야로슬라블 주는 북부, 칼루가 주는 중부)에 있다. 이 두 유형 집단의 공통점은 주택 여건, 생태 및 기후, 영토 개발 지표는 거의 상위 및 중위권에 있다는 점인데, 다음과 같은 점에서 양자의 차이가 있다.

B형 집단은 소득 수준, 경제 발전 지표가 중위 및 하위권이며, 탐보프 주와 툴라 주를 제외하고 건강 및 교육 지표도 중위 및 하위권이다. 사회 보장 지표(탐보프 주는 하위권)는 대체로 중위권이지만, 인구 상황 지표는 하위권이다. 앞에서도 중앙연방관구의 인구학적 상황이 열악하다고 언급했는데, 바로 이 집단에 속한 주들의 인구학적 상황이 특히 좋지 않기 때문이다. 즉, 특징을 요약한다면 B형 집단 주들의 다수 지표는 중위 및 하위권이며, 특히 인구학적 상황이 좋지 않고, 소득 수준도 중앙연방관구 내에서 가장 떨어지는 수준이라 할 수 있다. 따라서 B형 집단은 종합 순위에서도 중앙연방관구 내에서 가장 떨어지는 지역들이다.

C형 집단은 소득 수준, 건강 및 교육, 경제 발전 지표는 상위 및 중위권이며, 인구 상황 지표는 중위권이다. 사실 C형 집단은 리페츠크 주와 쿠르스크 주의 사회 보장 지표만 하위권인 점을 제외하고 모든 주의 모든 지표가 중위권이자 상위권이다. 따라서 B형 집단보다 삶의 질 지수가 높다. 이곳에서 야로슬라블 주와 칼루가 주를 제외하고 나머지 4개 주는 모두 중앙-흑토경제지구에 속한 주들이다. 이곳은 농업 및 광업 중심 지역이지만 중앙연방관구 내에서 삶의 질 수준은 양호한 것으로 나타나고 있다.

이처럼 중앙연방관구 주민의 삶의 질 수준은 전반적으로 높아졌지만, 내부적으로 삶의 질 양상은 모스크바 시와 모스크바 주, 그리고 대체로 북부와 중부에 위치한 주들, 마지막으로 주로 남부에 위치한 중앙-흑토경제지구 중심의 주들 등 세 가지 유형으로 나뉜다고 할 수 있다.

11. 결론

1990년대에 진행된 시장 개혁과 2000년대에 추구한 현대화의 목표는 궁극적으로 러시아인의 행복과 가치 있는 삶의 영위를 위한 것이라 할 수 있다. 그러한 점에서 현 단계 러시아 국민의 사회적 특징과 삶의 질을 점검하는 것은 매우 중요한 현안 과제이다. 게다가 일부 개혁의 긍정적 성과에도 불구하고, 현재 가장 심각한 사회 문제로 빈부격차나 가치관의 붕괴가 꼽히고 있는 상황에서 러시아인의 삶을 되돌아보는 것은 앞으로 러시아 사회가 재도약하기 위한 필수적 과제라고 할 수 있다.

시장 개혁기 중앙연방관구의 인구학적 상황은 러시아에서 가장 복잡한 상태이다. 인구의 자연감소 현상이 계속 나타났지만, 외부로부터 이주민이 꾸준히 유입되어 어느 정도 이러한 감소세를 상쇄하였다. 따라서 전체적으로 인구 규모는 소폭 하락하였다가 최근에는 증가세로 돌아선 상황이다. 러시아 전체적으로 나타난 노령화와 유년층의 감소는 역시 중앙연방관구에서도 나타난 현상이지만, 모스크바 시와 모스크바 주는 예외였다. 또한, 국내 및 국제 이주민이 집중되어 모스크바 시와 모스크바 주는 노동연령층이 두터운 경제적으로 가장 역동적인 지역이라 할 수 있다.

다수 경제활동인구와 취업자가 집중되어 있다는 점에서 중앙연방관구 주민의 경제활동은 러시아 경제에서 커다란 비중을 차지하고 있다. 또한, 2000년대 중앙연방관구 주민의 임금과 소득 수준이 비약적으로 높아졌고, 이들의 취업률과 교육 수준도 연방관구들 중 상위권에 있다. 이러한 점들로 볼 때 중앙연방관구 주민은 시장경제 러시아에서 중요한 역할을 수행하고 있고 이들의 사회적 수준도 높아졌다고 평가할 수 있다.

하지만 이러한 평가가 중앙연방관구 지역 내에서 균등하게 적용될 수는 없다. 즉, 모스크바 시와 모스크바 주 주민의 임금 수준, 취업률과 실업률, 교육수준의 지표 순위는 83개 연방주체 중에서 최상위권에 있지만, 나머지 주들 주민의 사회적 지표 순위는 이보다 상당히 떨어진다. 또한, 나머지 주들 주민의 소비 비용은 연방관구 중에서 가장 하위권인 북캅카스나 시베리아연방관구 수준에 해당할 정도로 낮다. 이러한 점들을 고려할 때 모스크바 시 및 모스크바 주 주민의 사회적 상황은 중앙연방관구 안의 다른 주민과 현격한 차이를 보여 양자는 사실 거의 다른 지역 주민이라 해도 과언이 아닐 정도이다.

따라서 중앙연방관구 주민의 소득, 취업, 경제 여건은 내부적으로 매우 대조적이며 상반된 양상을 띠고 있고, 이러한 점들을 고려할 때 중앙연방관구 내에 상대적으로 열악한 빈곤층이 상당 부분 존재한다고 보아야 한다. 또한, 모스크바 시민의 소득격차율이 높은 것을 고려할 때 그 내부에도 일부 빈곤층 주민이 있을 것으로 추론된다.

또한, 본 연구는 다양한 연구기관의 삶의 질 지수 측정보고서들을 비교, 분석하면서 러시아 중앙연방관구 주민 삶의 질의 변화와 특징에 대해 살펴보았다. 본 연구에서 활용한 UNDP-HDI는 '개인'에, МГУ-QLI는 '개인을 둘러싼 사회 및 자연환경'에 초점을 두고 있으며, РИА-QLI는 양자의 지표 모두를 거의 포괄하고 있는 삶의 질 지수 분석 자료들이다.

본 연구에서는 각 자료의 상이한 관점과 분석 결과를 종합하는 방식으로 해당 자료들을 활용했지만, 각 자료의 차이점 자체에 대해서는 더 연구될 필요가 있다. UNDP-HDI는 가장 단순한 지표로 세계 여러 국가와 지역을 분석함으로써 이들을 서로 비교할 수 있는 장점이 있지만, 러시아와 같이 다양한 자연환경과 이에 따른 사회적, 문화적 여건이 상당히 다른 지역들이 내부에 존재하는 국가에서는 МГУ-QLI가 삶의 질을 분석하는 데에 더 적합할 수 있다. РИА-QLI는 양자를 다 포괄하고 있기 때문에 가장 종합적인 분석 자료라고 평가할 수 있지만, 최근에야 분석이 시작되었기에 데이터가 많이 축적되지 않은 상태이다.

개인의 소득, 수명, 교육의 세 지표를 기준으로 삼았을 때 중앙연방관구 주민 삶의 질은 러시아에서 중하위 수준이다. 단, 개인을 둘러싼 사회 제도 및 자연환경의 측면에서 보았을 때 삶의 질은 상위 수준에 있다고 평가할 수 있다.

다양한 삶의 질 지수 측정보고서들을 비교, 분석할 결과 보다 입체적인 중앙연방관구 주민 삶의 모습을 발견할 수 있었는데, 중앙연방관구 내에서도 삶의 질 양상은 크게 3가지로 구분되었다. 모스크바 시와 모스크바 주 주민들 다수가 경제적으로 윤택하기 때문에 기본적으로 그들 삶의 질 수준도 상당히 높게 나타나지만, 생태 및 기후, 거주 안전 수준은 낮다고 평가할 수 있다. 중앙연방관구 북부와 중부 지역 주민들의 소득 수준은 낮으며, 인구학적 상황도 좋지 않아 전체적으로 이곳 삶의 질 수준은 낮은 편이다. 따라서 중앙연방관구에서 가장 열악한 삶의 모습이 바로 이곳에서 발견된다. 중앙연방관구 남부 지역은 농업 및 광업 중심지이지만, 주민의 소득 수준, 건강 및 교육, 경제 발전

수준이 양호하여 삶의 질 수준도 꽤 높은 편이다.

한편, 연방관구 차원에서 비교했을 때 중앙연방관구는 대체로 주택 여건, 생태 및 기후, 영토 개발 측면에서 상대적으로 다른 연방관구들보다 삶의 질 수준이 높다는 특징을 가지고 있다. 하지만 1990년대부터 최근까지도 가장 심각한 사회문제 중 하나였던 인구학적 위기는 중앙연방관구 주민 삶의 질 문제에서도 여전히 상흔으로 남아 있는 상태다.

이러한 중앙연방관구 주민 삶의 모습에서 바로 오늘날 러시아의 현실을 발견할 수 있다. 1990년대에 비해 2000년대에는 러시아의 인구학적 상태가 호전되고, 국민의 소득이 증가하여 사회적 상황이 개선되고 있지만, 동시에 빈부격차 현상이 심화하고 있다. 또한, 어느 정도 삶의 질이 개선되고 있지만 역시 여기에서도 지역적 격차가 발견되고 있다. 중앙연방관구는 바로 이러한 러시아의 현실을 마치 미니어처처럼 보여주고 있다. 따라서 균등한 지역 발전과 소득 분배, 그리고 삶의 질 개선은 시장경제 러시아의 가장 긴요한 과제 중 하나임을 바로 중앙연방관구 주민의 사회적 상황을 통해서도 알 수 있었다.

5장

문화

모스크바의 문화 공간을 중심으로

김준석

5장

문화 - 모스크바의 문화 공간을 중심으로

1. 중앙연방관구의 문화지형 소개

이 책에서 다루어지고 있는 '중앙연방관구'는 2000년 5월 13일, 대통령령에 의거하여 지방행정조직으로 형성된 지역이다. 러시아 면적의 3.8%(650,000~700,000㎡)를 차지하는 중앙연방관구는 북서연방관구(Северо-Западный), 볼가연방관구(Приволжский), 남부연방관구(Южный), 우크라이나, 벨라루스와 경계를 이룬다. 모스크바를 중심에 두고 러시아 서부의 중앙에 위치한 이 지역은 단연 러시아 문화의 중심지라 할 수 있다.

중앙연방관구는 이미 14~15세기에 모스크바 공국의 정치·문화 중심지로, 16세기부터는 러시아 전역의 중심지로 발돋움한다. 중앙연방관구의 공간은 이전 키예프 루시부터 오늘날 포스트소비에트까지 1000년이 넘는 세월을 견디며 수많은 사건들을 잉태하였다. 더불어 레프 톨스토이, 표트르 차이콥스키, 세르게이 예세닌, 이반 투르게네프 등 위대한 예술인들의 삶이 점철되어 있는 공간이기도 하다.

중앙연방관구는 18개의 지역 주체로 구성된다. 벨고로트 주(Белгородская), 브랸스크 주(Брянская), 블라디미르 주(Владимирская), 보로네시 주(Воронежская), 이바노보 주(Ивановская), 칼루가 주(Калужская), 코스트로마 주(Костромская), 쿠르스크 주(Курская), 리페츠크 주(Липецкая), 모스크바 주(Московская), 오룔 주(Орловская), 랴잔 주(Рязанская), 스몰렌스크 주(Смоленская), 탐보프 주(Тамбовская), 트베리 주(Тверская), 툴라 주(Тульская), 야로슬라블 주(Ярославская)와 모스크바 시(Москва)가 이에 해당한다. '문화 편'의 챕터1에서는 중앙연방관구에 위치해 있는 광활한 자연유산인 6개의 국립공원과 7개의 유네스코 등재 문화유산에 관해 알아볼 것이다. 챕터2에서는 15세기 이후 제3로마로서 자리매김해 온 모스크바의 문화를 살펴보고, 챕터3에서는 모스크바 시 문화국의 '문화 프로그램'을 중심으로 모스크바의 '문화 인프라'를 소개하고자 한다.

1.1. 자연유산 지형도: 광활한 국립공원

국립공원은 엄격한 관리 하에 보호되는 지역이며, 국립공원 지정은 연방정부에 의해서 이루어진다. 현재 일부 국립공원 관리 기관은 재정 적자를 막기 위해 외국 관광객들의 방문을 제한적으로 허가하고 있다.

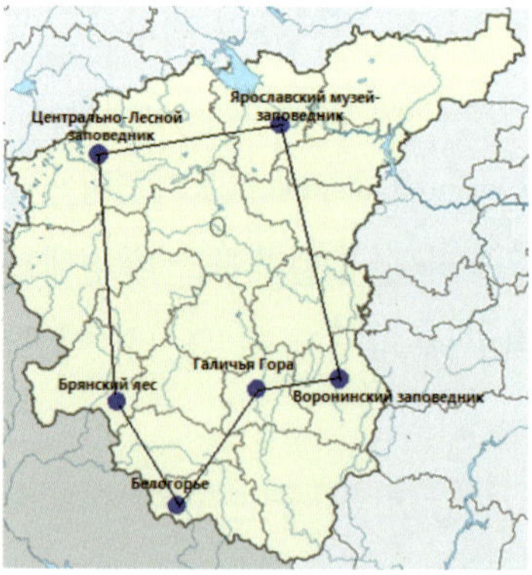

그림 1 중영연방관구에 위치한 자연유산 지형도: 6개의 국립공원 분포. 중앙연방관구의 수렵금지구역은 벨고로트 주, 보로네시 주, 탐보프 주, 리페츠크 주, 트베리 주, 야로슬라블 주 등에 위치해 있다.

1.1.1. 갈리치야 산(Галичья гора)

갈리치야 산(일명 '까마귀'산)은 돈강 북부 지역의 중심에 위치한 환경보호구역으로, 러시아 중부 리페츠크 주의 구릉 지대에 위치해 있다. 지역 내 천연기념물을 비롯해 다양한 식물 종을 보유하고 있어 지역 연구센터 기지로의 가치를 인정받고 있다. 갈리치야 산 국립공원은 갈리치야 산을 포함하여 총 6개 구역으로 나뉘어 있다. 세계에서 가장 작은 규모의 국립공원 중 하나이며, 보로네시 국립대학이 관리하고 있다.

보호구역은 풍부한 식물류와 희귀한 야생동물의 거주지이며, 데본기 석회암 지질의 암생 식물군이 주요 보호 대상이다.

1571년 이반 4세의 명령으로 갈리치야 산 경계 부근에 초서가 만들어졌으며, 그 이후로 러시아 요새의 한 부분으로 기능하기 시작했다. 1882년 6월에는 모스크바국립대학 교수 친게르(В.Я. Цингер)와 리트비노프(Д.И. Литвинов)가 최초로 갈리치야 산에서 하루 일정의 생물학 연구를 진행하여 러시아 평지에서는 발견하기 힘든 17개의 식물종을 발견하였다. 이는 캅카스나 알타이 등 고산지대에 서식하는 식물종이 중앙의 러시아에 최초로 발견된 것으로서 학계에 큰 반향을 일으켰다.

21세기 초부터 국립공원은 리페츠크 주와 그 인접 지역의 생태 및 환경 관련 업무를 수행하는 자연연구센터로서 기능하고 있다. 연구시

그림 2 갈리치야 산 (출처: www.zapovednik.h1.ru)

설은 현재 4개의 연구소와 고산지대 식물 표본관, 과학 도서관, 박물관 등을 포함하며, 연구 인력은 생태학, 식물학, 동물학 분야의 전문가들로 구성되어 있다.

러시아어 '갈리치야'는 까마귀라는 뜻을 갖고 있다. 이 명칭은 이곳의 원주민들이 붙인 것으로서, 바위에 둥지를 트는 수많은 까마귀들의 모습에서 유래되었다고 한다. 이곳에는 중부러시아에서 가장 많은 식물표본을 간직한 고원지대가 있다. 이곳 공원에서는 독수리 쇼도 관람할 수 있다고 하니 자연생태에 관심 있는 관광객들은 이곳에 마련된 자연박물관을 둘러보는 것도 좋겠다.

1.1.2. 벨로고리예(Белогорье)

중앙연방관구에서 가장 오래된 국립자연보호구역은 벨고로트에 위치한 벨로고리예(Белогорье)이다. 이곳은 17세기부터 역사가 전해 내려오는 지역으로, 그 안에 위치한 '보르스클라 숲(Лес на Ворскле)'이 유명하다. 이 숲은 브로스클라 강 상류 기슭에 위치한 수림으로 자연 그대로의 손상되지 않은, 전형적인 중부 러시아 삼림의 모습을 간직하고 있다.

벨로고리예는 1920년에 국립자연보호구역으로 지정된 보르스클라 숲을 기반으로 1999년에 확장 조성된다. 1995년이 환경보호구역에 오스트라시에프 절벽(Острасьевы яры)가 편입되고, 1999년에 얌스카야 초원, 리시예 산, 이즈고리예 절벽 등이 포함된다.

그림 3 벨로고리예 엠블럼 (출처: www.zapovednik-belogorye.ru)

벨로고리예에는 자연보호와 교육, 생태 연

그림 4 벨로고리예의 구릉 지대와 보르스클라 숲 (출처: www.zapovednik-belogorye.ru)

구를 선도하는 연방기관으로서 러시아 중남부 구릉 지대의 독특한 식물군과 동물종의 연구를 목적으로 기능한다. 방학이면 러시아 각지의 학생들이 견학을 다녀간다고 한다.

1.1.3. 브랸스크 숲(Брянский лес)

브랸스크 주에는 국립공원인 브랸스크 자연보호구역이 있다. 이곳은 브랸스크 숲(Брянский лес)으로 유명한데, 이 숲은 드네프르 강의 지류인 데스나(Десна) 강의 왼쪽 기슭에서 시작되어 우크라이나까지 이어지는 광활한 삼림이다. 숲은 전나무, 소나무, 참나무 등으로 구성되어 있다. 숲의 지형은 완만한 경사의 평지에 가까우며, 러시아 중부의 북방한대성 혼합림 지대에 속한다.

이 국립공원의 네루소-데스냔스코예 습지대(Неруссо-Деснянское Полесье)는 2001년 유네스코 자연유산에 등재되었다.

그림 5 브랸스크 숲 (출처: www.bryansky-les.ru)

그림 6 브랸스크 숲의 습지대 (출처: www.bryansky-les.ru)

1.1.4. 보로네시 국립공원(Воронинский заповедник)

보로네시 주의 보로네시(Воронинский) 보호구역은 10,320 헥타르에 이르는 광활한 면적을 차지하고 있으며, 면적만큼이나 풍요로운 생태 자료를 제공해 조류학자, 고고학자 등에게 인기가 좋다.

러시아 내에서 보로네시 국립공원은 관광객들을 위한 투어코스가 가장 잘 발달해 있는 곳이다. 총 세 개의 코스가 있는데, 첫 코스인 생태경로 투어(Заповедные тропинки)는 생태교육에 기여하고자 1997년에 마련되었으며, 4월부터 10월까지 이용이 가능하다. 바르스크 산과 이보프 숲을 볼 수 있는 두 번째 코스에서는 해발 192m의 바르스크산에서 보로네시 보호구역 전체를 조망할 수 있다. 세 번째 투어는 '강'투어다. 보로나 강, 카라 강, 키페츠 호수 등을 감상할 수 있다.

그림 7 보로네시 국립공원(출처: www.voroninsky.ru)

1.1.5. 야로슬라블 박물관·국립공원 (Ярославский музей-заповедник)

야로슬라블 박물관은 야로슬라블 시의 대표적인 문화기관 중 하나로 1959년 이래 시내 중심부에 위치하고 있다. 박물관 건물 또한 시에서 가장 오래된 유산으로, 방대한 양의 이콘과 고문서, 교회 세간 등을 보유하고 있다.

야로슬라블 박물관은 1865년 1월 야로슬라블 지역의 자연사 연구를 위해 문을 열었으며, 1901년 이후 시작된 광범위한 곤충 수집으로 20세기 초 러시아에서 가장 큰 지방 박물관 중 하나로 자리 잡는다. 이후 박물관은 지속적으로 야로슬라블 지역의 문화·역사 유산을 보호하고 연구하는 데 앞장서 왔다.

1959년에는 야로슬라블 주 박물관과 로스토프 지지학 연구 박물관을 기초로 야로슬라블·로스토프 역사·건축 박물관이 설립된다. 합병되었던 두 박물관은 1971년에 이르러 다시 분리·변경된다.

그림 8 야로슬라블 박물관·국립공원 (출처: www.yarmp.yar.ru)

1.1.6. 중앙삼림보호구역 (Центрально-Лесной заповедник)

중앙삼림보호구역은 트베리 주의 발다이 구릉 남서부에 위치하고 있으며, 1930년 5월 국립보호구역으로 지정되었다. 1999년부터 보호구역 내에는 CIS 지역에서 유일하게 숲과 대기 사이에서 질량교환 정도를 측정하는 시스템(Eddy covariance)이 설치되었다.

그림 9 중앙삼림보호구역 (출처: www.clgz.ru)

1.2. 문화유산 지형도: 유네스코 등재 유산

1.2.1. 모스크바 크레믈 궁(Московский Кремль)

모스크바 크레믈 궁은 모스크바에서 가장 오래된 건축물이자 정치·사회적, 역사·예술적으로 가장 중요한 도시 문화의 총체이다. 오늘날에는 러시아 연방 대통령이 이곳에서 공식적으로 거주, 업무를 수행한다.

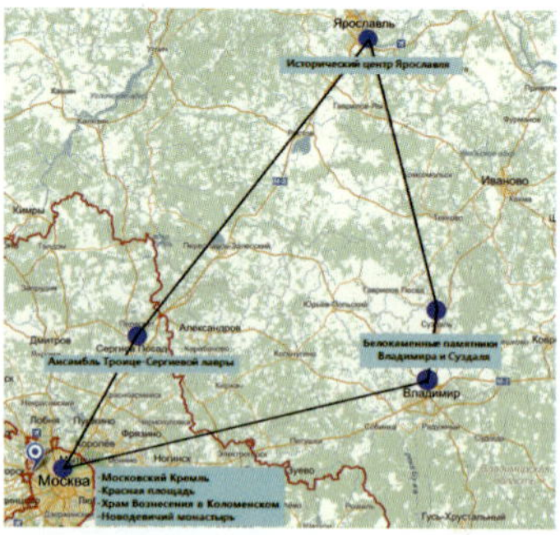

그림 10 중앙연방관구 내 유네스코 지형도

모스크바 강과 네글린나야 강이 합류하는 지점이자, 모스크바강 상

그림 11 크레믈 궁 (출처: www.culture.ru)

류 좌안에 위치하는 보로비츠키 언덕에 자리한 크레믈 궁은 위에서 내려다볼 때 삼각형에 가까운 형태를 보이며, 넓이는 27.5 헥타르 정도이다. 크레믈 궁의 남측은 모스크바강을 향하고 있으며, 북서측은 알렉산드롭스키 정원을 향하고 있다. 동쪽 벽은 '붉은 광장'을 바라보고 있다.

1990년에 유네스코 세계 문화유산에 등재된 크레믈 궁은 1991년부터 모스크바 대통령의 관저로 사용되기 시작하였다. 1990년대 궁에는 대규모 복원공사가 진행되었고, 그 결과 대(大)크레믈 궁전의 알렉산드롭스키 홀과 안드레옙스키 홀, 상원의회 건물 등이 복원되었다. 1996년부터 2000년까지는 크레믈 성벽과 망루 탑 복원공사가 진행되었다.

1.2.2. 붉은 광장(Красная площадь)

모스크바의 붉은 광장은 베이징의 천안문광장, 서울의 시청광장과 같이 모스크바 시를 대표하는 광장이다. 광장은 모스크바 크레믈 궁(서쪽)과 키타이 고라드(동쪽) 사이에 방사형으로 계획된 도시의 중심에 자리하고 있다.

붉은 광장에는 과거 제정 러시아 시대의 형장과 레닌의 영묘가 있다. 광장 서쪽으로는 크레믈 궁이, 동쪽으로는 국영백화점이 들어서 있다. 북쪽으로는 역사박물관과 카잔 사원, 남쪽으로는 성바실리 사원이 위치해 있다.

그림 12 붉은 광장 (출처: www.whc.unesco.org)

붉은 광장의 스케이트 장

2000년 12월에 붉은 광장에는 모스크바 극장 아이스 발레단 소속 엔지니어들의 도움으로 가로 15미터, 세로 30미터 규모의 야외 스케이트장이 만들어진다. 스케이트장에는 탈의실은 물론 간식과 커피를 파는 스낵바도 함께 세워졌다. 얼음을 유지하는 데 필요한 온도는 합성냉각시스템으로 조절되며, 모스크바 시 소방대가 합성냉각시스템에 물 공급을 책임진다. 2000년 겨울의 첫 스케이트장은 12월 23일부터 다음해 1월 13일까지 무료로 운영되었다. 행사장 앞에는 대형 크리스마스 추리가, 스케이트장 주위에는 4~5미터 높이의 얼음조각상 20여개가 세워졌다. 대형 스크린에서는 만화가 상영되었으며, 저녁에는 콘서트가 진행되었다. 이를 기반으로 2006년 12월부터는 하루 5,000명을 수용할 수 있는 2,800㎡ 규모의 스케이트장이 매년 운영되고 있다.

그림 13 붉은 광장의 야외 스케이트장 (출처: www.gum.ru)

1.2.3. 콜로멘스코예의 예수승천성당(Храм Вознесения в Коломенском)

콜로멘스코예의 예수승천성당은 모스크바 다닐로프 관구의 정교회 사원으로, 1532년 모스크바 대공 바실리 3세가 왕자(이반 4세)의 탄생을 축하하기 위하여 세운 성당이다. 사원에는 러시아 최초로 천막형 지붕 양식이 도입되었고, 이러한 양식은 훗날 정교회 건축양식 발전에 기여한 바가 크다고 알려져 있다. 사원은 모스크바 남부 행정구역(Нагатинский Затон)에 위치해 있다.

그림 14 콜로멘스코예의 예수승천성당은 1994년에 유네스코에 등재된다. (출처: www.unesco.ru)

1.2.4. 노보데비치 수도원(Новодевичий монастырь)

노보데비치 수도원은 모스크바강 굽이의 데비치에 언덕(Девичье поле)에 위치해 있다. 10월 혁명 이후인 1922년에 수도원은 문을 닫고 '여성해방박물관'으로 바뀌었다가, 나중에 다시 노보데비치 수도원 역사예술박물관으로 정비되었다. 오늘날 이곳은 수도원의 기능과 동시에 크레믈 궁 러시아국립역사박물관의 분관으로서 그 역할을 수행하고 있다. 노보데비치 수도원은 러시아 역사와 삶에 관한 중요한 서적과 사료들뿐 아니라 수많은 미술품을 보관하고 있다.

16~17세기에 걸쳐 건축된 수도원 모습은 건축 당시와 비교해 큰 변화가 없다. 모스크바 바로크 양식의 전형적인 건축물로 유네스코의 보호 아래 있으며, 현재 러시아 국립역사박물관과 러시아 정교회가 공동으로 관리하고 있다.

노보데비치 수도원 묘역에는 고골, 체호프 등과 같은 문인들, 샬랴핀, 슈니트케 같은 음악인 등 유명인들의 묘지가 안치되어 있다.

1.2.5. 블라디미르와 수즈달의 백색 기념물군 (Белокаменные памятники Владимира и Суздаля)

블라디미르와 수즈달의 백색 기념물군은 1992년에 유네스코 세계문화유산에 등재되었다. 러시아 서부 블라디미르 주에 위치한 두 도시인 블라디미르와 수즈달은 중앙 러시아의 예술 중심지로, 국가의 건축역사에 있어 매우 중요한 위치를 차지하고 있다. 두 지역의 여덟 개 고대 러시아 건축물이 유네스코에 등록된 것이다.

그림 15 노보데비치 수도원 (출처: www.whc.unesco.org)

그림 16 노보데비치 수도원 내부 (출처: www.whc.unesco.org)

그림 17 블라디미르와 수즈달의 백색 기념물군 (출처: www.unesco.ru)

1.2.6. 트로이체 세르기예프 수도원 건축군 (Ансамбль Троице-Сергиевой лавры)

트로이체 세르기예프 수도원은 모스크바에서 북동쪽으로 약 70km 정도 떨어진 지점의 종교도시, 세르기예프 포사트에 위치한 세계문화유산이다. 러시아인들에게 가장 인기 있는 명소 중 한 곳인 이 수도원은 본래 세르기 라도네시스키가 '성 삼위일체'를 뜻하는 트로이체 수도원을 설립한 곳으로, 러시아에서 대수도원 명칭을 부여받은 가장 크고 권위 있는 수도원이다. 수도원은 '삼위일체와 성 세르기우스 수도원'이라는 별칭으로 불리기도 한다.

러시아 황제들은 트로이체 세르기예프 수도원에 정기적으로 성지순

그림 18 트로이체 세르기예프 수도원 건축군 (출처: www.unesco.ru)

그림 19 황제의 종(Царь-колокол) (출처: www.stsl.ru)

례를 올 만큼 이 수도원과 돈독한 관계를 유지하였는데, 그러한 인연에서인지 이반 4세는 이곳에서 세례를 받았다고 한다. 17세기 초의 정치적 격변기에 수도원은 16개월 동안 포위 작전을 견뎌냈으며, 왕실근위대의 반란이 있었던 17세기 말에는 표트르 대제에게 피난처를 제공하며 그 가치를 입증한다. 이러한 공로를 인정받아 1744년 수도원은 러시아정교회 최고의 권위를 나타내는 대수도원의 지위를 부여 받는다.

1993년 대수도원 건물 전체가 유네스코 세계문화유산에 등재된다. 1990년대와 2000년대에 걸쳐 수도원 건축군의 지붕과 벽화, 외벽 색, 종탑 등이 복원된다. 2004년 봄, 황제의 종(Царь-колокол) 복원이 마침내 결실을 이루어 5월 30일 오순절 그 첫 종소리가 울려 퍼진다. 현재 대수도원에는 약 200명의 수도사들이 거주하고 있으며, 대수도원장은 키릴 총대주교이다. 러시아 정교회의 법령

그림 20 러시아 총대주교 키릴(파블로프) (출처: www.stsl.ru)

에 의거하여 트로이체 세르기예프 대수도원장은 전 러시아의 총대주교가 된다.

1.2.7. 야로슬라블 역사지구(Исторический центр Ярославля)

러시아의 역사도시 야로슬라블은 13세기 로스토프 공국에 속하면서 상업과 문화의 중심지로 발전한다. 야로슬라블은 도시 탄생 1000주년을 5년 앞둔 2005년에 유네스코 문화유산에 등재되는데, 1763년 예카테리나 여제가 전 러시아 지역을 대상으로 실시한 도시건설개혁의 대표적인 사례였다는 것이 등재 이유이다.

야로슬라블은 전통적으로 '나무로 만든 도시', '땅의 도시'로 불릴 만큼 목재문화가 발달한 지역이었으나, 몇 번의 화재를 겪은 후 16세기부터 돌을 이용해 도시를 재건한다. 그 이후 야로슬라블의 황금기가 시작되었다.

그림 21 야로슬라블 역사지구, 고전주의 시대의 도시 설계 미학을 보여준다. (출처: www.yandex.ru)

2. 현대 러시아의 중앙 문화

2.1. '구심적(centric)' 모스크바: 어머니의 영적 공간

유리 로트만은 도시를 둘러싼 공간의 지리적 배치에 따라 도시를 크게 '구심적(centric) 모델'과 '편심적(eccentric) 모델'로 구분한다. 자신을 둘러싼 주변 세계와의 관계에서 '중심점'의 위치를 차지하는 전자의 경

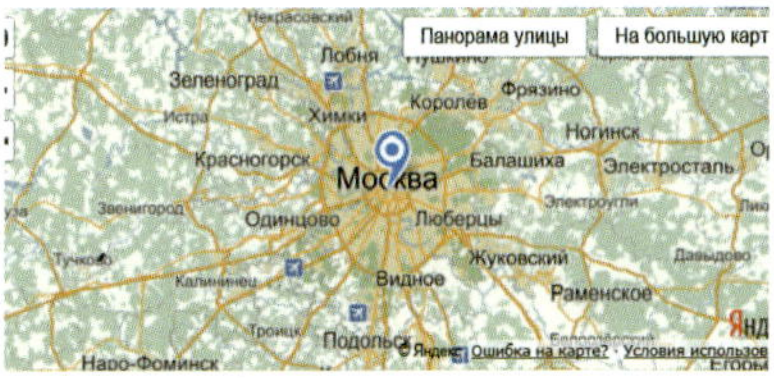

그림 22 모스크바와 주변 지도[2]

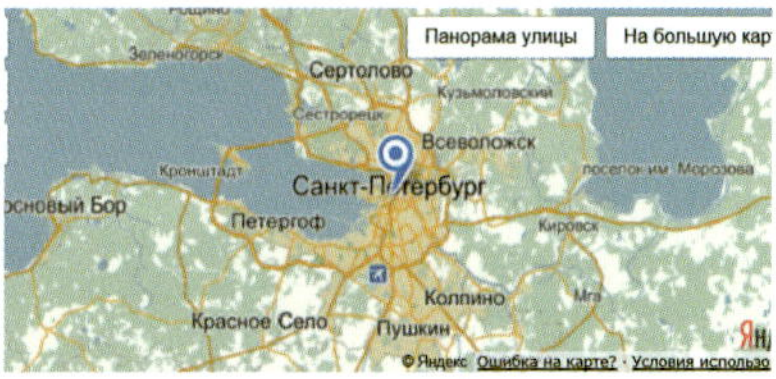

그림 23 상트페테르부르크와 주변 지도

지도에 나타나는 두 도시 공간의 지리적 배치 비교 (출처: www.yandex.ru)

우, 이들은 통상 "대지의 중심"에 위치하면서 우주 자체의 이상화된 모델이 된다.[1] 이 모델의 대표적인 도시로 로마, 예루살렘, 모스크바 등이 꼽힌다. 반면 대표적인 '편심' 도시로는 상트페테르부르크가 자리하는데, 이 두 도시의 대립상은 러시아의 유구한 역사적, 문화적 상징으로 꽤 오랜 세월 연구자들의 관심을 끌었다.

러시아인들은 모스크바가 '오랜 시간을 두고 자연스럽게 팽창한 도시'라고 생각하는 반면, 상트페테르부르크에 관해서는 철저하게 '합리성에 의존해 세워진 도시'라고 생각한다. 이미 오래전부터 러시아인들에게 페테르부르크가 '아버지의 머리'와 같다면, 모스크바는 '어머니의 심장'과 같은 것이었다.

레프 톨스토이는 소설 『전쟁과 평화』에서 "러시아인들은 누구나 모스크바를 어머니로 받아들인다"고 기술한다. 당시 러시아에서는 유럽화된 페테르부르크의 신세대들조차 모스크바를 민족의 고향으로 생각하였다. 모스크바가 고대 러시아의 풍습이 잘 보존된 구 러시아의 상징이었기 때문이다.[3] 모스크바가 러시아 정교의 전통이 살아 숨 쉬는 공간이자, 성스러운 루시와 슬라브주의자들의 도시로 자리 잡은 데에는 '제3의 로마'로서의 모스크바라는 정치사상적 개념이 영향을 끼쳤다.

제3로마로서의 모스크바

제3로마로서의 모스크바 사상은 "이민족에 대한 배척, 러시아 정교 중심적 세계관, 타민족의 침입에 대한 주권적 경계" 등의 개념이 어우러져 15~16세기에 형성, 발전된 러시아의 국가 이념이다. 김상현은 "모스크바의 제3로마 사상이 1492년 모스크바 대주교 조시마가 "모스크바가 새로운 콘스탄티노플"이라고 한 언급에서 본격화되었다"고 주장하며, 몽고·타타르 압제로부터 모스크바 공국이 거둔 승리(1480년)를 콘스탄티노플의 함락(1453년)과 연결시킨다.[4] 이와 관련하여 일찍이 로트만과 우스펜스키도 "비잔티움에서 이슬람이 정교회에 대해 승리를 거둔 것과 같은 시기에 러시아에서는 반대의 사건, 즉 이슬람에 대한 정교회의 승리가 이룩되었다"는 점을 강조한 바 있다.[5] 1453년 콘스탄티노플의 함락은 모스크바 공국이 단일하고 독립적인 정교국가가 되었음을 의미했다. 즉 모스크바 공국이 비잔틴의 공식적인 계승자가 된 셈이다. 이를 사상적으로 뒷받침하는 것이 '모스크바 제3로마'이며, 이는 지금까지 러시아 국가성의 중심에 모스크바가 자리하게 되는 기틀이 된다.

2.2. 스탈린의 모스크바, 푸틴의 모스크바: '수직문화'의 재림

1703년에 갑작스럽게 건설되어 현재 러시아 제2의 도시가 된 상트페테르부르크가 유럽적이고 타자성이 강한 도시라면, 1147년 건설되어 868년의 유구한 역사를 자랑하는 모스크바는 러시아의 심장이자 러시아 중앙 문화를 대표한다고 할 수 있다.[6]

모스크바는 그가 다시금 수도의 지위를 되찾은 20세기 초에 역사상 최대의 변혁기를 맞이한다. 권력의 중심에 선 스탈린은 모스크바를 사회주의 국가의 모델 도시로 만들고자 했다. 모스크바에는 신고전주의

모스크바 국립 대학교(МГУ)
(출처: www.msu.ru)

레닌그라드 호텔(Гостиница Ленинградская)
(출처: www.leningradskaia.ru)

그림 24 모스크바에 들어선 스탈린 양식의 건물들

적이고 웅장한 고층의 건물들, '스탈린 양식'이라 불리게 된 건물들(모스크바 국립 대학교 건물, 레닌그라드 호텔, 러시아외무부건물 등)이 등장한다.[7] 하지만 스탈린 사후 이러한 건설의 움직임은 흐루쇼프의 반스탈린주의의 도래와 함께 수그러든다. 더욱이 고르바초프의 '수평적' 재건의 시도(페레스트로이카)는 소련을 공중분해 시킨다.

1990년대 모스크바에는 거대한 건설 붐이 이는데, 이는 1920년대와 그 이후 스탈린 시대에 진행되었던 건설 붐의 규모를 연상시키는 그것이었다. 이러한 사회 구조·공간적 변화 양상을 페레스트로이카 이후 러시아 중앙 문화의 주요 변화요인으로 꼽을 수 있다.

건설 붐은 상당부분 도시의 실제 사회·경제적 생태에 기인한 것이었다. 1990년대의 모스크바는 몰락한 사회주의 제국의 수도, 그 전형의 모습을 그리고 있었다. 과거 러시아혁명기 문화가 그러했듯 폐허의 창조가 그 자체로 목적이 되었던 1990년대 러시아 문화는 무정부적이었고 혼돈스러웠다. 모스크바 어디에도 이렇다 할 상업적 공간이 존재하지 않았다. 도시 어디에도 자본주의의 모습은 찾아볼 수 없었던 것이다. 은행도 사무실도, 카페도 레스토랑도 없었다. 단지 파괴된 사회주의만이 존재했다. 러시아는 이를 바로잡아야 했고, 그러기 위해 건설은 시급하고 불가결한 것이었다.

오늘날 모스크바의 중심가를 살펴보면, 그 동안의 건설을 위한 시도와 움직임이 큰 성공을 거둔 듯 보인다. 은행, 비즈니스 센터, 화려한 레스토랑, 웅장한 빌라 등으로 가득 찬 다운타운은 거대 자본주의 도시의 그것을 연상시킨다. 하지만 여기서 조금 주의 깊게 고민해 보아할 점이 있다. 바로 이러한 변화가, 이러한 환골탈태의 과정이 너무나 급작스럽게 이루어졌다는 것이다.

이를 대변하듯, 모스크바 중심가에 새롭게 들어선 건물 대부분은 국가, 즉 시에 귀속된 것이고, 현 운영자들에게는 49년간 임대된 것이라고 한다. 이는 시에서 이루어진 건설 사업이 국가적인 투자 프로젝트의 일환이었다는 것, 때문에 그렇게 빠른 속도로 자본주의 도시의 모습을 구현해낼 수 있었다는 것을 보여준다.[8)]

그림 25 1990년대의 페레스트로이카 직후의 모스크바 (출처: www.yandex.ru)

지난 세기, 스탈린과 흐루쇼프 시대에 생겨난 용어가 있다. 일명 '사회주의 도시'(소츠고로트). 이는 국가의 단일 계획으로 거대 소비와 생산을 목적으로 만들어지는 도시를 일컫는다. 오래지 않은 이러한 경험이 더욱 쉽고 빠르게 페레스트로이카 이후의 모스크바를, 모스크바 건설의 방향성을 설정해주었을 것이라 생각된다. 1990년대의 모스크바도 '자본주의용'으로 만들어진 국가의 단일 계획 하에 기하학적인 속도로 만들어진 도시인 것이다.

도시 건설이 국가의 단일계획으로 이루어진다는 것은 국가가 도시 문화의 스타일을 획일적으로 결정짓고자 한다는 것에 다름 아니다. 여타 다른 자본주의 국가가 자본주의건설에 있어 그 다양성으로 말미암아 겪었던 혼란이 모스크바에는 국가의 간섭으로 인해 부재했다.

현대 모스크바 건축 문화는 크게 두 가지 특징을 나타낸다.

첫째, 모스크바 건축은 단일성의 원칙하에 이루어졌다. 원칙적으로 다양성을 인정하지 않는다. 더불어 기념비와 동상을 보호하려는 경향, 전통 문화를 보존하려는 움직임이 강하게 인다. 이는 러시아의 새로운 중앙 문화를 사상적으로 결정짓는 특징이라고 할 수 있다. 이는 바로 파시즘적인 기억 보존 정책과 연관될 수 있는데, 푸틴 시대의 새로운 중앙 문화는 스탈린 문화의 과거 벡터적이고 보수적·수직적인 문화 지향성과 맥을 같이 한다. 이를 반영하는 것이 최근 영화계에 나타나는 현상 중 하나인 애국주의 영화들의 등장이다.

스탈린그라드(2013)
(출처: www.ru.wikipedia.org)

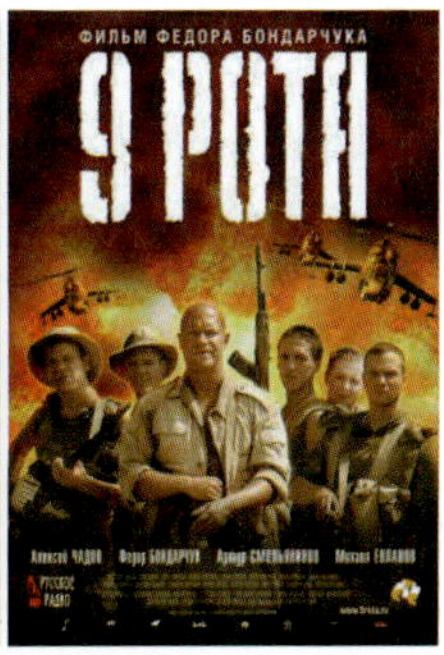

9중대(2005)
(출처: www.ru.wikipedia.org)

그림 26 영화 포스터

둘째, 건축의 익명성이다. 건축 디자인적인 측면에서 볼 때, 저자가 사라진다. 사실 이러한 시스템은 치밀하게 구축된 것이다. 모든 프로젝트는 수많은 '동의' 절차를 걸쳐야 했고, 그 결과 건축가는 자신의 설계를 변경해야 했다. 스탈린, 푸틴, 루시코프가 구상하는 모스크바의 영혼에 부합되도록 설계가 변경된다(마네시 광장, 재건축된 고스친니 드보르, 재건축된 그리스도 사원 храм Христа Спаситель 등의 건축에서). 오늘날 누가 진짜 이 건축물들의 '저자'인지 가려내기 어렵다. 완공 시까지 수많은 건축가들이 매달렸고, 여러 프로젝트들이 수행되었다. 누가 완성된 건축물의 최종 모습에 책임질 것인가. 집단 지도체제에서 바르트의 '저자의 죽음'이 실현된다.

이러한 러시아 중앙 문화의 현실은 바로 파페르니의 책 『문화2』의 핵심을 그대로 반영한다. 그의 책이 스탈린 시대의 건축문화에 관한 것이라는 것을 감안하면, 이는 루시코프의 도시건설이 스탈린의 그것을 계승했다는 또 다른 반증인 셈이다.

1990년대 초 소련의 해체와 함께 스탈린을 비롯한 사회주의 영웅들에게 바쳐진 기념비가 파괴되었다. 혁명 이후 차르의 동상을 파괴하던 상징적 행위가 또다시 반복되었던 것이다. 하지만 1930년대 이후 그랬듯이, 1990년대 중반 이후 다시 문화2적인 기념비들이 세워지고 있다. 이지연은 "러시아 제국과 소련의 문화 기호들은 '소비에트 노스탤지어' 현상과 함께 새로운 21세기 러시아의 국가 정체성 확립을 위한 질료로 새롭게 가동되기 시작한다"고 기술한다.[9] 푸틴이 대통령에 당선되고 동시에 시작된 국가 정체성 확립 작업에서 그는 스탈린 시대의 문화 기호들을 과감히 가져온 것이다.

3. 새롭게 조성되는 모스크바의 문화 공간 소개
: 모스크바 시 문화 프로그램 '2010~2016', '2012~2018'을 중심으로

3.1. 현황

2010년 모스크바 시 정부는 문화부흥의 일환으로 '모스크바 문화 2012~2016' 프로젝트를 발표하였으며, 현재 이 프로젝트를 보완하여 '모스크바 문화 2012~2018' 프로젝트를 추진하고 있다.

2010년 모스크바 시에는 1,316(국립 1,085, 사립 276)개의 문화시설이 운영되었고, 이 중 모스크바 시 문화부 산하의 시설은 910여 개로 시 전체 국공립문화 시설의 67%를 차지했다. 시는 극장 88개, 공연장 26개, 박물관 60개, 전시관 27개, 도서관 440개, 동호회 형태의 문화시설 93곳, 영화관 21개, 문화휴식공원 14곳을 운영하였다.[10]

2013년 모스크바 시 조사에 따르면 문화시설의 수는 1,822개로 늘어났고 그 중 50%이상이 국공립 시설이다. 3여년 사이 사립 문화시설들이 증가한 것으로 사료된다. 국공립 시설 중에는 88개의 극장, 24개의 공연장, 67개의 박물관, 27개의 전시관, 453개의 도서관, 16개의 영화극장 등이 포함되어 2010년과 큰 차이를 보이지 않았다.

모스크바 시는 문화 부문에 2010년부터 매년 260억 루블 이상의 예산을 편성하고 있는데 이 중 상당 부분의 예산이 장비 및 기술 인프라 발전, 건물 신축·재건축, 시설 현대화·정보화 부분에 할당·투자되고 있다.

ДЕПАРТАМЕНТ КУЛЬТУРЫ ГОРОДА МОСКВЫ

그림 27 모스크바 시 문화국
(출처: wwwp.kultura.mos.ru/)

최근 모스소비에트 극장, 국립도자기박물관 등을 비롯

해 57개의 문화시설에 대한 보수공사가 진행되었으며, 총 소요액은 약 11억 3천억 루블로 집계되었다. 2009년부터 130곳 이상의 시설 내 컴퓨터실이 신설되었고, 1,060여개의 문화시설에 인터넷 설치가 완료되었다.

모스크바 시 당국은 문화유산의 보존과 시민들의 교육 및 문화수준을 향상시키기 위하여 2010년부터 꾸준히 노력하고 있다. 애국심을 고취시키는 박물관의 기능이 푸틴 정부의 기본적인 문화 정책 기조와 맞물려 박물관의 현대화는 이미 상당 부분 진척을 이루었다. 이에 현재 모

표 1 모스크바 시의 문화시설 구성 현황

소속	문화 기관 및 시설의 형태										합계
	극장	콘서트홀 및 관련 기관	서커스	박물관	전시관 및 갤러리	교육 공공 시설	영화관	공공 도서관	문화의 집, 클럽	문화 공원	
모스크바 시 문화국	88	26	-	60	27	140	21	440	93	14	910
러시아 문화부	15	17	2	60	-	23		8	-	-	125
모스크바 주 정부	6		-	-	-	-	-	-	-	-	6
국가기관 (내무부) 및 공공기관	1	4	-	15	-	4	11	10	7	-	52
민간기관	72	1	1	30	68	10	94	-	-	-	276
합계	182	48	3	165	95	177	118	458	100	14	1361
전체시설 중 시 문화국 시설 비율	48.35%	55.32%	-	36.75%	28.42%	79.1%	16.0%	96.0%	93%	100%	66.8%
시 문화국 공공시설 서비스 수혜자 수	3061	1745		4496	450	61	645	2700+ 16487	122	15500	45267

스크바 시 박물관의 연간 관람객 수는 500만 명을 훌쩍 넘긴 상태이다.

푸틴 정부의 문화 정책 중 중요한 부분을 차지하는 부분이 '영화'다. 이를 반영하듯, 모스크바 시내 영화관들은 러시아산 영화를 적극 지원하는 모양새다. 영화관에서는 매년 170여개의 신작 영화들을 선보이는데, 그 중 80%가 국산 영화라고 한다. 러시아 영화산업은 계몽과 교육 활동에도 많은 관심을 기울이고 있다. 모스크바에서는 매년 1,400개 이상의 성인 영화 관련 행사가 열리고 있으며, 25만 명 이상이 관람객을 유치한다. 그 밖에 아동 및 청소년을 위한 영화제 '동화', '...Teen' 등도 개최하고 있다.

모스크바 시는 매년 40여개 이상 국제 규모의 페스티벌도 조직하고 있다. 유명한 축제로는 연극 축제 '시즌 스타니슬랍스키', '황금 마스크' 축제, 클래식음악축제 '차이콥스키의 사계절', 모스크바 국제 영화제 등이 있다.

표 2 모스크바 시의 문화시설 수와 비교 데이터

시설 종류	모스크바 내 개수 (국립/사립 포함)	비교 데이터 (러시아, 상트페테르부르크, 유럽 지역)
박물관	166	러시아 전체-100만 명당 18개 박물관 러시아 대도시-100만 명당 33개 모스크바-100만 명당 28개
극장	182	러시아 전체-579개 극장 러시아 대도시-65개 이하 파리-116개 런던-111개 빈-105개 베를린-44개

시설 종류	모스크바 내 개수 (국립/사립 포함)	비교 데이터 (러시아, 상트페테르부르크, 유럽 지역)
도서관	448	27,000 거주민 당 1개의 모스크바 공용도서관 러시아 도시-10,000 거주민 당 1개의 도서관
영화관	118 (530개 스크린)	러시아 전체-865개 영화관 (2430개 스크린) 러시아 대도시-42개 영화관 (217개 스크린) 모스크바-188개 영화관 (530개 스크린)
문화의 집 (문화센터)	100	모스크바-124,000명의 거주민 당 클럽 형태의 시설 한 곳 러시아 대도시-83,000 거주민 당 한 곳의 문화 센터 러시아 전체-7,000~10,000명의 거주민 당 한 곳의 문화 센터 (농촌에 있는 클럽 형태 모두 포함)
전시관	147	모스크바-82,000명의 거주민 당 1개의 전시관 혹은 갤러리 러시아 대도시-69,000 거주민 당 1개의 전시관 혹은 갤러리 러시아 전체-공식 데이터 없음
콘서트홀 및 관련 기관	47	모스크바-47개의 콘서트 관련 기관, 65개의 콘서트홀(1000개 이상의 좌석을 지닌 시설부터 합산) 러시아 대도시-지방의 혹은 연방 관할의 18개 콘서트 관련 기관

표 3 모스크바 행정 지역별 인구밀도와 문화 시설의 분포

지역	지역구 개수	지역 거주민(1000명 단위) (도시 전체 대비 비율,%)	해당 지역의 시설 개수	100,000명의 거주민 당 시설의 개수
중앙	10	700.6(6.7%)	700	100
서구	13	1051.3(10.1%)	136	13
북서	8	793.3(7.6%)	83	10
동구	16	1394.5(13.4%)	119	9

지역	지역구 개수	지역 거주민(1000명 단위) (도시 전체 대비 비율,%)	해당 지역의 시설 개수	100,000명의 거주민 당 시설의 개수
젤레노그라드	3	216.1(2.1%)	20	9
북구	16	1113.1(10.7%)	97	9
북동	17	1241.6(11.9%)	117	9
남동	12	1119.1(10.8%)	100	9
남구	16	1593.5(15.3%)	106	7
남서	12	1181.3(11.4%)	65	6
모스크바 전체	123	10404.3(100%)	1543	18(평균)

3.2. 박물관

그림 28 트레치아코프 박물관(출처: www.tretyakovgallery.ru)

트레치아코프 박물관은 지난 천 년간의 러시아 예술을 한 눈에 볼 수 있는 박물관으로서 러시아 예술의 고유한 특성을 확인 할 수 있는 다양한 컬렉션을 보유하고 있다. 트레치아코프 박물관은 19세기 상인이었던 파벨 트레치아코프에 의해 설립된다. 그는 러시아 예술가들의 작품을 꾸준히 수집해왔으며, 그 수집품으로 1856년 갤러리를 만든다. 이후 1892년 갤러리를 포함하여 자신의 소장품을 모스크바 시에 기증하게 되는데, 이 시기를 기점으로 트레치아코프 박물관은 세계적으로 그 이름을 알리게 된다. 트레치아코프 박물관은 본관과 별관으로 구성되어 있다. 본관에서는 11세기부터 20세기 초반의 작품들이 전시되어 있으며, 별관에서는 주로 기획전시회가 열린다. 본관과 별관을 통틀어, 러시아 이콘화가에서 현대 예술가에 이르는 약 17만 명 이상의 작품이 전시되어 있다.

모스크바의 박물관 규모는 전 세계 주요 수도 가운데에서도 상위권에 속한다. 소비에트 연방 시절부터 박물관 구성의 다양성은 모스크바 시의 특징 가운데 하나였다. 관리 주체에 따라 박물관을 나누자면, 1)연방 및 시 정부 박물관, 2)러시아과학아카데미 소속 박물관, 3)대학을 비롯한 교육기관 박물관, 4)개인 소유 박물관이 있다.

모스크바에는 총 353개의 박물관이 있으며, 그 중 165개는 개방형 공공 박물관, 188개는 사전 신청에 의해 공개하거나 접근이 제한된 박물관이다.

표 4 모스크바의 박물관 공간

공공 박물관	165	점유율(%)
연방 박물관(분관 포함)	60	17
시 박물관(분관 포함)	60	17
부처 소속 박물관	15	4
사설 박물관	30	9
접근에 제약이 있는 박물관(사전 확약 필요)	**188**	
고등교육기관 소속 박물관	42	11
연구기관 소속 박물관	13	4
기업 및 공장 소속 박물관	118	33
극장 소속 박물관	9	3
민족, 사회기관 소속 박물관	6	2
합계:	**353**	

모스크바 시의 박물관 수는 매년 증가하고 있다. 현재 시립 박물관은 39개(분관 포함 60개)의 박물관이 있는데, 이를 주제별로 분류하면 다음과 같다.

표 5 모스크바 시 문화국 소속 박물관 유형

No.	박물관 유형	박물관 수 (괄호 안의 숫자는 분관을 의미)
1	역사박물관	9(18)
2	문학 및 예술박물관	10(15)
3	영지(저택) 및 국립공원(자연) 박물관	4(8)
4	미술박물관	13(17)
5	자연사박물관(동물원 포함)	3(3)
합계		39(60)

모스크바 시 박물관의 특징 중 하나는 저명 예술 인사들의 유품 컬렉션이다. 대표적인 작가로 알렉산드르 푸시킨, 이반 투르게네프, 니콜라이 고골, 미하일 불가코프, 세르게이 예세닌 등의 전시가 유명하다. 2014년에는 미하일 레르몬토프의 서거 200주년을 기념하여 모스크바 푸시킨박물관에서 거대한 전시회가 열린 바 있다. 시 박물관의 전시품은 2백만 점이 넘는다. 모스크바 시의 박물관들은 사립 박물관과 개인 수집가들에게 전시 공간을 제공해주기도 한다.

표 6 모스크바 시 문화국 박물관의 기초 공간 지표(2010년 자료)

No.	지표 명칭	지표 수치
1	부지 총면적*	3,327,000m^2
1.1	전시관	1,267,000m^2
1.2	서고	249,000m^2
2	직원 수	5,899명
3	보유 작품 수	19,600,000점
4	전시횟수	500회
5	견학횟수	50,000회
6	박물관 방문객 수	48,260,000명
7	동물원 방문객 수	24,840,000명

* 지표는 2010년 자료이며, 모스크바 동물원 면적은 제외했음.

모스크바 시내에 위치한 방대한 박물관 숫자에도 불구하고, 러시아의 문화 수도 상트페테르부르크, 세계 주요국가의 수도에 인구수 대비 박물관 규모는 뒤처져 있다. 박물관 전시의 활성화를 위해 모스크바 문화국은 노후화된 전시 시설의 현대화(멀티미디어 장비 구축), 전시물의 안전한 보관 장소 확충, 파손된 고택들의 복원에 힘쓰고 있다.

표 7 인구대비 박물관 확보 수치 비교

나라(도시)	인구 백만 명 당 박물관 수	총 박물관 방문객 수 (단위: 백만 명)
독일	66	107
러시아	18	78.9
상트페테르부르크	54	8.0
모스크바	28	11.3

3.3. 극장

모스크바 극공간의 특징은 장르와 규모 면에서 매우 다양한 극장이 분포하고 있다는 데 있다. 전통적인 형식의 극장 이외에 새로운 극예술의 표현을 위한 극장들이 선보이고 있으며, 국공립 극장들과 사설 극장들의 조화와 협력도 순조로워 보인다.

모스크바에는 극장 운영과 관련하여 총 182개의 기관이 있다. 모스크바 시 문화국 산하의 극장 뿐 아니라 다양한 형태의 국공립 및 사설 극장이 존재한다.

- 러시아 연방 문화부 소속 극장: 15개
- 러시아 연방 국방부 소속 극장: 1개

그림 29 모스크바 볼쇼이 극장(출처: www.kino-teatr.ru)

볼쇼이 극장은 단순한 극장이 아니라, 러시아 예술 및 공연의 역사를 상징한다. 1776년 예카테리나 2세의 명으로 건립되었으며, 1825년과 1853년 두 번의 화재로 건물 일부가 소실되었으나, 1856년 재건축을 통해 5층 규모의 건물로 재탄생하였다. 이후 2002년 극장의 낡은 시설물을 현대화하는 대대적인 보수공사를 통해 오늘 날의 모습을 갖추었다. 세계적으로 유명한 러시아의 음악가 글린카, 라흐마니노프, 루빈스타인, 차이콥스키 등이 볼쇼이 극장에서 오케스트라 연주를 선보였을 정도로 볼쇼이 극장은 러시아 오페라 및 음악 문화의 중심이었다. 또한 세계적 수준의 볼쇼이 극장 발레단도 러시아 발레의 위상을 높이고 있다. 볼쇼이 발레단은 러시아뿐만 아니라 유럽을 비롯한 세계 각지로 순회공연을 하며, 러시아의 발레, 예술의 아름다움을 전 세계에 소개하고 있다.

- 모스크바 주 문화부 소속 극장: 6개
- 사설 극장 및 관련 단체: 72개

모스크바에는 백만 명당 16개의 극장이 존재한다. 시 전체 극장의 좌석 수는 44,086개이며, 연간 420만 명 정도의 관객이 극장을 찾는 것으로 조사되고 있다.

모스크바는 유럽의 다른 수도들과 비교해 보았을 때, 사립극장보다 국립극장의 비율이 높은 편이다. 도시별 국립극장의 비율을 살펴보면

빈이 62.9%, 파리가 52.7%, 베를린이 44%, 런던이 13.4%인 가운데 모스크바는 60.2%를 차지하고 있다. 반면 시민 천 명당 극장좌석 수를 지표화해 본 결과, 프라하는 24석, 파리는 19석, 빈이 13석, 베를린이 9석인데 반해 모스크바는 4.5석에 불과했다(러시아 평균은 8.5석, 상트페테르부르크는 5.6석). 모스크바 시 문화국 소속 극장의 충원 율은 75.3%로, 러시아 평균인 58.1%, 상트페테르부르크의 48%보다 월등히 높았다.

모스크바 시 문화국 소속 극장의 수는 총 88개인데, 이를 장르별로 구분해 보면 다음과 같다.

연극: 50개
뮤지컬: 13개
오페라, 발레: 6개
인형극: 5개
전통춤, 무용: 4개
기타(서커스, 마임, 동물극 등): 10개

표 8 모스크바 시 문화국 산하 극공간의 기초지표

No.	지표 명칭	지표 (2010년 자료)
1	부지 총면적	3,155,000㎡
2	홀의 총 좌석 수	28,086석
3	직원 수	16,109명
4	공연 작품 수	17,896개
5	새로운 연극 공연 수	147개
6	관객 수	4,060,000명

모스크바 시 문화국은 극장문화 활성화를 위한 과제로 다음 두 가

지 항목에 주안점을 두고 있다. 첫째, 다양한 민족의 전통문화를 이해하는 데 기여하고, 이를 바탕으로 민족 간 관계를 활성화시키기 위한 창작극 지원 사업, 둘째, 소규모 연극단체에 공연장 임대를 보장하여 극문화를 활성화시키는 사업이 그것이다.

3.4. 도서관

그림 30 러시아 국립 도서관 (출처: www.rsl.ru)

레닌 도서관은 러시아 최대 도서관으로서 세계적 수준의 장서를 보유하고 있다(약 4,550만 권). 장서의 양 뿐만 아니라, 세계 각국에서 367개의 언어로 작성된 도서 및 문서를 비롯하여, 희귀본, 필사본, 논문, 신문 등의 다양한 출판물을 소장하고 있다. 1862년 러시아의 귀족 니콜라이 루만체프 백작의 '루만체프 박물관'의 일부로 설립된 레닌 도서관은 1925년 대대적인 자료 정리와 함께 레닌 도서관으로 이름을 바꾸게 된다. 소비에트 연방의 해체 이후, 보리스 옐친 대통령은 1992년 다시 도서관의 이름을 러시아 국립 도서관으로 개명한다. 명칭은 여러 번 바뀌었지만, 190여년의 유구한 역사는 아직도 그 명성을 유지하고 있다.

국립공공도서관은 통합 정보 공간, 통합 문화 공간의 시스템 구축을 위해 중요한 역 할을 수행한다. 그렇기 때문에 문화2의 패러다임을 구축하려는 푸틴 정부에게는 핵심 문화 공간 사업 중 하나로 자리매김해 왔다.

차트 1 모스크바 시의 공공 도서관 형태

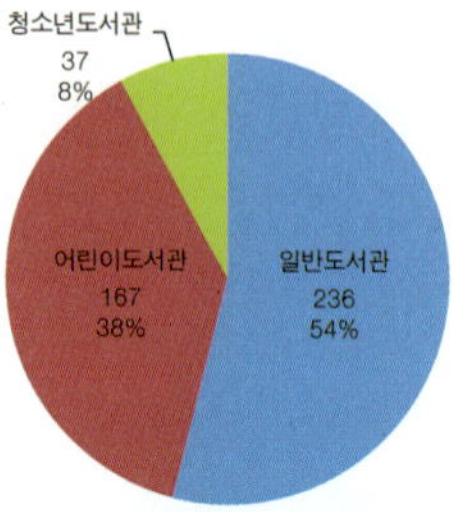

차트 2 모스크바 시 지역구별 인구 대비 국립도서관 등록 이용자 비율

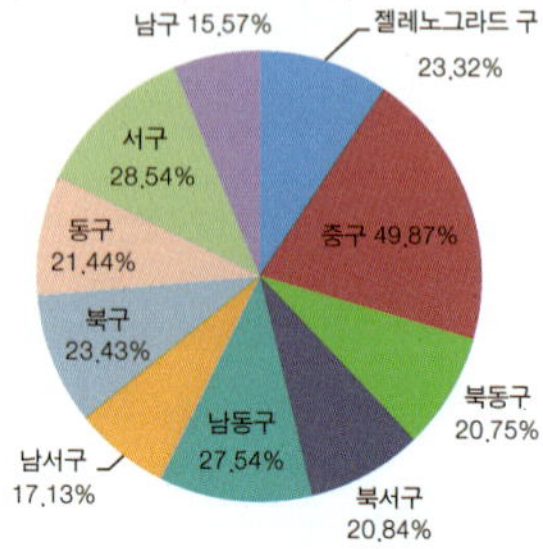

모스크바 시에는 총 440개의 공공 도서관이 운영되고 있는데, 이는 5개의 중앙시립도서관과 232개의 일반 도서관, 167개의 어린이도서관, 36개의 청소년도서관으로 구성된다.

국립공공도서관의 서적 수는 약 2,600만권이며, 등록된 이용자수는 연간 약 2,000만 명에 달한다.

- 도서관의 총 면적: 37만 7,200㎡
- 열람실 좌석 수: 2만 7,800
- 컴퓨터 보유 수: 4,786
- 전자도서목록이 구비된 도서관 수: 173
- 전자목록의 양: 980만 개의 기록
- 모스크바 시의 구별 평균 인구 대비 국립공공도서관 등록 이용자 비율: 27%
- 러시아 도시 전체 평균: 35%
- 상트페테르부르크 평균: 29.4%

모스크바 시 문화부 소속 이외의 러시아 연방 및 중앙부처 소속 도서관들 현황은 다음과 같다.

1. 연방 공공 도서관: 8개
2. 분야별 연구 도서관: 10개
3. 교육 도서관(초·중·고등학교, 대학교 내): 1,700개
4. 모스크바 시 부처별 도서관(사회보장, 보건복지, 스포츠 관련 도서관 등): 114개

모스크바 시의 도서관 공간에서 국가가 운영하는 공공도서관이 차지하는 비중은 98%로 매우 높은 편이다.

모스크바 시 인구 대비 2만 7천 명당 1개의 도서관이 제공되고 있다(러시아 전체 도시 평균은 1만 명당 1개의 도서관).

2018년까지 모스크바 시는 국립공공도서관 내 네트워크 구축을 보완·발전시키고, 시민들의 만족도 향상을 위해 모든 도서관 내 전자도서장비 시스템을 도입한다는 방침이다.

3.5. 전시장

모스크바에는 주요 문화시설이라 할 수 있는 박물관 이외에 미술 전시회, 도서 박람회 등 다양한 전시예술행사가 개최된다. 박물관과 함께 전람회는 전문적이거나 아마추어적인 창작활동, 다양한 종류의 형식예술 발달을 유도하며 도시의 고유한 문화 환경을 조성하고 있다.

모스크바에는 95개의 전시기관이 있는데 그 중 문화국 소속이 27개, 그 외 사설 전시장 및 미술관이 68개 존재한다.

그림 31 <아트·스트렐카>(Арт-Стрелка) (출처: www.artstrelka.ru)

<아트·스트렐카>(Арт-Стрелка)는 모스크바의 실험적인 문화 시설로서 블라디미르 두바소르스키의 주도 아래 2004년 9월 18일 공장 '붉은 10월'에서 그들의 첫 실험예술을 선보였다. 공장의 차고를 개조하여 7개의 전시장을 만들고, 건물을 구조를 변경하여 여러 개의 독립 전시장을 확보했다. 전시회는 매달 마지막 주 (또는 끝에서 두 번째 주) 토요일에 개최되며, 전시회 일정 이외의 시간에는 전시장을 공개하지 않는다. 2004년부터 2009년 동안 100회의 전시회가 개최되었을 뿐만 아니라, 전시회에 참여한 예술가는 약 160여명에 달한다.

표 9 관리부처별 전시장 면적과 분포

전시기관 형태	전시관 수	관리 형태에 따른 기관 비중	총면적, 천m^2	전시장 면적 비중
시립 전시장	2	2.1%	9,200	7.3%
구립 전시장	27	27.8%	12,131	9.6%
사립 전시장 및 갤러리	68	70.1%	105,276	83.1%
합계	97		126,607	

최근 모스크바에서는 개인 갤러리, 사설 전시장의 수가 급격히 증가하였는데, 이는 번창하고 있는 미술관 사업을 반증하는 것이라 볼 수 있다. 지난 10년간 모스크바에는 약 80개의 개인 미술관과 아트센터가 문을 열었다. 전시장의 경우와 달리 미술관 설립의 목적은 주로 예술작품 시장과 직결되어 있다.

이와 함께 <스텔라 아트 갤러리>, 미술관 <예카테리나>, <겔만 갤러리>, <XL>, <아이단>, <릿지나> 등의 미술 전시관은 폭 넓은 활동으로 모스크바 시 예술보급 활성화에 기여하고 있다. 최근 2~3년 동안 <빈자보드>, <가라시>, <아트-스트렐카> 등 이전의 산업기지를 기반으로 한 매우 이채로운 아트센터가 등장하고 있다.

표 10 주요 사설 전시 센터

기관명	전시면적, m^2
중앙전시센터 <마네시> (사기업의 운영 관리 기간: 전체의 80%)	8,000
크림 제방로에 있는 예술가의 집 (Дом художника на Крымском валу)	8,000
전(全)러시아 전시센터	29,300
문화전시센터 <소콜니키>	11,266
현대예술센터 <빈자보드>	20,000
현대문화센터 <가라시>	8,500
합계	85,066

모스크바 시 문화국 산하에는 모스크바 박물관·전시관센터 연합('스톨리차') 소속의 시립 전시홀인 모스크바 국립 전시홀 <노비 마네시>와 박물관·전시관센터 <노동자와 집단농장처녀>가 있다.

비교적 규모가 크고 대중들에게도 인기 있는 전시 기관으로는 <나 솔랸케> 갤러리, <나 카시르케> 갤러리, <벨랴예보> 갤러리, <투시노> 갤러리 등을 들 수 있다. 모스크바시는 국·공립 전시관의 기능을 보완하여 전시관들을 다목적 문화센터로 변화시키고자 한다. 이로써 보다 많은 시민들에게 문화생활을 보장하는 것이 모스크바시 문화프로그램의 주요 목적이다.

표 11 모스크바시 행정구역별 전시장 현황

구	전시장수	총면적, m^2	전시면적, m^2
시립 전시장	2	9,200	2,700.0
중구	4	1,397.5	727.0
북구	2	690.2	438.4
북동구	2	781.0	372.2
동구	4	1,128.3	654.0
남동구	2	631.9	454.0
남구	5	2,036.3	1,206.3
남서구	2	1,536.7	880.9
서구	3	1,570.8	612.1
북서구	2	1,380.9	720.0
젤레노그라드	1	314.3	144.2
합계	29	20,667.9	8,909.1

2부

러시아 중앙연방관구 현지답사기

6장

러시아 중세 문화가 깃든 곳,

블라디미르와 이바노보

최우익

6장

러시아 중세 문화가 깃든 곳, 블라디미르와 이바노보

1. 블라디미르와 이바노보 개황

러시아 역사의 발원지로 키예프를 들 수 있고, 러시아의 머리를 서구로 돌린 전환지로 상트페테르부르크를 꼽을 수 있다. 그렇다면 중세 러시아 문화가 형성되고 발전한 진원지로는 어디를 꼽을 수 있을까? 그곳으로는 무엇보다도 모스크바 주변 '황금 고리'(Золотое кольцо)의 도시들을 꼽을 수 있다. 이 옛 도시들은 러시아인의 영혼이라 할 수 있는 정교의 중요한 터전이자, 역사적으로 러시아 문화와 예술이 발전했던 곳들이다.

필자는 2012년 여름 바로 이 황금 고리에 속한 블라디미르(Владимир)와 이바노보(Иваново)를 다녀왔다. 당시 필자의 주요 관심은 주로 지역 주민의 사회·경제적 상황에 관한 것이었는데, 이 글에서는 이 지역에 관한 간략한 정보와 인상, 그리고 몇몇 소회 등에 초점을 맞춰 기술하고자 한다.

블라디미르 시와 이바노보 시는 중앙연방관구에 속해 있으며, 이들은 모스크바로부터 북동쪽으로 200~250㎞ 떨어져 있고, 각각 블라디미르 주와 이바노보 주의 주도이다. 중앙연방관구 내에는 '중앙'(Центральный)과 '중앙-흑토'(Центрально-Черноземный) 등 두 개의 경제지구(экономический район)가 있는데 블라디미르와 이바노보는 전자에 속하며, 또한 전자를 몇 개의 하위 지역으로 나눌 때 이 두 곳은 볼가 강과 오카 강 사이 섬유산업 중심의 동부 지역(야로슬라블 주, 이바노보 주, 블라디미르 주 등)에 속한다.

블라디미르와 이바노보 주 인구는 각각 143만 명과 105만 명으로 규모가 그다지 크지 않다. 또한, 주도의 인구도 각각 35만 명과 41만 명으로 중규모 도시 수준이다. 국내총생산에서 차지하는 이 지역 경제 규모는 1% 이하이며, 이곳은 수도권을 둘러싼 보조적인 경제 지구에 불과하다. 하지만 역사적, 문화적 차원에서는 중요성을 인정받는다.

2. 블라디미르

필자는 2012년 7월 말 모스크바에 도착하여 며칠간 이곳에서 두 지역의 자료를 입수하고, 8월 1일부터 5일까지 블라디미르, 8월 5일부터 9일까지 이바노보에 체류했다. 모스크바에서 첫 여정지인 블라디미르로 이동할 때 카잔 역에서 출발하는 기차를 이용했다. 나름대로 충분한 시간이라 생각하며 기차 출발 한 시간 반 전에 숙소를 나와 길거리 택시(합법적인 택시는 아니지만, 운행 방향이 비슷하면 길에서 즉석 흥정하여 택시 영업을 하는 개인 승용차)를 잡아탔는데, 아뿔싸 그만 모스크바의 교통체증에 걸렸다. 큰 소음과 함께 매연 냄새까지 실내에 풀풀 풍기는 낡고 삐걱거리는 차였는데, 나름대로 사명감에 불탄 운전사 아저씨는 기차 시간에 대기 위해 여기저기 골목길을 돌고 차선을 넘나들었다. 그렇게 곡예비행을 한 끝에 정말이지 기차 출발 딱 3분 전에 역에 도착했다. 나는 큰 여행 가방을 아예 어깨 위로 짊어지고 뛰었다. 중간에 보이는 역무원에게 '블라디미르'하고 외치자 해당 선로를 손짓으로 바삐 가리킨다. 기차 제일 뒤 칸에 뛰어올라 두세 발걸음을 떼자 기차가 바로 움직이기 시작했다. 온몸에서 땀이 비 오듯 한다. 영화에서나 보던 장면을 연출했다. 여행 출발부터 이것이 액땜인지, 전조인지 불길하다. 출발 시각 훨씬 전에 도착하여 짐을 쌓아 놓고 무료하게 기다리는 여행객들이 그동안 좀 한심해 보였는데, 이제 그들이 현자로 보인다.

아무튼, 3시간 후 기차는 어김없이 블라디미르 역에 도착했다. 인터넷으로 예약해둔 호텔로 가려 했는데, 지도로 보았을 때는 가깝게 보였지만, 막상 짐을 끌고 걷자니 힘들고 멀게 느껴졌다. 아직 그 호텔에 숙박료도 입금하지 않은 상태라 그냥 제일 먼저 마주친 '블라디미르'(Владимир) 호텔로 무작정 들어가 방을 잡았다. 다음날 마음이 좀 찔려 프런트의 아가씨에게 슬쩍 물었다. "내가 어떤 호텔을 예약했는데, 만약 그곳으로 가지 않았다면 어떻게 되었을까요?" "아마 당일 손님이 오지 않았으면 그냥 취소되었을 거예요"라고 별일 아닌 듯 말한다. 예약해둔 호텔에 내 연락처도 남기지 않았기 때문에 그들이 나를 찾아내 위약금이라도 물게 하지는 못하리라. 지방 호텔을 인터넷으로 예약할 수 있다는 사실에 '러시아도 이제 이런 서비스가 많이 발전했구나'라고 생각했는데, 아직 예약 시스템이 짜임새 있게 자리 잡지는 않은 모양이다. 만약 유럽의 어떤 호텔을 예약한 후 일정 시간까지 숙박료를 송금하지 않았다면 그 예약은 자동으로 취소되었을 것이다. 그래도 어쨌든 대도시가 아닌 러시아 지방 호텔도 이제 인터넷 예약이 가능하다는 사실을 나중에 지인들에게 얘기해 주자 놀라워했다.

사실 블라디미르는 1990년대 초반 유학 때 방문한 적이 있었다. 그때는 거리가 한산했고 소비에트 시대 분위기가 많이 남아 있었는데, 이제는 확 달라진 모습이다. 거리는 밝고 화사하며, 새로운 건물과 상가가 들어찼다. 맥도날드를 비롯해 노천카페나 상점, 그리고 조그만 호텔과 레스토랑이 거리에 즐비했다.

한때 블라디미르 요새의 망루 역할을 했던 '황금의 문'(Золотые ворота)만은 예전과 같은 모습으로 우뚝 서 있다. 몽골 군대와 러시아 군대가 수차례 번갈아 지나쳤던 영욕의 성문이다. 1108년 블라디미르 모노마흐(Владимир Мономах) 공이 요새를 축조하면서 블라디미르의 역사가 시작되었고, 1157년 안드레이 보골륩스키(Андрей Боголюбский) 공이 수즈달에서 블라디미르로 수도를 옮기면서 이곳이 블라디미르-수즈달 공국의 수도가 되었다. 하지만 13세기에 몽골군의 침략으로 약탈당하는 시련을 겪었다.

몽골의 지배가 끝난 후 블라디미르는 러시아 정교 중심지 중 하나가

그림 1 황금의 문(좌)과 우스펜스키 사원(우) (필자 촬영)

되었다. 12세기 초에 축조된 우스펜스키 사원(Успенский Собор)은 15세기에 안드레이 루블료프(Андрей Рублёв)가 성상화를 그리면서 벽면이 완성되었고, 그 후로 러시아 교회의 건축 모델이 되었다.

블라디미르에서 매우 놀라운 것 중 하나는 신호등 없는 횡단보도를 보행자가 건너려 할 때 도로 쪽으로 다가서기만 해도 자동차들이 일사불란하게 정지선에 멈추어 서는 모습이었다. 그러한 횡단보도에는 네모난 연두색 테두리의 건널목 표지판이 세워져 있는데, 그곳에서는 교통 법규상 보행자가 도로를 건너려고 다가서면 지나던 자동차가 스스로 멈추어 서야 한다. 나중에 모스크바에도 곳곳에 이러한 표지판이 있는 것을 봤지만, 몇몇 자동차만 이것을 준수할 뿐 대부분은 다가선 보행자를 무시하고 통과했다. 그런데 블라디미르에서는 이것이 너무 잘 지켜져 황송한 대접을 받는 기분이었다. 사소한 법규지만 이것을 준수하는 러시아인들을 통해 그들의 시민의식이 향상했음을 느낄 수

그림 2 네모난 연두색 건널목 표지판이 있는 횡단보도에 차가 멈추어 서 있고 행인이 건너는 광경 (필자 촬영)

있었다.

그런데 한 가지 당황스러웠던 것은 혼란스러운 1990년대 초반 거리에서 자주 마주치곤 했던 걸인들이 지금의 블라디미르에서도 꽤 많이 발견되었다는 사실이다. 사원 주변에서 적선을 구하는 할머니, 할아버지들은 논외로 하더라도, 그냥 거리에서 마주치는 아이들이나 심지어는 20대 청년도 무턱대고 손을 내미는 경우가 꽤 있었다. 아마 외부 여행객들이 많이 오는 곳이어서 그런가 보다. 사실 블라디미르 주의 1인당 월평균 소득 순위는 83개 연방주체 중에서 64위(2011년 시점)일 정도로 낮다. 반면 백화점이나 고급 레스토랑에서는 잘 차려입은 고소득층이 눈에 띄어 역시 이곳에서도 빈부격차가 중요한 사회문제임을 실감했다.

소비에트 시대에 들어와 블라디미르에서는 근대화가 시작되었고 공업이 발전했는데, 한때는 화학 공장의 환경오염이 문제가 되기도 했다. 블라디미르 시 외곽으로 나가는 도로에는 공장들이 줄지어 서 있다. 연방교통도로가 블라디미르를 통과하기 때문에 이와 관련된 산업도 발전했다. 블라디미르 외에도 코브로프(Ковров)와 무롬(Муром) 등이 주요 도시이자 산업지이다.

블라디미르 주 안의 수즈달(Суздаль) 역시 1000년의 역사를 지닌 오랜 고도 중 하나이며 로스토프-수즈달 공국의 수도였다. 1990년대 초반 이곳에 방문한 적이 있었는데, 그때나 지금이나 이곳은 거의 같은 모습을 유지하고 있다. 그 당시 수즈달 크레믈(Суздальский кремль) 안에 있는 레스토랑에서 수도사들이 즐겨 먹었다는 '수도원'식 고기수프를 먹었는데, 그 맛을 잊을 수 없어 다시 그곳을 찾았다. 작은 단지 안에 뜨거운 고기 수프가 들어 있고, 그 위로 얇은 빵이 부풀어 있는 모습의 음식이다. 그런데 유감스럽게도 이번에 먹을 때는 그때의 감동

그림 3 '수도원'식 고기수프 (필자 촬영)

이 좀 덜했다. 그때는 메뉴도 그것 한가지여서 그저 사람 수대로 주문하고 먹었던 것으로 기억한다. 그런데 이제는 메뉴도 아주 다양해지고 값도 비싸졌다. 왜 맛이 떨어졌는지 나도 모르겠다. 레스토랑이 옛날 그대로의 맛을 지켜내지 못한 건지, 아니면 더 맛있는 것들이 쏟아지는 세태 속에서 내 입맛이 간사해진 건지 분간하기 어렵다.

3. 이바노보

블라디미르에서 4박 5일을 보내고, 버스를 이용하여 이바노보로 향했다. 블라디미르 기차역 바로 옆에 있는 버스터미널에서 시외버스를 타고 약 3시간 남짓 걸려 이바노보 버스터미널에 도착했다. 인터넷으로 예약해둔 '투리스트'(Турист) 호텔로 다시 시내버스를 타고 이동했다. 여행 짐이 있어 처음에는 사실 길거리 택시를 잡아타려 했는데, 30분 이상 길가에 서서 손을 흔들고 노력했지만, 택시가 잡히지 않았다. 터미널에 공식 마크를 단 택시들이 있었지만, 터무니없는 가격을 불렀다. 다른 날에도 길거리 택시를 타려고 시도했는데 잡히지 않았다. 모스크바 같았으면 택시비 흥정이 문제지, 손만 흔들면 2~3대가 줄지어 멈추어 서곤 했다. 이곳에서는 길거리 택시 문화가 별로 발달하지 않은 듯하다. 택시 문화도 이렇게 도시마다 차이가 나나 보다.

이바노보에서 묵은 호텔은 한국에서 인터넷으로 이미 예약을 했었고, 블라디미르 호텔에서 전화를 걸어 예약자 명단에 내 이름이 있는 것도 다시 확인한 상태였다. 예약할 때는 몰랐는데, 마침 내가 방문하려던 박물관이나 공장단지 대부분이 운 좋게도 이 호텔에서 걸어갈 수 있는 가까운 곳에 있었다.

이바노보는 1561년 농민들이 정착하면서 건설된 도시이다. 1741년 가내 수공업 형태의 섬유 공장이 들어섰고 염색 공업도 발전하기 시작했다. 1861년 농노 해방 이후에는 섬유산업이 급성장했다. 항상 느끼는 것이지만, 러시아의 보존 문화는 대단하다. 박물관에 전시된 물건들을 둘러보자 수 세기 동안 여기에서 탄생하고 발전했던 섬유산업의 역사를 한눈에 알 수 있었다. 섬유산업이 발전하는 동안 주변 지역의 처녀들이 일자리를 찾아 이곳으로 몰려들었는데, 그러다 보니 미인이 러시아에서 제일 많은 곳으로 이바노보는 유명하다. 그래서 이곳은 '신부들의 도시'라고 불린다. 그런 말을 들어서인지 길거리를 지나는 여성들의 모습이 한층 아름다워 보였다.

수녀원 성당(Свято-Введенский женский монастыры)을 들렀는데, 심지어 수녀님들마저도 '이뻐!' 보여, 잠시 내 불경스러운 마음을 탓했다. 이곳의 성스러운 분위기에 압도되어 양초를 사서 가족을 위한 기도를 하려는데, 양초를 파는 할머니가 고개를 갸웃거리며 내가 러시아 정교 신자냐고 묻는다. 나는 아차 싶었지만, 사실대로 개신교 신자라고 답했다. 옆에 좀 높은 신분으로 보이는 수녀님께 할머니가 잠시 문의하는 듯싶더니, 그 수녀님이 다가와 여기에서는 '무슬림'도 기도할 수 있다고 답해 준다. 그리고 '산자를 위한 기도냐, 죽은 자를 위한 기도'냐고 내게 묻는다. 나는 산 자를 위한 기도처로 안내되었고, 그곳에 초를 꽂고 우리 집 고3 딸 쌍둥이의 '열공'을 기도했다. 이방인에게 관대한 러시아인과 정교에 잠시 생각이 머물렀다. 우리나라 교회에서는 과연 다른 종교인이 들어와 제대로 기도를 할 수 있을까?

이바노보에서 제일 규모가 크다는 섬유 도매 상가(Текстиль Профи-Иваново)를 들렀다. 중앙연방관구 동북부 지역 상당량의 섬유 도매가 이곳에서 이루어진다고 한다. 거대한 건물들이 줄지어 있고 그 사이에 시원한 주차 공간이 펼쳐져 있다. 드넓은 영토를 지닌 러시아의 위용을 보여준다. 다 돌아보는 것은 엄두를 못 내고 입구 주변의 1, 2층을 살펴보는 것으로 만족해야 했다. 이바노보 시 외에 슈야(Шуя), 키네시마(Кинешма) 시에도 섬유산업이 발전했다.

약 두 시간 버스를 타고 이바노보 주의 북쪽에 있는 플료스(Плёс)를 방문했다. 유학

그림 4 수녀원 성당 (필자 촬영)

시절 유람선으로 볼가 강 여행을 하면서 이곳에 들른 적이 있다. 그때는 배를 타고 와 이곳에 잠시 정박했는데, 육로를 따라 버스를 타고 이곳에 오니 색다른 감회가 든다. 버스에서 내린 다음 걸어서 얕은 산등성이를 넘자 볼가 강이 나타났다. 마음이 차분하게 가라앉는다. 조용히 흐르는 물살과 까마득한 강 너머 마을을 보니 현실에서 아등바등 사는 내 처지를 잠시 잊을 수 있었다.

지금은 박물관으로 운영되는 이삭 레비탄(Исаак Левитан)의 집이 이곳에 있다. 강변에 있는 이 집 2층 레비탄의 화실에서 창밖을 보니 강물이 바로 손에 잡힐 듯 흐른다. 그가 아름다운 볼가 강을 그릴 수밖에 없었던 이유를 알 것 같다. 노년에 살고 싶은 장소의 후보지로 볼가 강을 마음속에 새기며 이바노보 시로 돌아왔다.

내가 묵고 있던 호텔 옆에 엄청난 규모의 상가가 서 있다. 한국에서도 그만한 규모는 보지 못했는데, 백화점, 영화관, 음식점, 각종 레저 시설 등이 모여 있는 고급스러운 복합 상가였다. 이러한 상가가 서 있

그림 5 섬유 도매상가(좌)와 대형 복합 상가(우) (필자 촬영)

는 것을 보니 이제 러시아 지방도 괄목할 만한 발전을 이루었나 보다. 하지만 이바노보 주민의 경제 사정이 좋은 것은 아니다. 83개 연방주체 중 1인당 월평균 소득 순위는 74위로 최하위권이다. 그럼에도 이러한 상가가 있다는 것은 이곳에도 고소득층이 존재한다는 것을 의미하는 것이고, 결국 여기도 빈부격차가 심각하다는 것을 알 수 있는 대목이다.

호텔 옆에 동네 농구장이 있는데, 해가 뉘엿뉘엿 질 무렵이면 이 사람 저 사람 모여 길거리 농구를 즐긴다. 자기 공으로 슛 연습을 좀 하다가 처음 본 사람이든 아는 사람이든 대충 편을 나누고 시합이 시작된다. 190㎝는 족히 되는 덩치들이 꽤 있었는데, 동네 농구에서 그렇게 많은 덩크 슛을 구경하게 될 줄은 몰랐다. 흑인이나 백인이나, 혹은 중동 민족이나 아시아 민족이나 한데 어울려 즐기는 그들의 모습을 보니 러시아인의 열린 마음을 다시 확인할 수 있었다. 호텔 앞을 가로지르는 작은 강의 다리 난간에는 연인들의 자물쇠가 잔뜩 물려 있다. 이곳

그림 6 다리 난간에 물려 있는 자물쇠 (필자 촬영)

에서도 연인 간의 사랑을 이렇게 맹세하나 보다. 가족 생각이 난다. 붉은 석양 아래 이바노보의 마지막 날이 이렇게 저물고 있다.

4박 5일의 일정을 마치고 이바노보에서 모스크바로 6시간 걸려 버스를 타고 돌아왔다. 약 20년 전 방문했던 블라디미르, 그리고 또 약 10여 년 전 시베리아횡단철도 여행 시 방문했던 도시들과 비교해 볼 때, 분명 그때와 확연히 달라진 러시아 지방의 모습을 이번 여행에서 느낄 수 있었다. 시장 개혁이 시작된 지 20여 년이 흐른 지금 분명 지방 곳곳에는 커다란 변화가 일어나고 있다. 또한, 그곳에서 살아가는 사람들의 일상과 의식에서 변화에 대한 자연스러운 적응의 모습도 확인할 수 있었다. 이러한 점에서 러시아 지역 연구는 지금이야말로 본격적으로 시작되어야 할 시점이 아닌가 생각해 본다.

7장

툴라와 오룔 시 백화점 탐방을 통해 본 지방 주민의 삶

최우익

7장

툴라와 오룔 시 백화점 탐방을 통해 본 지방 주민의 삶

러시아 국민의 삶은 2000년대 어느 정도 개선되었다. 물론 삶의 기준과 가치에 대해 다양한 관점이 존재하고, 러시아 국민 소득이 양극화했다는 비판적 견해도 있는 만큼, 사실 러시아 국민의 삶을 어떻게 평가할지의 문제는 절대 간단치 않다. 게다가 2008년 세계 금융위기로 홍역을 치렀고, 최근 우크라이나 사태로 서방이 대러 경제 제재를 감행하면서 러시아는 또 곤욕을 치르고 있다. 따라서 지금 러시아의 미래가 어떻게 될지 장담하기란 누구에게도 쉽지 않다.

본 글은 필자가 2014년 8월 말 툴라 시(г. Тула)와 오룔 시(г. Орёл) 백화점들을 탐방하면서 느낀 러시아 지방 주민의 삶과 의식에 관한 것이다. 이 시점은 우크라이나 사태로 서방의 대러 경제 제재가 시작됐지만, 아직 그 영향이 두드러지지는 않았던 때였다. 물론 수년간 1달러에 약 30루블 하던 환율이 좀 높아져 37~38루블이 되고 국민들 사이에서 경제에 대한 우려가 여기저기 조금씩 불거져 나오고 있었지만, 그 시점은 2000년대 일정하게 형성된 러시아 지방 주민 삶의 한 단면을 엿보기에 큰 무리는 없던 때였다.

1. 툴라와 오룔 개황

툴라와 오룔은 모스크바의 남쪽으로 이어져 있다. 자동차 도로로 모스크바 시에서 툴라 시까지는 약 180㎞, 오룔 시까지는 약 360㎞ 떨어져 있다. 2013년 시점 툴라 주(Тульская область)의 인구는 약 152만 명이며 주도(州都) 툴라 시의 인구는 약 49만 명이다. 오룔 주(Орловская область)는 약 77만 명이며 주도 오룔 시는 약 32만 명이다. 툴라 주 주민의 평균 명목임금 순위는 83개 연방주체 중에서 43위, 1인당 월평균 소득 순위는 39위로 대체로 중위권이지만, 오룔 주의 순위는 각각 70위와 60위로 하위권이다. 소비 수준도 툴라 주는 46위, 오룔 주는 63위로 전자는 중위권, 후자는 하위권이다. 삶의 질 지수도 리아노보스티(РИА Новость)의 평가에 따르면, 툴라는 25위, 오룔은 57위다.

최저생계비 이하 소득층은 툴라 주는 9.7%, 오룔 주는 12.6%이다. 그런데 상위 20% 집단의 총소득 비율은 오룔 주가 44.4%, 툴라 주가 44.7%로 큰 차이가 없다. 이는 그만큼 오룔 주의 사회 계층화 현상이 더 심하다는 의미다.

따라서 전체적으로 툴라 주의 사회·경제적 상황이 오룔 주보다 상대적으로 더 좋다고 할 수 있다. 하지만 오룔 주는 사회 계층화 현상이 더 심해 이곳에도 나름대로 부유한 상층 집단이 꽤 존재하는 것으로 볼 수 있다. 이러한 전체적인 상황을 고려할 때 본 글에서 살펴보는 툴라와 오룔은 대체로 사회·경제적으로 중위권과 하위권 지역으로서 러시아의 평범한 지방 중 하나이며, 각 지역에 상층 집단도 어느 정도 존재하는 지역이라고 말할 수 있다.

2. 백화점과 소비주의 사회

이 글에서 다루고 있는 백화점은 상업 기능이 대규모로 이루어지고 있는 곳이며, 자본주의 사회에서 소비가 효과적으로 실현될 수 있게끔 촉진하는 공간 중 하나다. 또한, 백화점은 현대 사회로 올수록 대형화, 고급화되는 추세를 보여준다.

백화점의 일반적 기능은 첫째, 생산과 소비를 연결하는 유통 기능의 대표적 역할을 수행하며, 단순히 상품만을 파는 것이 아니라 고객들이 더 안심하고 안락한 기분으로 구매할 수 있도록 신용과 서비스를 추가하여 판매한다는 점이다. 둘째, 백화점의 간접적 기능은 새로운 생활정

그림 1 모스크바 예브로페이스키 백화점(좌)과 아피몰 백화점(우) (필자 촬영)

보와 소비문화를 전달하는 시민문화센터의 역할을 수행한다는 것이다. 백화점의 또 한 가지 중요한 부차적 기능은 새로운 상업 중심지를 형성하여 신상권 발전을 촉진하고 도심 재개발을 통해 도시 미관을 정비하고 도시 기능을 향상해 관련 산업에 대한 연관 효과와 대규모 고용 효과를 유발함으로써 지역 경제 발전에도 이바지한다는 점이다.

이처럼 백화점은 소비와 관련하여 여러 가지 기능을 수행한다. 그런데 자본주의 사회에서 소비는 또 다른 중요한 성격을 띠고 있다. 즉, 소비는 자본주의 유지의 전제 조건으로서 생산과 함께 공공연하게 혹은 은밀하게 권장된다. 정부와 기업은 물론 학문도 소비를 부추기며, 소비 관련 정책과 제도는 기본적으로 이데올로기적 성격을 띤다. 시민은 국민이며 노동자이자 동시에 소비자가 된다.

이러한 소비 지상주의 속에서 인간이 추구하는 모든 욕구의 대상은 자본주의의 시장원리에 의해 교환가치로 매겨진다. 인간은 소비하지 않고는 살아갈 수 없고, 나아가 소비물로 인간의 가치를 규정하려는 현상까지 나타난다. 소비사회에서 무엇보다 개인의 정체성은 소비자의 위치로 규정된다. 현실적으로 자본의 크기보다는 그가 무엇을 소유하고, 소비하고 있느냐가 개인의 위치를 결정한다. 더 나아가 개인은 소비를 통해 행복을 느낄 수 있다고 간주된다.

이러한 과정에서 소비는 각 개인의 사회적 차이를 드러내는 역할을 한다. 소비사회는 한편으로는 기존의 사치재를 대량 생산함으로써 소비의 균등화를 이루지만, 다른 한편으로는 새로운 사치재를 개발함으로써 과시 소비를 통한 소비의 불평등을 강화한다. 과거의 사치재가 생활필수품으로 전환되는 순간 또 다른 희소재가 사치재로 등장하는 것이다. 그러므로 보드리야르(J. Baudrillard)에 따르면 소비는 사회적 차별화를 보여주는 '하나의 계급적 제도'이다.

캠벨(C. Campbell)에게 소비주의의 발전은 일관된 자기 만족적 행위와 연관된 것이다. 백화점은 성당과 유사하게 연상되며, 소비주의는 백화점에서 예배를 보도록 사람들을 유인한다. 이러한 사회적 환경 속에서 소비는 단순히 물질적 필요를 충족시키는 것을 넘어서서 하나의 문화적 현상이 된다. 즉, 소비는 현대인들이 자기를 표현하는 중요한 생활양식이다. 이는 결국 '소비와 문화의 결합,' 즉 소비가 하나의 문화적 삶이며 문화적 실천이 됐음을 의미한다. 백화점이나 상가 거리에서 상품을 구매하는 것은 화려하게 진열된 다양한 상품 중에서 자신에게 상징적, 정서적 만족을 주는 것들을 고르는 문화적 행위가 된 것이다.

이처럼 소비주의 사회의 소비가 이루어지는 대표적 장소인 백화점은 여러 가지 의미를 함축하고 있다. 백화점은 한편으로 해당 지역 삶의 질이 상승했음을 보여주는 징표이자 관련 산업을 발전시킬 수 있는 공간이기도 하지만, 또 한편으로 과소비를 부추기거나 소비자들이 자신의 사회적 위치를 과시하기 위한 차별적인 문화 공간이 될 수도 있다. 과연 이러한 백화점에 대해 러시아인의 관점은 어떠한지에 초점을 두고 필자는 러시아 지방 백화점들을 탐방하게 되었다.

모스크바에서 상업적 기능에만 초점을 둔 소련 시대 스타일의 백화점이 아니라, 서구 혹은 한국이나 일본의 현대적 스타일의 백화점이 생겨난 것은 그리 오래되지 않았다. 물론 1990년대에도 모스크바의 대표적 백화점으로 굼(ГУМ, 국영백화점)이나 춤(ЦУМ, 중앙백화점)이 있었고, 대형 도매상점들도 꽤 있었다. 또 작은 규모의 백화점들이 지역마다 있었고, 소련 시대부터 유명했던 대규모 전통시장이나 대형 전문 상점들도 있었다.

하지만 이들 대부분은 상품 매매에 초점을 둔 것이지 오늘날의 현대적 백화점처럼 매매뿐 아니라 여가를 즐기거나 새로운 문화를 선보이는 공간은 아니었다. 그러한 백화점의 출현은 2000년대부터였다고 할 수 있다. 예를 들면, 예브로페이스키(Европейский), 아트리움(Атриум), 메트로폴리스(Метрополис), 아피몰 시티(Афимолл Сити), 오호트니 랴트(Охотный ряд) 등의 백화점들을 꼽을 수 있다. 그 외에도 명품백화점으로 초고가 상품을 파는 춤(ЦУМ)이나 스몰렌스키 파사시(Смоленский пасаж) 등을 꼽을 수 있다.

모스크바에서 오래 거주한 지인들은 지방에도 이러한 규모와 스타일의 백화점이 있을지 의문시했다. 하지만 필자는 2012년 이바노보 시를 방문했을 때도 상당 규모의 백화점이 서 있는 것을 보고 깜짝 놀란 적이 있었는데, 그래서 인터넷으로 확인한 몇몇 백화점의 이름과 정보만으로 과감히 툴라와 오룔로 길을 떠났다.

3. 툴라

필자는 2000년대 초에도 톨스토이 묘가 있는 툴라를 방문한 적이 있었다. 당시 도시 모습이 구체적으로 떠오르지는 않지만, 아무튼 그때보다 건물이 많아지고 번화해졌다는 느낌은 확실히 들었다. 호텔에 여장을 푼 후 툴라에서 규모가 가장 크다는 고스티니 드보르(Гостиный двор: 시장이나 아케이드라는 뜻) 백화점으로 곧장 향했다. 이곳은 2011년 개장한 총 51,000㎡ 규모의 5층짜리 현대식 백화점이다. 우리나라 롯데백화점 중 가장 큰 곳이 부산 본점이라는데 이곳의 면적은 약 50,700㎡로 고스티니 드보르 규모보다 작다. 고스티니 드보르에는 다양한 상점은 물론, 식당가, 영화관, 어린이 오락장, 스포츠 시설, 전시관 등이 있다. 중앙 홀의 지붕은 유리로 되어 있어 하늘이 보이게 꾸며

졌고 매우 화려했다. 게다가 백화점 바로 옆에는 결혼 예식장, 대형 레스토랑, 분수대, 정교 사원, 시청 광장 등이 있어 주변이 다양한 문화 공간으로 조성되어 있다.

본래 이곳에는 오래된 백화점이 있었다는데 아르메니아 출신의 부자가 매입하여 완전히 헐고 새 백화점을 건축했다고 한다. 인터뷰한 백화점 경비원의 어감으로 보아 백화점 주인은 사실 지방 권력과 돈독한 관계를 쌓은 지역 마피아일 것으로 추측된다. 백화점 주변이 다양한 문화 공간으로 조성되고 유지될 힘도 사실 그에게서 나온다고 볼 수 있을 것이다.

고스티니 드보르 백화점이 생기기 전까지는 툴라 시에서 사라판(Сарафан, 처음에는 인터시티(Интерсити)라는 이름이었음)이라는 백화점이 규모가 제일 컸다. 이곳은 2층으로 되어 있고 기본적으로 상품 판매장 중심의 소련 시대 스타일의 백화점이다. 땅이 넓은 러시아답게 주차 공간은 매우 후한 편이다. 이 외에도 어린이 백화점도 보이고, 규모는 작지만, 고가의 상품만 취급하는 명품 백화점도 눈에 띄었다.

지방 주민들의 삶과 의식을 효율적으로 파악할 수 있고, 또 가급적이면 대표성 있는 정보도 얻을 수 있으리라는 생각에 필자는 NGO 단체 시민운동가들과 인터뷰를 시도했다. 몇몇 단체를 방문하여 청취한 내용은 다음과 같다.

NGO 명칭이나 자신의 이름을 밝히지 말아 달라는 한 시

그림 2 툴라 시 고스티니 드보르 백화점 (필자 촬영)

민운동가(40대 중반 남성)는 툴라의 삶의 수준이 높아졌다고 말했다. 대형 백화점들은 아름답고 편리한 곳이며, 주민들은 백화점 소유주들을 존경스럽게 여긴다고 했다. 또한, 이러한 백화점들이 도시의 인프라 발전에도 어느 정도 이바지한다고 말했다. 물론 대형 백화점들이 소규모 상가에는 별 도움이 되지 않으며, 소비자들을 과소비로 유혹하는 측면이 있긴 하지만, 이는 시장의 법칙이라 어쩔 수 없다고 언급한다.

청년 NGO 활동가(30대 중반 여성)에 따르면, 고스티니 드보르 백화점은 청년 NGO에 많은 도움을 준다. 예를 들어 미스 학생 선발대회를 지원하고 각종 부대시설을 제공하며, 빈곤층 아이들을 돕기도 한다. 그녀도 툴라 주민 삶의 질 수준이 높아졌다고 평가하고 도시의 공간도 여러 면에서 개선됐다고 언급했다.

주택 문제 NGO 활동가(20대 후반 여성)는 2010년경부터 툴라 주가 좋아졌다고 말했다. 대형 상점들이 생겨났고, 시민들의 자발적인 운동도 나타났으며, 마약 범죄도 줄었다고 했다. 자신은 검소해서 비싼 물건을 사지는 않지만, 백화점에서 커피를 마시거나 영화를 본다고 말했다. 그녀는 대형 백화점의 출현으로 도시가 더 윤택해졌다고 생각했다.

그 외에도 백화점에서 마주친 몇몇 사람과 인터뷰한 내용을 소개하면 다음과 같다. 약 40세 여성 점원은 대형 백화점이 도시를 멋지게 꾸미고 있다고 생각하며, 자신들은 그것을 즐긴다고 답했다. 고스티니 드보르의 약 60세 남성 경비원은 최근 툴라의 삶이 좋아졌고, 아름다운 백화점들이 이에 한몫을 한다고 말했다. 약 30세의 호텔 여직원도 최근 5년간 툴라의 삶이 많이 좋아졌다고 답했다. 대체로 툴라 시에서 마주친 주민들은 툴라 주민의 삶의 질이 좋아졌다고 생각하며, 대형 백화점에 대한 인식도 비교적 긍정적이라고 답변했다.

4. 오룔

이틀간의 툴라 방문을 마치고 오룔로 향했다. 왕복 2차선 자동차도로가 계속된다. 즉, 오고 가는 길 모두 단선인데, 그러다 보니 앞 차를 추월할 수 있는 교통법규가 세밀히 짜여 있다. 예를 들어 양 차선 모두 추월 가능한 구간, 반대로 양 차선 모두 추월이 금지된 구간, 혹은 어느 한 차선만 추월할 수 있는 구간 등이 각각 도로 사정에 맞게 적절히 표시되어 있다. 교통법규를 어기면 과거에는 경찰이 먼저 노골적으로 뇌물을 뜯고 위반 사실을 눈감아주곤 했는데 요즘에는 그렇게 하지 못한다고 한다. 그래도 운전자가 뇌물을 은밀히 주면 슬쩍 받는 예도 종종 있다고 한다. 과거 우리나라도 비슷한 악습이 많았지만, 요즘에는 그런 행태가 많이 사라진 것으로 안다. (맞나?...) 과연 러시아는 어떻게 변화될까?

오룔 시는 농업 비중이 높은 지역답게 아담하고 고즈넉한 도시의 자태를 드러냈다. 건물 높이도 대체로 낮고 큰 도로도 많지 않다. 그런데 여기에는 툴라 시의 고스티니 드보르 백화점보다 더 큰 규모의 그린(Гринн) 백화점이 서 있었다. 이곳은 2006년 개점했고, 매장 면적만 무려 7만㎡에 달하는 5층 건물이다. 건물이라기보다는 대형 상가 단지라고 언급해야 맞을 것 같다. 사실 그 주변에는 별도의 호텔, 컨벤션 센터, 공연장 등이 포함된 거대한 위락 단지가 있고, 백화점은 그중 하나로 조성되어 있다. 백화점 내부에 다양한 상점은 물론 대형 식당가, 스포츠 센터, 어린이 오락장, 영화관, 전시관 등이 있다. 놀라운 광경 중 하나는 아동용 자동차경주를 벌일 수 있는 자동차 트랙이 백화점 실내에 있고 그곳에서 어린이들이 경주를 즐기는 모습이었다. 이러할 정도니 어린이용 회전목마나 회전 그네가 백화점 실내에 있는 것을 발견했을 때는 놀라지도 않았다.

그린 백화점이 생기기 전에는 윤마르트(Юнмарт)가 가장 큰 백화점이었다는데, 이곳의 규모는 우리나라의 대형 마트 정도였다. 단층이었고 역시 상가만 있는 소련 시대풍의 백화점이었다.

역시 오룔 시에서도 NGO 활동가들과 인터뷰를 시도했다. 기업지원 NGO 활동가(30대 중반 여성)는 쿠르스크 주의 한 기업가가 그린 백화점을 건설했는데, 이로써 오룔은 훨씬 흥미롭고 매혹적인 도시가 됐다고 말했다. 또 최근 2년간 오룔 주민의 생활 수준이 높아졌고 도시 공간도 많이 개선됐다고 답했다.

소비자 권리보호 NGO 활동가(30대 중반 여성)는 그린 백화점에서 사람들이 휴식할 수 있고, 더 나아가 이 백화점은 도시를 아름답게 가꾸어 외지인들을 끌어들일 수 있을 만큼 매혹적인 곳으로 바꿔놨다고 말했다. 부정적인 점으로는 공격적인 마케팅 광고를 꼽으면서 그로 인해 사람들이 과소비에 이끌리고 있다고 한다. 최근 도시의 삶의 질 수준은 꽤 좋아졌다고 평가했다.

그 외에도 백화점에서 마주친 몇몇 사람과 인터뷰한 내용은 다음과 같다. 그린 백화점의 한 점원(40세 중반 여성 점원)은 이 도시가 희망을 준다고 말한다. 예를 들어 직장이나 많은 흥미로운 공간을 도시가 제공하고 있다고 답했다. 그린 백화점을 방문한 손님(18세 청년)도 오룔은 발전 가능성이 많고 시민이 주도적이며 스스로 삶을 개선할 수 있는 잠재력이 있다고 말했다. 이 손님도 최근 도시의 삶이 좋아졌다고 답했다. 그에게 그린 백화점은 유럽 스타일의 편안한 공간이다. 하지만 윤마르트 백화점 점원(약 60세 여성)은 도시 외관이 좋아졌지만, 물가가 오르고 연금만으로 살기 어려워 부업을 얻어야 한다는 등 부정적인 의견을 내놓았다.

그림 3 오룔 시 그린 백화점 (필자 촬영)

툴라와 오룔의 백화점들을 방문하고 이를 통해 러시아 지역 주민들의 삶이 어떻게 변화하고 있는지, 또 그들은 어떤 생각을 하고 있는지 살펴보았다. 소련 시대 스타일의 백화점이 물러나고 현대식 백화점이 들어서게 된 점은 그 자체로 이 지역 삶의 수준이 높아진 것이라 볼 수 있으리라. 많은 지역 주민들이 현대식 백화점에 대해 자부심을 느끼고 그곳에서 물건을 사거나 여가를 보낼 수 있게 된 점도 나름대로 삶의 질이 높아진 것이라고 평가할 수 있는 대목이다. 이처럼 전체적으로 러시아 지방 주민들은 자신의 삶이 개선되고 있다고 생각하고 있으며, 대형 백화점의 출현을 그러한 긍정적인 사례 중 하나로 인식하고 있음을 알 수 있었다.

물론 대형 상가와 소상인의 갈등, 과소비 풍조를 우려하는 목소리가 일부 있지만, 그보다는 현재 진행되고 있는 삶의 모습이 장차 가져

그림 4 툴라 고스티니 드보르 백화점 경비원(좌)과 오룔 기업지원 NGO(우) 인터뷰 (필자 촬영)

다줄 긍정적인 효과에 기대를 더 거는 듯한 모습이다. 이러한 점은 서구나 우리 사회에서 소비자 혹은 소상인 보호 NGO 단체들이 대형 백화점이나 대형 상가에 비판적인 시각을 가지고 있고, 더 나아가 이들을 규제하는 각종 법안을 마련하는 것과는 좀 다른 모습이라 할 수 있다. 한편 러시아에서는 과소비 풍조에 대한 경각심이 아직 덜 일깨워졌기 때문이라고 볼 수도 있고, 대형 상가와 소상인 간의 현실적인 마찰과 모순이 아직 제대로 인식되지 못한 단계에 있다고 볼 수도 있을 것이다. 장차 어떤 삶이 전개될지 더 주시해야겠지만, 아무튼 러시아 지방에서도 현대 스타일의 대형 백화점들이 출현하고 있는 것은 그만큼 시장 개혁이 더 깊숙이 진행된 결과이자 러시아인의 삶이 변화된 분명한 모습 중 하나로 봐야 할 것이다.

8장

라마 강의 연수육지, 볼로콜람스크

황성우

8장

라마 강의 연수육지, 볼로콜람스크

이 글은 2014년 8월 러시아 중앙연방관구 내 여러 지역을 현지답사 한 내용을 정리한 것이다. 중앙연방관구 지역 중에서 우리에게 잘 알

그림 1 볼로콜람스크 중심지의 크레믈 (필자 촬영)

그림 2 볼로콜람스크 크레믈 모형. 볼로콜람스크 역사박물관 소재(필자 촬영)

려지지 않은 곳을 중심으로 몇몇 가볼만한 곳을 소개하고자 한다.

볼로콜람스크(Волоколамск)는 모스크바 주(Московская область)에 속한 볼로콜람스크 군(Волоколамский район)의 행정 중심지이다. 수도인 모스크바로부터 북서쪽으로 약 130km 떨어져 있으며, 2014년 기준으로 볼로콜람스크 군 전체로는 약 46,750명, 우리네 군청 소재지와 같은 볼로콜람스크 시에는 약 21,700명이 거주하고 있다. 소비에트 시기 조금씩 증가 추세를 보이던 인구는 2000년 이후 군 전체 인구와 군청 소재지 볼로콜람스크 도시의 인구 모두 과거 10년 전에 비해 상대적으로 서서히 감소하고 있다.

주변에 라마 강이 흘러가고 있으며, 이곳은 예로부터 발트 해와 볼가 강, 카스피 해를 잇는 수로체계에서 중요한 역할을 했던 곳이다. 발트 해로부터 흑해로 이르는 교역로 중간에 위치한 스몰렌스크에서 수로가 갈라져 다시 라마 강을 거쳐 볼가 강과 카스피 해로 연결되는데, 이 라마 강을 통한 교역로에 볼로콜람스크가 위치해 있다. 그런 까닭에 볼로

그림 3 11세기~13세기 연수육지로서 볼로콜람스크 (필자 촬영)

콜람스크라는 지명 역시 '라마 강에 위치한 연수육지'(волок, переволок)라는 뜻에서 유래했다.

볼로콜람스크가 연대기에 기록돼 러시아 역사무대에 처음으로 등장한 시기는 1135년이다. 발트 해로부터 흑해와 카스피 해로 이어지는 해상교통을 위한 수로체계를 건설했던 러시아인, 특히 노브고로트의 상인들이 모스크바와 랴잔 지역을 잇는 연수육지로서 볼로콜람스크의 중요성을 발견하고 이곳에 목조요새를 건설하면서 도시의 역사가 시작됐다. 노브고로트 상인들의 영향력이 강했던 이곳은 14세기말까지도 노브고로트의 영향력 하에 놓여 있었다가, 몽골의 지배 하에서 점차 성장해가던 모스크바가 주변의 지역들을 병합하던 초기 시기, 즉 모스크바의 공후 바실리 1세(1389~1425) 시절에 모스크바 공국으로 편입됐다. 이후 제정러시아 시기를 거쳐 소비에트 시기 대조국전쟁(1941~1945) 동안에는 잠시 독일 군대에 점령당하기도 했으며, 소련군과 독일군이 치열하게 전투를 벌인 역사의 현장이기도 했다. 특히 1941

그림 4 소련군과 독일군의 볼로콜람스크 전투(1941) 재현 장면 (필자 촬영)

년 11월 이곳에서 벌어진 전투에서 28명으로 구성된 소련군 특공대가 독일군 탱크 18대를 파괴해 독일군의 진격을 늦추기도 했다.

먼저 볼로콜람스크 도시 중심에 위치한 크레믈을 찾아간 후, 그 다음으로 가본 곳은 볼로콜람스크 역사박물관이다. 작은 도시라서 크게 기대하지 않았는데, 기대와 달리 역사박물관은 과거로부터 현재에 이르기까지 볼로콜람스크 지역의 역사를 한 눈에 볼 수 있게 잘 정리돼 있었다. 원시시대의 삶을 이해하기 쉽게 재현한 공간이나 고대인들의 생활 도구를 잘 구비해 놓은 공간 등 전시 장소는 깔끔하게 정돈돼 있었다. 관심분야가 일치해서인지 혹은 과거에 이와 관련해 글을 쓴 기억 때문인지 박물관에 들어서자마자 제일 먼저 눈에 들어온 곳은 볼로콜람스크의 이름에서 알 수 있듯이, 연수육지로서 이 지역이 가지고 있던 과거 역사의 모습을 재현한 조형물이었다. 연수육지는 말 그대로 강과 강을 연결해주는 육지를 말한다. 영어 'portage'에 상응하는 러시아어 '볼로크'(волок)는 'portage'가 가지는 '운반하다'는 의미보다는 '두 강 사이에 놓여있는 장소'라는 의미와 러시아어 동사 'переволакивать,' 'перетаскивать'에서 알 수 있듯이, '배를 바닥으로 질질 끌고 당기는 수역'이라는 의미를 가진다. 실제로 배를 끌고 육지로 갈 경우에는 직접 들거나 무거울 경우, 바닥에 통나무를 대고 끌고 갔다. 이곳 전시공간에는 과거에 연수육지를 거쳐 다른 강으로 연결해 갈 때의 모습을 그대로 재현해 놓았다. 물론 관련서적이나 사진을 통해 이미 알고 있는 사실이었지만, 실제로 박물관에 전시된 모형물을 통해 본 것은 이곳이 처음이었다. 그리고 책을 보다가 배에 사람이 탔을 경우에도 배를 들고 이동했다는 내용을 읽은 적이 있는데, 처음에는 그 말을 이해할 수 없었으나, 당시의 배 크기가 겨우 사람 5~6명만 수용할 수 있는 작은 배라는 것을 알고는 이내 수긍할 수 있었다.

또한 앞서 말했듯이, 대조국전쟁 시기 특공대를 조직해 독일군 탱크를 격퇴했던 전투의 현장을 재현한 모형물도 눈에 금방 들어왔다. 당시 모습을 완벽하게 추측할 수 있을 정도로 상세히 만들어놓았다. 러시아

그림 5 소련 최초의 수력발전소 댐, 야로폴레츠 소재 (필자 촬영)

전역을 여행하면서 매번 느끼는 바지만, 지나칠 정도로 많이 세워진 전쟁 관련 유적지들을 바라보며 러시아 사람들이 느끼는 전쟁의 아픈 기억과 함께 그들의 의식 속에 승리에 대한 자부심이 어느 정도인지 가늠할 수 있었다. 물론 오늘날에는 새롭게 지역의 정체성을 확립하고 이를 관광 상품으로 연결해 지역 경제를 활성화하고자 하는 의도가 깔려있다는 것을 알고 있지만 말이다.

역사박물관을 나와 다음으로 도착한 곳은 볼로콜람스크 군에 소재한 야로폴레츠(Ярополец) 마을이다. 이곳을 찾아간 이유는 이곳에 소련 최초의 수력발전소(ГЭС)가 건설됐기 때문이다. 레닌과 그의 부인 크룹스카야가 머물기도 했던 이곳은 러시아 혁명의 목표는 '소비에트 권력과 전력화이다'(Советская власть плюс Электрификация)는 레닌의 구호에서 알 수 있듯이, 전력화의 상징이 된 곳이다. 물론 과거와 같이 전력을 생산하지는 못하지만, 지금도 예전의 모습을 고스란히 간직하고 있었고, 관리인 한 명이 근무하고 있었다.

그림 6 소련 최초의 수력발전소(내부), 야로폴레츠 소재 (필자 촬영)

그림 7 소련 최초의 수력발전소(내부), 야로폴레츠 소재 (필자 촬영)

낯선 동양인들의 방문에 문조차 열어주지 않던 그는 계속된 노크와 열어달라는 소리에 지쳤는지 문을 열고 우리의 입성(?)을 허용했다. 발전소 내부에는 시간이 멈춘 듯 소비에트 시절의 모습 그대로였다. TV, 라디오, 냉장고 등 갖가지 가전제품은 소비에트 시절에 생산된 제품이었다. 처음에 사소한 질문에도 냉담하던 우리네 시골 아저씨 인상의 관리인은 낯선 타자에 대한 의심의 경계가 풀렸는지 시간이 흐른 뒤에는 덮개로 쌓여 있던 레닌의 기념물마저 먼저 보여주며 사진 촬영까지 허락해주는 관용(?)을 베풀기도 했다. 친해지면 마음을 여는 러시아인의 심성을 오랜만에 보는 듯해 뿌듯한 마음으로 발전소를 떠났다.

푸시킨의 처갓집을 가려고 이동하는 중 길거리에서 우연한 동상을 볼 수 있었다. 1920년 11월 14일에 건립된 이 조형물은 소련 시절에는 흔하게 볼 수 있는 동상이었겠지만, 요즘 들어 볼 기회가 전혀 없었는데 마침 지나가는 참에 사진이나 찍을 겸 다가갔다. 레닌과 그의 부인 크룹스카야가 함께 나란히 있는 동상이었다. 그곳 사람들 말로는 러시

그림 8 레닌과 크룹스카야 동상, 야로폴레츠 소재 (필자 촬영)

아 전역을 통틀어 레닌과 크룹스카야가 함께 있는 이런 류의 동상은 이 곳 말고는 그 어디에서도 찾아 볼 수 없다고 했는데, 사실 여부를 따지고 싶었지만, 믿을 수밖에 없었다. 사실 소련이 해체되고 레닌 동상이 철거되는 모습이야 여러 번 봤지만, 러시아 지방에는 아직도 레닌 동상이 건재한 곳도 많았기 때문이다. 단지 레닌과 그의 부인이 함께 있는 동상은 그곳밖에 없다는 말을 믿기로 하고 예정된 푸시킨 박물관으로 향했다.

솔직히 전공이 다르다는 이유로 푸시킨에 대해 그리 많은 관심을 갖고 있지 않았는데, 그럼에도 불구하고 매번 느끼는 바지만 러시아 어디를 가더라도 푸시킨에 대해 러시아 국민이 느끼고 있는 관심과 애정을 눈으로 쉽게 확인할 수 있었다. 야로폴레츠에 있는 푸시킨 박물관의 경우를 보더라도 그러했다. 푸시킨은 생전에 이곳을 겨우 두 번 찾았다고 한다. 1833년 8월과 1834년 10월 두 번밖에 방문하지 않았지만, 도시의 다른 곳에 비해 내부와 외부 모두 아주 깔끔하게 정돈돼 있

그림 9 푸시킨 박물관(부인 콘차로바의 집) 전경, 야로폴레츠 소재 (필자 촬영)

었다. 말 그대로 박물관이 시민들의 삶의 휴식처이자 정신적 안식처 역할을 하고 있었다. 러시아인들은 그의 삶의 궤적을 찾아 흔적이 남아 있는 곳이라면 그 어디든 그와 관련된 기념비를 세우고 그를 그리워하는 것이다. 우리네 모습과 비교해보면 한 없이 부끄러운 일이지 않을 수 없다.

푸시킨 박물관을 떠나 다음 장소로 이동하는데, 차를 타고 가다가 우연히 황새 부부를 보게 됐다. 흔하지 않은 광경이었다. 우리나라에서도 멸종위기에 처해 천연기념물 제199호로 지정될 정도로 보기 힘든 황새인데, 한 마리도 아니고 부부 두 마리를 동시에 볼 수 있었으니 여간 기쁘지 아니했다. 남은 러시아 현

그림 10 푸시킨 박물관 내부, 야로폴레츠 소재 (필자 촬영)

그림 11 길에서 우연히 만난 황새 한 쌍 (필자 촬영)

지조사 일정이 순조롭게 풀릴 징조라 생각하고 다음 도착 예정 마을인 스타리차(Старица)로 이동했다. 원래 보리스 고두노프의 친구이자 1589년 1월 26일 러시아 최초로 총대주교(патриарх)가 된 욥(Иов)이 묻혀 있는 수도원을 가고자 했지만, 수도원 전경을 담아낼 수 있는 멋진 장소가 그 앞에 있다는 이야기를 듣고 더 궁금해져 빨리 달려가고 싶었다.

9장

수도원의 도시 스타리차와 연수육지 모자이스크

황성우

9장
수도원의 도시 스타리차와 연수육지 모자이스크

1. 수도원의 도시 스타리차

스타리차로 가는 길은 들뜬 마음에 한껏 부풀려진 기대감으로 충만했다. 1439년 동서교회의 연합을 결정한 플로렌스 종교회의의 결과에 반발해 러시아 정교회는 1448년 콘스탄티노플 총대주교구와 별도로 독자노선을 걷고, 약 100년이 지난 1589년 독립적인 총대주교구 지위를 받게 되는데, 그 때 첫 번째 러시아 총대주교가 된 욥(Иов)이 스타리차 출신이고, 그가 사망한 후 처음 안장된 곳이 이곳에 있는 성 우스펜스키 수도원이기 때문이다. 역사의 현장에 가서 러시아 총대주교의 모습을 확인하는 걸로 만족할 줄 알았는데, 같이 동행한 지인이 그 수도원 주변에 멋진 사진 촬영지가 있다고 말했다. 사진을 잘 찍지는 못하지만, 찍는 걸 좋아하는 나로서는 두 가지 기쁨을 만끽할 수 있다는 생각에 그곳이 어디인지 기대하지 않을 수 없었다.

가고자 했던 스타리차는 트베리 주 스타리차 군(Старицкий район Тверской области)에 속한 중심 지역이자 작은 도시이다. 트베리 주의 중심 도시인 트베리 시로부터 남서쪽으로 약 77km 떨어져 있다. 볼가 강의 지류인 스타리차 강을 중심으로 도시가 발전했고, 주로 의류 산업을 통해 도시의 경제가 움직이고 있다. 2014년 기준으로 인구는 8,265명이다.

스타리차가 역사무대에 등장한 시기는 1297년이다. 여느 러시아 고대 도시에서 볼 수 있듯이, 당시 트베리 공후였던 미하일 야로슬라비치(Михаил Ярославич)는 스타리차 강 언덕에 작은 목조 요새(острог), 즉 크레믈을 건설했고, 이후 고대 러시아 수로체계의 기본 단위인 목조 요새를 중심으로 도시의 역사는 시작됐다. 초기 도시의 명칭은 '작은 도시'라는 의미의 고로도크(Городок)였으며, 스타리차라는 명칭은 15세기 이후에 사용됐다. 모스크바 공국과 치열하게 세력 갈등을 빚던 트베리 공국에 속한 스타리차는 1485년 이반 3세가 통치하던 시기에 모스크바 공국에 편입됐다. 모스크바 공국에 병합된 이후 이 지역은 이반 3세의 아들인 안드레이 이바노비치(Андрей Иванович Старицкий, 1490~1537)가 통치했고, 그 이후에는 안드레이의 아들인 블라디미르 안드레예비치(Владимир Андреевич Старицкий, 1533~1569)가 공후로서 스타리차를 관할했다. 1775년 예카테리나 대제가 지방행정개혁을 단행할 때, 스타리차는 군(уезд)의 중심지로 편입됐다.

성 우스펜스키 수도원의 모습이 보이기 시작할 쯤, 동행한 지인은 수도원 방향이 아닌 다른 곳으로 차를 몰았다. 어디로 가냐는 물음에 사진 촬영지로 먼저 갔다가 수도원으로 가자고 해 그의 말을 따라 강변 아랫길로 접어들었다. 사람들마다 느낌이야 다르겠지만, 지인이 알려준 곳에 도착해 우스펜스키 수도원을 본 순간, 감탄사가 절로 나올 수

그림 1 스타리차 우스펜스키 수도원 강변에서 바라본 다리 (필자 촬영)

그림 2 스타리차 강에서 바라본 성 우스펜스키 수도원 (필자 촬영)

밖에 없었다. 그 이유는 강변 바로 옆으로 다가가 수도원의 모습이 제대로 보였던 것도 사실이지만, 강에 비친 수도원의 모습이 흡사 작은 '카잔의 크레믈'을 보는 듯했기 때문이다. 카잔카(Казанка) 강물에 비친 카잔 크레믈의 아름다움을 아는 사람이라면, 규모나 화려함의 수준은 떨어지지만, 카잔의 축소판이라 할 수 있는 스타리차 우스펜스키 수도원의 모습에 놀라움을 금치 못했을 것이다. 날씨만 맑았다면 코발트색 하늘과 함께 강물에 비친 멋진 수도원 사진을 찍을 수 있었을 텐데 안타까움만 남았다. 연신 카메라 셔터를 눌러대면서 현장을 담아내는데, 물살이 빨라 물에 비친 수도원의 모습을 제대로 간직할 수 없었다. 사람의 눈은 두 개인데 카메라 렌즈는 하나라는 원초적인 한계가 아쉬울 뿐이었다. 그나마 다행인 것은 그곳 강변에서 바라본 반대편 다리의 모습이었다. 여느 러시아 지역에서는 볼 수 없는 다리였는데, 사뭇 건축미가 돋보이는 다리였다. 덤으로 하나를 더 본 느낌이었다. 언젠가 사진으로만 본 기억이 나고 한국외국어대 러시아연구소 홈페이지에서

그림 3 성 우스펜스키 수도원 (필자 촬영)

본 다리였는데, 실제로 그 다리가 이곳 스타리차에 있는 줄은 몰랐다. 연구소 홈페이지 배경화면은 여러 사진들을 합성해 만들어 러시아 자연 그대로의 모습을 담아내지는 못해서 사실 개별 사진에는 별 관심이 없었다. 그러다가 마침 그 다리를 보면서 러시아에 이런 다리가 실제로 존재한다는 사실을 뒤늦게 깨달았던 것이다.

먼저 사진 찍고 들어간 수도원의 첫 인상은 밖에서 바라볼 때와 비슷하게 아주 깔끔한 느낌이었다. 수도원의 내부는 잘 정돈돼 있었다. 성 우스펜스키 수도원은 16세기 초반 안드레이 이바노비치 스타리차 공후가 건설했다. 그 지역에 내려오는 전설에 따르면 이미 12세기와 13세기에 그곳에서 수도원 생활이 시작됐는데, 안드레이 공후가 수도원을 확장해 건설했다고 한다. 성 우스펜스키 수도원이 유명해진 시점은 러시아 최초의 총대주교인 욥이 수도원장이 된 이후부터이다. '혼란의 시기'(Смутное Время, 1598~1613)에 러시아의 차르였던 보리스 고두노프의 친구인 욥은 친구 고두노프의 도움으로 1589년 러시아 총대주교가 됐다. 욥은 이곳 스타리차 태생으로 1571년 모스크바 시모노프 수도원 교구사제로 파견됐다가 후에 총대주교가 된 인물이다. 혼란의 시기였던 1606년 이곳 성 우스펜스키 수도원으로 온 욥은 2년 뒤 이 수도원에 안장됐고, 이후 로마노프 왕조의 두 번째 통치자 차르 알렉세이의 명에 따라 1652년 모스크바 크레믈 안에 있는 우스펜스키 교회에 안치됐다. 수도원의 황금기는 17세기였다고 한다. 이후 18세기 말 1764년에 수도원의 토지가 몰수되면서 사제와 수도승들이 떠나 12명의 수도승만 남게 됐다고 한다. 20세기 초반 잠시 수도원이 폐쇄되기도 했지만, 1997년 전임 총대주교였던 알렉세이 2세가 스타리차 우스펜스키 수도원의 재개장을 축복하고, 보수를 거듭한 끝에 2013년 과거의 모습으로 완전 복원됐다. 이 지역의 명소가 돼서 그런지 평일임에도 불구하

그림 4 성 우스펜스키 수도원 내부 러시아 최초 총대주교 욥의 동상 (필자 촬영)

고 많은 사람들이 수도원을 찾았다.

러시아 최초의 기독교 성인인 보리스와 글렙 형제 수도원도 이곳 스타리차에 있다. 기독교를 수용해 국교로 정한 키예프의 공후 블라디미르의 아들들인 보리스와 글렙은 잘 알려진 바대로 아버지 사후 형제들과 권력 투쟁에서 싸우지 않고 스스로 죽임을 택함으로써 러시아 최초로 성인의 반열에 오른 인물이다. 현지 러시아인은 보리스 글렙 수도원도 가보라고 권했지만, 일정도 빠듯했고 두 형제의 이름을 딴 수도원은 러시아 전역에 많이 있어서 다음 기회를 보기로 했다. 물론 언제 갈 수 있을지 모르지만.

2. '발트 해~볼가 강'의 연수육지 모자이스크

스타리차를 떠나 찾아간 곳은 모자이스크(Можайск)이다. 이곳을 가

보고 싶었던 이유는 러시아의 고대 수로체계에 관심을 갖게 되면서 발원지인 발다이 구릉과 함께 강과 강을 연결하는 연수육지를 찾아다니고 싶었기 때문이다. 우리에게 잘 알려지지 않은 비시니 볼로쵸크(Высший Волочёк), 볼로콜람스크, 모자이스크 등은 모두 연수육지로 출발한 지역이다. 러시아인들은 이곳에 작은 목조요새를 세우고 강과 강 사이의 지역을 관할하면서 주변 지역으로 세력을 확장했다. 모스크바의 역사 역시 볼가 강의 지류인 오카 강, 그리고 오카 강의 지류인 모스크바 강에 세워진 작은 목조요새로부터 시작됐다. 예전에 연구한 논문에서도 밝혔듯이, 러시아 영토의 팽창과정을 보면 확장의 기본단위 중 하나는 수로체계에서 가장 기본이 되는 목조요새임을 알 수 있다.

모자이스크는 모스크바 주 모자이스크 군에 속한 중심 도시이자 작은 도시이다. 모스크바로부터 서쪽으로 약 110km 떨어져 있으며, 2014년 기준으로 인구는 약 30,595명이다. 고대 시기부터 '발트 해~볼가 강~카스피 해' 수로체계에 놓여 있어서 모스크바에서 스몰렌스크

그림 5 모자이스크 크레믈 (필자 촬영)

로 가기 위한 전초기지로 알려졌다. 모자이스크가 역사에 등장한 시점은 1271년이다. 당시 키예프 루시에 속했던 체르니고프 공국의 작은 마을에서 시작해 오늘날 중소도시로 발전했다. 도시의 명칭은 여러 설이 있지만 그 중 중심부를 가로지르는 모자이(Можай) 강의 이름에서 유래했다고 한다.

작은 공국으로 성장하다가 1303년에 모스크바 공국에 병합됐다. 이후에는 모스크바 공국 공후의 형제들이 관례적으로 통치하던 전통을 유지하다가 그 전통마저도 1493년에 중지됐다. 이반 4세의 통치 시기였던 1562년에는 덴마크와 맺은 형식적 우호조약인 '모자이스크 조약'이 체결되기도 했다. 고대 유럽과 러시아의 주요 교역로였던 '발트 해~흑해' 라인과 '발트 해~볼가 강~카스피 해' 라인의 분기점이 스몰렌스크였고, 그 스몰렌스크에서 모자이스크, 보로지노를 통해 모스크바로 수로가 연결됐기 때문에 모자이스크는 러시아 수로체계의 주요 전초기지였다. 부정적으로 보면, 주요 교역로에 위치해 있던 지리적 특성으

그림 6 모자이스크 크레믈에서 바라본 주변 지역 (필자 촬영)

로 인해 이곳은 나폴레옹이 러시아를 침공한 조국전쟁 시기에 프랑스군의 진격로로 악용되기도 했다. 실제로 러시아군과 프랑스군은 조국전쟁 당시 스몰렌스크와 보로지노에서 두 차례에 걸쳐 피비린내 나는 치열한 전투를 벌였는데, 모자이스크 지역은 보로지노 전투의 현장에서 불과 약 10km 정도 밖에 떨어져 있지 않았다.

기대를 안고 들어간 모자이스크는 생각보다 발전이 더딘 지역이었다. 인구로만 보면 스타리차보다 규모가 세 배는 커야 했는데, 눈으로 보는 모자이스크의 모습은 스타리차와 별반 차이가 없었다. 단지 도시 중심에 우뚝 솟아있는 모자이스크의 크레믈이 눈에 띄었을 뿐이다. 우랄 산맥 서쪽의 유럽 러시아 지역 대부분이 평지로 이뤄진 것은 잘 알려진 사실이다. 끝없이 펼쳐진 대지는 흡사 동일한 전경이 반복되는 듯 착각을 일으킬 정도로 광활한데, 이곳 모자이스크 크레믈 주변은 발다이 구릉과 마찬가지로 제법 높낮이가 구분된 구릉이 발달돼 있었다. 크레믈 주변 지역 역시 러시아에서 보기 힘들게 인위적인 해자가 아닌 토성을 중심으로 성채가 발달됐는데, 방어에 무척이나 유리한 지형이었다. 크레믈 내부에는 과거의 성벽과 개축된 성벽이 공존해 지난 역사의 모습을 추정할 수 있었는데, 관리가 잘 이뤄지지 않은 점이 아쉬울 뿐이었다.

모자이스크는 크레믈을 중심으로 답사하고 다음 예정지인 보로지노로 출발했는데, 조국전쟁의 역사 현장이자, 대조국전쟁의 유적지인 보로지노는 우리에게 너무 잘 알려져 있어 이곳에서는 소개하지 않으려고 한다. 단지 보로지노로 가다가 잠시 들른 러시아 사우나를 추천하고 싶은데, 식당을 겸비한 사우나는 시골 지역의 유일한 목욕탕인지 제법 사람들의 왕래가 잦는 곳이었다. 식당의 음식도 맛깔스럽게 제공됐지만, 요일을 구분해 남녀가 함께 사용하는 사우나는 러시아의 옛

그림 7 모자이스크 소재 러시아 전통 사우나(외부) (필자 촬영)

그림 8 모자이스크 소재 러시아 전통 사우나(내부) (필자 촬영)

정취를 느끼기에 충분했다. 마치 일행이 방문한 날은 여성들을 위한 사우나 시간이었는데 푯말을 뒤집으면 남자들이 사용하는 날로 표시돼 있었다. 장난기가 발동해 푯말을 뒤집어 놓았는데, 이를 본 식당 주인이 살며시 웃으며 모른 체 했다. 그냥 놔둬도 지역 사람들은 남녀 사용 요일을 잘 알고 있다고 한다.

미주

참고문헌

찾아보기

저자소개

미주

1장

1) 키예프 루시(Киевская Русь)의 쇠퇴기 및 붕괴 시점에 대해 대부분의 학자들은 세 가지 연도를 제시하고 있다. 첫째, 본문에서 설명한 블라디미르 모노마흐의 아들 므스티슬라프가 사망한 1132년, 둘째, 수즈달의 공후였던 안드레이 보골륩스키(Андрей Боголювский)가 1169년에 키예프를 침략하고 다시 그의 본거지 수즈달로 돌아간 시점, 셋째, 1240년 몽골-타타르족의 침략으로 키예프가 붕괴된 시점 등 세 가지 연도를 제시하며 키예프 루시의 붕괴 시기를 말하고 있다.

2) 베드로사 강에서 벌어진 리투아니아와 모스크바 공국의 전투는 새롭게 부상하는 모스크바 공국이 지역 국가의 면모와 경쟁력을 대외에 알린 주요 사건 중 하나였다. 당시 리투아니아와 모스크바 공국의 국경 부근을 흐르던 베드로사 강에서 전투가 벌어졌는데, 이 지역은 오늘날 칼루가 시에서 서쪽으로 약 50km 떨어진 곳이다.

3) 콘스탄틴 프세볼로도비치(1186~1218)는 프세볼로드 3세의 첫째 아들이다. 1206년과 1207년 사이에 노브고로트의 공후로서 그곳을 통치하다가, 아버지의 명령에 따라 로스토프와 야로슬라블 지역을 관할하는 공후가 됐다.

4) 스뱌토슬라프 올고비치는 노브고로트의 공후(1136-1138)이자, 노브고로트-세베르스키의 공후(1139)였으며, 벨고로트-키옙스키의 공후(1141-1154), 체르니고프의 공후(1154-1164)이기도 했다. 그는 올레그 스뱌토슬라프 공후의 아들이며, 체르니고프의 공후로 있을 때, 딸이 한 명 있었다. 큰형인 프세볼로드 2세가 사망하자, 스뱌토슬라프 올고비치는 동생인 이고리와 함께 이쟈슬라프 므스티슬라비치에 의해 키예프에서 쫓겨난다. 스뱌토슬라프 올고비치는 무사히 탈출에 성공하지만, 동생인 이고리는 이쟈슬라프 므스티슬라비치에 잡혀 결국 1147년 사망했다. 스뱌토슬라프 올고비치는 체르니고프로 도망갔지만, 자신이 공후로 있던 노브고로트-세베르스키를 사촌인 이쟈슬라프 다비도비치와 블라디미르 다비도비치에게 양도할 것을 강요받는다. 그때 스뱌토슬라프 올고비치는 유리 돌고루키와 장인 아에라(Aepa) 한(汗)의 도움을 받아 사촌들과 싸움을 시작하지만, 결국 카라체프로 피할 수밖에 없었다. 그때가 1147년 1월 16일이다. 결국 스뱌토슬라프 올고비치는 다비도비치 형제들에게 승리를 거뒀다.

5) 실제로 러시아인들은 플로렌스 종교회의의 결정을 선호하지 않았다. 즉 로마 교회를 이단으로 생각하고 있던 러시아인들에게 그들과 연합을 채택한 플로렌스 종교회의의 결정은 도저히 받아들일 수 없는 조치였다. 그 결과 러시아는 독자노선을 추구하기 시작했고, 결국 1589년 러시아정교회는 독자적인 총대주교구의 지위를 획득했다.

2장

1) 이 글은 필자의 "러시아 지방선거의 운영 메커니즘과 정치적 함의: 2011-2012 사례를 중심으로," 『슬라브학보』, 제28권 2호 (서울: 한국슬라브학회, 2013), pp. 199-230, "2014 러시아 지방선거: 결산 및 평가," 『2014 러시아학 관련 4개 학회 공동학술대회 발표논문집』, (서울: 한국슬라브어학회, 한국노어노문학회, 한국러시아문학회, 한국슬라브학회, 2014), pp. 3-16을 중앙연방관구를 중심으로 대폭 재구성·수정·보완한 것이다.

2) Cameron Ross, "Regional Elections and Electoral Authoritarianism in Russia," *Europe-Asia Studies*, Vol. 63 Issue 4 (2011), pp. 641-661; Grigorii Golosov, "Russia's Regional Legislative Elections, 2003-2007: Authoritarianism Incorporated," *Europe-Asia Studies*, Vol. 63 Issue 3 (2011), pp. 397-414; Grigorii Golosov, "Proportional Representation and Authoritarianism: Evidence from Russia's Regional Election Law Reform," *Representation*, Vol. 49 Issue 1 (2013), pp. 83-95.

3) Ora John Reuter, "The Politics of Dominant Party Formation: United Russia and Russia's Governors," Europe-Asia Studies, Vol. 62 No. 2 (2010), pp. 293-327; С.А. Шпагин, "Региональные партийные системы в совре менной Россий: К методолокии исследования," *Вестник Томского государственного университета*, No. 3 (2012), с. 134-142. Petr Panov, "Russian political parties and regional political process," in Cameron Ross and Adrian Campbell (eds.), *Federalism and Local Politics in Russia* (London: Routledge, 2009), pp. 150-183.

4) Rory A. MacFarquhar, "A Theory of Russian Regional Elections," American Political Science Association (Conference Papers, 2003), pp. 1-34; Bryon J. Moraski, William M. Reisinger, "Eroding Democracy: Federal Intervention in Russia's Gubernatorial Elections," *Democratization*, Vol. 14 (2007), pp. 603-

621; Н. Чувилина, "Тенденции развития российских региональных электоральных процессов на этапе централизации власти в Российской Федерации," *Власть*, No. 10 (2012), с. 69-73.

5) Michael McFaul, Kathryn Stoner-Weiss, "The Myth of the Authoritarian Model," *Foreign Affairs*, Vol. 87 Issue 1 (2008), pp. 68-84; William Reisinger, Bryon Moraski, "Regional Voting in Russia's Federal Elections and Regional Deference to the Kremlin," Midwestern Political Science Association (Conference Papers, 2009), pp. 1-44; Р. Ортунг, "Отношения между Центром и периферией," *Pro et Contra*, том 14, No. 4-5 (2010), с. 80-94.

6) 유진숙, "러시아 선거제도 개혁: 권력관계, 확산, 제도변화," 『국제정치논총』, 제49집 4호(서울: 한국국제정치학회, 2009), pp. 165-189.

7) 러시아 연방 기본 구성단위로서 85개 연방주체의 법적 지위와 위상은 '러시아 연방 헌법' 제11조, 제72조, 제77조 등에 포괄적으로 명시되어있다. 또한, 이들 연방주체의 '국가권력기구체계' 구성의 기본 골격은 연방법 '러시아 연방주체의 입법 및 집행 국가권력기구 조직의 일반적 원칙에 대하여(이하, 일반 원칙에 대하여)'를 통해 규정하고 있다. 그러나 '헌법'과 '일반 원칙에 대하여'는 연방주체들에 공통적으로 적용되는 법적 위상 및 입법·사법·행정 3권분립 등의 포괄적 원칙만을 규정하고 있을 뿐이다. 실제로 각 연방주체들은 자신의 민족, 역사적 특수성에 기초하여 세부적 권력구조와 체계, 그리고 개별 기구의 권한과 역할 측면에서 다양한 형태의 국가권력기구체계를 구성하고 있다. 따라서 상이한 연방주체별 국가권력기구 조직·운영구조의 차이는 각 연방주체의 기본법(헌법 또는 헌장)을 통해서만이 그 구체적 파악 가능하다. "Конституция РФ" 제11조, 제72조, 제77조; Федеральный закон No 184-ФЗ (6.10.1999) "Об обших принципах организации законодательных(представительных) и исполительных органов государственной власти субъектов Российской Федерации"; 각 연방주체별 "Конституция" 또는 "Устав" 참조.

8) 보다 자세한 내용은 Ю.А. Нисневич, *Государственная власть современной России* (М., 2008), с. 411-420; 강혜련, 『러시아지방의 정치적 특성과 유형화』(서울: 오름, 2005), pp. 53-54 참조.

9) 앞서 기술한 바와 같이, 85개 연방주체 수반 및 입법기구의 다양한 명칭이 초래하는 혼란을 피하고자 본고에서는 연방주체 수반을, 가장 많은 비율을 차지하고 있는 '주'(область) 개념을 활용하여, 일괄 '주지사'로, 입법기구를 '지역 의회'로, 또한 선거의 경우 '주지사 선거'와 '지역 의회 선거'로 통일하여 표기할 것이다.

10) Darrell Slider, "Putin and the election of regional governors," in Cameron Ross and Adrian Campbell (eds.), *Federalism and Local Politics in Russia* (London: Routledge, 2009), pp. 106-108.

11) Нисневич, Указ. соч., с. 411.

12) Там же, с. 419-423.

13) Aleksandr Kynev, "Electoral reform and democratization: Russian regional elections 2003-2006," in Cameron Ross and Adrian Campbell (eds.), *Federalsim and Local Politics in Russia* (London: Routledge, 2009), p. 120; Н.Б. Чувилина, "Новые тенденции в региональных электоральных процессах России," *Политическая наука,* No. 2 (2009), с. 96-98.

14) Kynev, op. cit., p. 121.

15) Чувилина, Указ. соч., с. 69.

16) 일부 지역의 경우 순수비례대표제가 시행되는 경우도 있다. 혼합선거제 시행의 경우, 지역구 의석은 총 의석 수의 절반을 넘지 못하도록 규정하고 있다.

17) 선출된 비례대표 의원은 소속 정당의 원내교섭단체에 속하며, 타 교섭단체 가입을 금지하고 있다. 이를 어길 경우 의원직이 상실된다.

18) 다만, 국가두마 원내교섭단체 구성 정당은 지역 의회 선거의 후보자 및 비례대표 명부 등록과정에서 상기 두 가지 절차가 면제된다.

19) 앞서 살펴본 바와 같이, 주지사 직선제는 지방에 대한 중앙정부의 통제를 강화하고 지방정부의 부패와 전횡을 막는다는 취지로 2004년 폐지된 바 있다. 그러나 메드베데프 정부 말기 '직접민주주의' 강화를 목적으로 주지사 직선제 재도입이 추진되었고, 2012년 5월 2일 주지사 직선제 실시를 골자로 하는 개정 선거법이 공식 발효됐다. 그리고 직선제 폐지 8년만인 2012년 10월 14일 지방선거를 통해 5개 연방주체에서 민선 주지사가 선출됐다. 장세호, "푸틴 3기호의 출항과 2012년 러시아 국내정치," 『2012 Russia Report: Events & Analysis』 (용인: 한국외대 러시아연구소, 2013), p. 12.

20) 2001년 채택된 정당 설립 및 등록 규정이 2009년부터 2012년까지 지속적으로 완화됐다. 기존 총 당원 수 50,000명 이상, 85개 연방 구성주체 지역 중 과반 이상 지역에서의 지부 개설과 지부별 최소 당원 수 500명 이상의 정당 설립 및 등록 조건이 2010년과 2011년 45,000명, 450명으로, 2012년에는 40,000명, 400명으로 완화됐다. 이어 2012년 4월 3일 정당 설립 및 등록 절차를 대폭 간

소화하는 것을 골자로 하는 개정 정당법이 공식 발효됐다. 이로써 정당 설립을 위한 최소당원 수가 기존 4만 명에서 500명으로 크게 축소되었고, 정당 설립 및 등록 절차가 크게 완화됐다. 그 결과, 2012년 말을 기준으로 법무부 공식 등록 정당 수가 기존 7개에서 48개로 크게 늘었으며, 2013년 10월 14일 지방선거에 약 30여개의 정당이 참여했다. 위의 책, 12쪽.

21) 각 연방주체 지역 선거법에 따라 지역선관위 감독 하에 임의로 치러지던 지방선거 방식을 개선하여, 2005년 8월 관련법 개정을 통해 2006년 3월 '통합 선거일'(Единый день голосования в субъектах РФ)로 명명된 지방선거가 처음 실시되었다. 따라서 러시아 연방 지방선거는 매년 3월 둘째 주 일요일과 10월 둘째 주 일요일에 치러져왔다. 다만, 국가두마 선거 또는 대통령 선거가 치러지는 해의 경우는 각각 12월과 3월 양대 선거와 동시에 치러졌다. 그러나 2013년 4월 5일 관련 규정이 수정된 연방법 '기본 보장에 대하여'가 2013년 5월 1일자로 효력을 발휘하게 됨에 따라, 2013년 지방선거부터는 매년 9월 둘째 주 일요일 한 차례만 치러지고 있다. 자세한 내용은 연방법 "Об основных гарантиях избирательных прав и права на участие в референдуме граждан РФ(с изменениями на 5 апреля 2013 года) (редакция, действуюшая с 1 мая 2013 года)" 제10조 3항 참조.

22) Федеральный закон от 2 мая 2012 г. N 40-ФЗ «О внесении изменений в Федеральный закон «Об обших принципах организации законодательных (представительных) и исполнительных органов государственной власти субъектов Российской Федерации» и Федеральный закон «Об основных гарантиях избирательных прав и права на участие в референдуме граждан Российской Федерации»», 유진숙, op. cit., p. 176-177; 장세호, op. cit., pp. 12-13; 장세호, "2008~2014년 러시아 선거제도 변화 연구: 주요 동인을 중심으로," 『슬라브학보』 제29권 3호 (서울: 한국슬라브학회, 2014), pp. 239-240.

23) Мария Блохина, "День выборов," *ПОЛИТ.РУ,* 14.09.2014. http://polit.ru/article/2014/09/14/elections/ (검색일: 2014.09.16.).

24) 제3장에서 자세히 기술하겠지만 이번 주지사 선거에서도 여당 후보자들은 체제 내 야당들(기 원내 진출 야당들)과 일종의 공생관계를 형성하고 있었다. 예컨대, 여당 후보들은 일부 역량 있는 야당 소속 경쟁자들에게 해당 지역에 할당된 연방 상원의원직이 제안하는 등의 거래를 통해 당선에 유리한 환경을 조성했다.

25) 그 가운데 약 7%가 부재자 투표이기도 했다.

26) 일부 지역에서의 2차 투표 실시 가능성 등에 대해서는 Yevgeny Minchenko, "Regional Elections in Russia: Interesting, Even Without Credible Opposition," *Valdai Discussin Club,* 19.08.2014. http://valdaiclub.com/politics/71240.html (검색일: 2014.09.16.). 참조.

27) 시베리아로의 국가기관 이전 논의에 대한 자세한 내용은 마리나 오브라스코바, "모스크바, 페테르부르크, 모스크바… 러시아의 다음 수도는 어디?" 『RUSSIA포커스』, 2014.09.15. http://russiafocus.co.kr/politics/2014/09/15/45557.html (검색일: 2014.10.5.). 참조.

28) 이들 가운데 특기할만한 인물로는 일련의 자유주의자들과 통합러시아의 지지를 등에 업고 당선된 고등경제대학 총장이자 러시아 중앙은행 총재 나비울리나(Эльвира Набиулина)의 남편인 쿠지미노프를 들 수 있겠다.

29) 크림 공화국과 세바스토폴에서 행정수반은 직선제 대신 대통령이 제안한 3인의 중 1인을 의회가 결정하는 간접선거 방식으로 선출된다. 이번 지역 의회 선거를 통해 새로 구성된 의회가 최근 새로이 행정수반을 선출함으로써 기존의 직무대행 체제가 종식됐다.

30) Татьяна Становая, "Единый день плебисцитарного голосования" *ПОЛИТКОМ.RU,* 15.09.2014. http://www.politcom.ru/18073.html (검색일: 2014.09.16.).

31) 장세호, op. cit., 2014, p. 247.

32) 더욱이 알타이 공화국의 선거 결과 발표가 지체되면서 일부에서는 일종의 선거 부정이 행해진 것이 아닌가 하는 의구심이 제기되기도 했다.

33) 제한적 선거 경쟁 체제에 대해서는 Golosov, Grigorii, "Building a New Political Machine," *Russian Analytical Digest,* No. 57 (2009). p. 4. 참조.

34) 대학생 코라블레프(Денис Кораблев)는 상트페테르부르크 시장 선거와 관련하여 "선거, 선거... 우리는 폴탑첸코(Георгий Полтавченко: 상트페테르부르크 시장 직무대행)가 승리할 것이라는 것을 알고 있다. 심지어 그의 상대 후보들조차 이를 잘 알고 있다. 그럼에도 이 행사(선거)는 치러지고 있다."라고 언급했다. Блохина, "День выборов," *ПОЛИТ.РУ,* 14.09.2014. http://polit.ru/article/2014/09/14/elections/ (검색일: 2014.09.16.).

35) 실제로 이번에 치러진 전 지역 의회 선거에서 원내 진출에 성공한 정당은 통합

러시아가 유일하다.

36) 추로프 위원장은 9월 14일 선거 당일 보고된 선거법 위반 사례는 총 1만 1천 건이었으며, 그 중 심각한 위반 사례는 다게스탄 공화국 내 한 투표소에서 발생한 폭력 사건 1건뿐이었다고 발표한 바 있음. 골로스 역시 이번 지방선거에서 다양한 형태의 선거법 위반 사례들이 나타났지만 역대 선거에 비해 비교적 투명한 선거였다고 발표한 바 있음. "Чуров: более 1,1 тыс нарушений было зафиксировано в день выборов" РИА Новости 16.09.2014. http://ria.ru/politics/20140916/1024303269.html (검색일: 2014.09.16.).

3장

1) Стратегия социально-экономического развития Центрального федерального округа на период до 2020 года. Москва, 2010.

2) Валовой региональный продукт по субъектам Российской Федерации в 1998-2011гг,http://www.gks.ru (검색일: 2015. 4. 25)

3) Валовой региональный продукт на душу населения по субъектам Российской Федерации в 1998-2011гг, http://www.gks.ru

4) http://bs-life.ru/rabota/zarplata/srednyaya-zarplata2013.html

5) Объем иностранных инвестицй в расчете на 1 жителя субъекта Российской Федерации в 2013 году (долларов США) http://www.gks.ru/free_doc/new_site/business/invest/in_inv3.htm (검색일: 2014. 11. 15)

6) http://www.grandars.ru/shkola/geografiya/centralnyy-federalnyy-okrug.html

7) http://www.grandars.ru/shkola/geografiya/centralnyy-federalnyy-okrug.html

8) http://cfo.gov.ru/cfo/about

9) “Производство скота и птицы на убой в живом весе в хозяйствах всех категорий”, Федеральная служба государственной статистики (검색일: 2014.06.14.)

10) “Состояние и перспективы развития отрасли птицеводства”, http://

webmvc.com/show/article/show.php?id=88 에서 재조합

11) Прогноз производства говядины, свинины и мяса птицы в России на 2014 г.,http://specagro.ru/obzor_novostei_APK_Rossiya_i_mir?apk_news_id=3105&pid=726&pref=140

12) "Производство скота и птицы на убой в живом весе в хозяйствах всех категорий", Федеральная служба государственной статистики 에서 소수점 이하 사사오입했음(검색일: 2014.06.14)

13) KOTRA 모스크바 무역관 자료, http://www.globalwindow.org/gw/overmarket

14) http://cfo.gov.ru/cfo/about

15) http://cfo.gov.ru/cfo/about

16) http://cfo.gov.ru/cfo/about

17) ДЕМОТИВАЦИЯ, http://demotivation.me/images/20111028/6rg4em2xflce.jpg (검색일 2013. 05. 27)

18) 김성휘, '러시아의 미래 스콜코보, 실리콘밸리를 꿈꾸다', 『러시아지역정보지 Vol.02 -02』, 러시아연구소(2011), pp. 2-7

19) 스콜코보 재단 홈페이지, www.i-gorod.com

20) "Стратегия социально-экономического развития Московской области" 모스크바 주 경제부, http://me.mosreg.ru/userdata/135099.doc (검색일 2014.06.15)

21) "Музей Звезды", Звезда, http://aviapanorama.su/wp-content/uploads/2011/08/44.pdf, (검색일: 2014.06.15)

22) http://cfo.gov.ru/cfo/about

23) 콜추긴스키 공장 홈페이지, http://kolzocm.ugmk.lgg.ru/ru/about/ (검색일: 2014.05.21.)

24) "Рельеф, геологическое строение и полезные ископаемые" http://ru.wikipedia.org/wiki/Владимирская область (검색일: 2015.01.08)

25) 권세은 외, 『중앙연방지구』, (서울: 경희대학교 출판국, 2006), p. 312

26) Тульскаяторгово-промышленнаяплата, http://www.ccitula.ru/?id=

region_economics(검색일: 2015.01.28)

27) ТулаЭкономическийФорум 2011, http://www.tula-forum.ru/tula_region/science/himprom/(검색일: 2014.12.13)

28) www.befungin.co.kr

29) http://invest.kaluga.ru/news/546

30) http://old.dcnews.in/news_list.php?code=economy&id=309115

31) http://invest.kaluga.ru/press/photos/vorsino/page_5/#prettyPhoto

32) http://invest.kaluga.ru/press/photos/vorsino/page_3/

33) http://www.kristallsmolensk.ru/about/kristall_today

34) http://www.eon-russia.ru/RU/Branches/SmolenskayaGRES/SitePages/default.aspx/

35) http://investkostroma.ru/promyshlennost/struktura-promyshlennosti-kostromskoy-oblasti(검색일: 2014.05.12)

36) http://investkostroma.ru/promyshlennost/struktura-promyshlennosti-kostromskoy-oblasti(검색일: 2014.05.12)

37) http://investkostroma.ru/promyshlennost/struktura-promyshlennosti-kostromskoy-oblasti

38) http://investkostroma.ru/promyshlennost/struktura-promyshlennosti-kostromskoy-oblasti

39) http://www.magput.ru/?id=295&viewprog=5284

40) http://www.ryazanreg.ru/

41) "Регионы России: Брянская область", Travel.ru, http://guide.travel.ru/russia/briansk_region/ (검색일: 2014.09.23)

42) "러시아 트베리에 제2공장 완공…유럽 공략 본격화", 「헤럴드 경제」, 2010년 4월 6일

43) 러시아투데이(www.rt.com), KOTRA 모스크바 무역관 자료

44) http://cfo.gov.ru/cfo/about

45) http://rufact.org/media/attachments/wakawaka_wikipage/385/19136539_chernozem_2.JPG

46) http://adm.rkursk.ru/index.php?id=38 Индекс производства по виду экономической деятельности "Добыча полезных искомаемых"

47) http://metalloinvest.com

48) http://www.sdelanounas.ru/blogs/?search=курская область&page=3

49) http://apk.rkursk.ru/economic.htm

50) http://spb-venchur.ru/regions/20.htm

51) http://www.rosenergoatom.ru

52) http://www.rosatom.ru/wps/wcm/connect/rosenergoatom/kunpp

53) http://www.gubkin31.ru/stati/gubkin.html

54) "Добываюшие, обрабатываюшие производства и производство электроэнергии, г аза и воды", "Основные показатели экономического и социального развития Белгор одской области за 2012 год "벨고로트 주 경제발전부, http://www.derbo.ru/docs/pokazateli-ekonomicheskogo-i-soczialnogo-razvitiya-belgorodskoj-oblasti

55) Компания ООО «ИнБиТек», «Белгородская область.Только факты». http://inbitek.ru/part/glavnaya_2/belgorodskaya_oblast_inbitek_tolko_fakty.htm

56) http://www.govvrn.ru

57) 리페츠크 주 공식사이트, http://www.admlr.lipetsk.ru

58) 노볼리페츠키 제철소 홈페이지, http://nlmk.com

59) http://nlmk.com

60) 리페츠크 주 공식사이트, http://www.admlr.lipetsk.ru

61) 리페츠크 주 공식사이트, http://www.admlr.lipetsk.ru

62) http://meat-tambov.ru/

63) http://www.invest-tambovregion.ru

64) www.orel-region.ru (검색일: 2014.12.19.)

65) http://www.tambov.gov.ru/

66) http://www.tambov.gov.ru/

67) http://wikimapia.org

4장

1) 이 글은 필자의 "러시아 중앙연방관구 주민의 시장개혁기 사회·경제적 변화와 특성," 『동북아문화연구』, 제35집 (부산: 동북아시아문화학회, 2013)과 "러시아 국민의 사회·경제적 상황과 삶의 질 변화: 중앙연방관구를 중심으로," 『국제·지역연구』, 제23권 제4호 (서울: 서울대학교 국제학연구소, 2014)의 일부 틀에 기초해 있되, 글의 내용과 전개과정을 대폭 수정하였고 통계 수치를 업데이트했음을 밝힌다.

2) Н. В. Зубаревич, *Социальное развитие регионов России: проблемы и тенденции переходного периода* (Москва: ЛИБРОКОМ, 2012), сс. 34-35.

3) 러시아의 지역과 지역 주민에 관한 사회적 연구의 대표 저서들로는 다음 참조. Н. В. Зубаревич, *Социальное развитие регионов России: проблемы и тенденции переходного периода* (Москва: ЛИБРОКОМ, 2012); В. В. Климанов, *Региональное развитие и экономическая самостоятельность субъектов Российской федерации* (Москва: Эдиториал УРСС, 2000); В. В. Климанов, *Региональные системы и региональныое развитие в России* (Москва: Едиториал УРСС, 2009); И. П. Рязанцев, *Экономическая социология: Региональный аспект* (Москва: Академический Проект, 2005); Kathryn Stoner-Weiss, *Local heroes: the political economy of Russian regional governance* (Princeton University Press, 2002).

4) Н. В. Зубаревич, *Социальное развитие регионов России: проблемы и тенденции переходного периода* (Москва: ЛИБРОКОМ, 2012), сс. 37-42. 또한 지역에 관한 사회적 연구의 다양한 유형에 대해서는 다음 참조. В. Н. Лексин, А. Н. Швецов, *Реформы и регионы: Системный анализ процессов реформирования региональной экономики, становления федерализма и местного самоуправления* (Москва: ЛЕНАНД, 2011),

cc. 828-838.

5) 1990년대 이후 연방관구 창설과 경계 획정 과정에 대해서는 다음 참조. В. В. Климанов, *Региональные системы и региональное развитие в России* (Москва: Едиториал УРСС, 2009), сс. 58-69.

6) 이에 따라 러시아 연방의 지역 체계는 위계에 따라 연방관구, 연방주체, 지방자치체로 이루어져 있으며, 또한 각 수준과 성격에 따라 다양한 지역 연합체가 존재한다. В. В. Климанов, *Региональные системы и региональное развитие в России* (Москва: Едиториал УРСС, 2009), сс. 35-39.

7) В. Г. Глушкова, Ю. А. Симагин, *Федеральные округа России. Региональная экономика* (Москва: КНОРУС, 2013); 권세은 외, 『중앙연방지구』 (서울: 경희대학교출판국, 2006).

8) В. В. Климанов, *Региональное развитие и экономическая самостоятельность субъектов Российской федерации* (Москва: Эдиториал УРСС, 2000), сс. 7-43.

9) R. Bauer, 1966. *Social Indicators* (London: Cambridge, 1966).

10) M. Anielski, *The Economics of Happiness: Building Genuine Wealth* (Canada: New Society Publishers, 2007), p. 288.

11) 정치학대사전편찬위원회, 『21세기 정치학대사전』 (서울: 아카데미아리서치, 2010).

12) "Уровень и динамика качества жизни в регионах России 2006~2012 гг." http://www.perspektivy.info/rus/gos/uroven_i_dinamika_kachestva_zhizni_v_regionah_rossii_2006__2012_gg_2014-03-12.htm(검색일: 2014.03.20).

13) http://en.wikipedia.org/wiki/Quality_of_life_index(검색일: 2014.03.10).

14) http://riarating.ru/infografika/20131217/610601622.html(검색일: 2014.03.15).

15) *Росстат, Регионы России. Социально-экономические показатели* (Москва: Росстат, 2013), сс. 20-21, 28-29.

16) А. И. Алексеев, В. В. Николина, *География: население и хозяйство России* (Москва: Просвешение, 2003), сс. 224-229.

17) 다음 자료들에 기초하여 작성한 표임. *Росстат, Регионы России. Социально-экономические показатели* (Москва: Росстат, 2013), сс. 20-21, 28-29.

18) М. В. Голубицкая, И. И. *Санин, Социально-экономическое положение регионов России* (Москва: Сатурн-С, 2001), сс. 31, 49.

19) А. И. Алексеев, *География России: Хозяйство и географические районы* (Москва: Дрофа, 2003), сс. 113-114.

20) Т. Г. Морозова, *Экономическая география России* (Москва: ЮНИТИ-ДАНА, 2002), сс. 289-290.

21) В. В. Кистанов, Н. В. Копылов, *Региональная экономика России* (Москва: Финансы и статистика, 2005), сс. 405-417.

22) А. Т. Хрушев, Экономическая и социальная география России (Москва: Дрофа, 2002), сс. 407-426.

23) А. Т. Хрушев, *Экономическая и социальная география России* (Москва: Дрофа, 2002), сс. 436-445.

24) Росстат, *Демографический ежегодник России* (Москва: Росстат, 1999), с. 19.

25) 1992~2008년은 다음 참조. Росстат, *Демографический ежегодник России* (Москва: Росстат, 2009), с. 66. 2008년은 다음 참조. Росстат, *Регионы России. Социально-экономические показатели* (Москва: Росстат, 2012), с. 54.

26) Росстат, *Россия' 2014: статистический справочник* (Москва: Росстат, 2014), с. 8.

27) Росстат, *Регионы России. Социально-экономические показатели* (Москва: Росстат, 2013), сс. 47-48.

28) 다음 자료들에 기초하여 작성한 표임. 1990~2000년은 다음 참조. Росстат, *Регионы России. Социально-экономические показатели* (Москва: Росстат, 2009), сс. 60-61. 2005~2012년은 다음 참조. Росстат, *Регионы России. Социально-экономические показатели* (Москва: Росстат, 2013), сс. 47-48. 2010년 남부연방관구에서 북캅카스연방관구가 분리되어 연방관구의 수는 총 8개가 되었는데, 러시아통계청 2013년 자료에 북캅카스연방

관구의 과거 인구 수치가 소급, 추산되어 있어 본 자료에 기록하였다.

29) 다음 자료들에 기초하여 작성한 표임. Росстат, *Регионы России. Социально-экономические показатели* (Москва: Росстат, 2012), сс. 54-55; Росстат, *Регионы России. Социально-экономические показатели* (Москва: Росстат, 2013), сс. 47-48.

30) 이러한 사회적 배경에 관해서는 다음 자료 참조. Л. Кинг, Д. Стаклер, "Масовая приватизация и рост смертности в посткоммунистических странах," *Мир России,* No. 3 (2007), сс. 112-131; Т. А. Демченко, "Тенденции смертности в России 90-х годов," *СОЦИС,* No. 10 (2002), сс. 109-113; А. В. Коротаев, Д. А. Халтурина, "Российский демографический крест в сравнительном аспекте," *Общественные науки и современность,* No. 3 (2006), сс. 105-118; 최우익, "소비에트 시대의 인구변천과 러시아 연방관구별 인구 변화," 『슬라브연구』, 제26권 2호(서울: 한국외국어대학교 국제지역연구센터 러시아연구소, 2010), pp. 113-137.

31) Росстат, *Демографический ежегодник России* (Москва: Росстат, 2009), с. 66; Росстат, *Регионы России. Социально-экономические показатели* (Москва: Росстат, 2012), сс. 74-81; Росстат, *Регионы России. Социально-экономические показатели* (Москва: Росстат, 2013), сс. 65-72.

32) 북캅카스연방관구에서 상대적으로 출생률이 높은 것은 종교적으로, 그리고 전통적으로 다산문화를 가졌기 때문으로 풀이할 수 있다. 민속문화적, 종교적 요인이 여성들의 출산에 영향을 미치며 이에 따라 다양한 지역적 차이가 나타난다는 연구결과에 관해서는 다음 참조. Р. И. Зинурова, "Особенности репрдуктивного поведения в российских регионах," СОЦИС, No. 3 (2005), сс. 82-87. 또한, 다게스탄 공화국과 같은 지역의 대가족제도 역시 높은 출생률을 유지하는 데에 영향을 준다는 연구에 관해서는 다음 참조. В. В. Пациорковский, В. В. Пациорковская, "Большая семья в демографической ситуации России," *СОЦИС*, No. 3 (2009), сс. 121-128.

33) 다음 자료에 기초하여 작성한 표임. Росстат, *Регионы России. Социально-экономические показатели* (Москва: Росстат, 2013), сс. 71-72.

34) Н. В. Колеченков, "Демографическая катастрофа: основные черты, причины и пути решения," Е. С. Троицкий, (ред.) *Демогафические проблемы России в обстановке кризиса и пути их решения* (Москва:

Граница, 2009), сс. 16-26.

35) Росстат, *Регионы России. Социально-экономические показатели* (Москва: Росстат, 2013), сс. 71-72.

36) 노동연령 이하의 인구는 15세 이하, 노동연령 인구는 남성의 경우 16~59세, 여성의 경우 16~54세, 노동연령 이상의 인구는 남성은 60세 이상, 여성은 55세 이상이다. 이 글에서는 각각 줄여서 유년 인구, 노동연령 인구, 노년 인구로 칭한다. Росстат, *Регионы России. Социально-экономические показатели* (Москва: Росстат, 2009), сс. 102-103.

37) Росстат, *Регионы России. Социально-экономические показатели* (Москва: Росстат, 2013), сс. 55-62.

38) Росстат, *Демографический ежегодник России* (Москва: Росстат, 2009), сс. 422-423.

39) 다음 자료들에 기초하여 작성한 표임. 1990~2000년은 다음 참조. Росстат, *Регионы России. Социально-экономические показатели* (Москва: Росстат, 2011), сс. 76-77. 2005~2012년은 다음 참조. Росстат, *Регионы России. Социально-экономические показатели* (Москва: Росстат, 2013), сс. 79-80.

40) 다음 자료들의 수치를 비율로 전환하여 작성한 표임. Росстат, *Демографический ежегодник России* (Москва: Росстат, 2005), сс. 532-537, 2006년 자료의 сс. 484-489, 2007년 자료의 сс. 470-475, 2008년 자료의 сс. 472-477, 2009년 자료의 сс. 477-482, 2010년 자료의 сс. 458-463. 2012년 자료의 7장 9절, 2013년 자료의 7장 9절

41) Ж. Зайончковская, "Миграционный кризис и миграционный взрыв," О. Глезер и П. Поляна, (ред.), *Россия и ее регионы в 20 веке: территория-расселение-миграции* (Москва: ОГИ, 2005), с. 405.

42) Л. Л. Рыбаковский, "Сравнительная оценка демографического неблагополучия регионов России," *СОЦИС,* No. 10 (2008), сс. 81-87.

43) В. В. Климанов, Региональное развитие и экономическая самостоятельность субъектов Российской федерации (Москва: Эдиториал УРСС, 2000), сс. 9-15.

44) Росстат, *Регионы России. Социально-экономические показатели*

(Москва: Росстат, 2013), сс. 88-91.

45) Росстат, *Российский статистический ежегодник* (Москва: Росстат, 2012), с. 133.

46) Росстат, *Российский статистический ежегодник* (Москва: Росстат, 2013), с. 117.

47) Росстат, *Труд и занятость в России* (Москва: Росстат, 2013), с. 218.

48) Росстат, *Регионы России. Социально-экономические показатели* (Москва: Росстат, 2013), сс. 32-33.

49) Росстат, *Регионы России. Социально-экономические показатели* (Москва: Росстат, 2013), сс. 106-107.

50) Росстат, *Регионы России. Социально-экономические показатели* (Москва: Росстат, 2013), сс. 124-126.

51) 물론 반대급부 현상이 나타날 수도 있다. 예를 들어 2008년 세계금융위기의 영향으로 2009년 러시아에서도 대규모 실업이 발생했는데, 중앙연방관구의 경우 2009년 실업자는 전년에 비해 약 45만 명이 늘어 연방관구들 중에서 가장 심각한 상황을 보였다. 그중 모스크바 주는 약 8만 명, 모스크바 시는 약 11만 명 실업자가 늘어나 심각성을 더했다. Росстат, *Регионы России. Социально-экономические показатели* (Москва: Росстат, 2012), сс. 124-125.

52) Росстат, *Регионы России. Социально-экономические показатели* (Москва: Росстат, 2013), сс. 112-113.

53) Росстат, *Регионы России. Социально-экономические показатели* (Москва: Росстат, 2013), сс. 32-33.

54) 다음 자료에 기초하여 작성한 표임. Росстат, *Регионы России. Социально-экономические показатели* (Москва: Росстат, 2012), сс. 142-145. 물론 이 수치는 합법적인 취업을 하고 있는 노동자에 한정된 것이다. 이를 통해 전체적인 흐름을 간접적으로 포착할 수 있을 뿐이다.

55) Росстат, *Регионы России. Социально-экономические показатели* (Москва: Росстат, 2012), сс. 144-145.

56) Росстат, *Труд и занятость в России* (Москва: Росстат, 2011), сс. 305-307.

57) Росстат, *Российский статистический ежегодник* (Москва: Росстат, 2008), с. 171.; Росстат, *Российский статистический ежегодник* (Москва: Росстат, 2012), с. 169.

58) Росстат, *Российский статистический ежегодник* (Москва: Росстат, 2013), с. 145.

59) 다음 자료들에 기초하여 작성한 표임. 1990~95년은 다음 참조. Росстат, *Регионы России. Социально-экономические показатели* (Москва: Росстат, 2011), сс. 150-151. 2000년 이후와 순위는 다음 참조. Росстат, *Регионы России. Социально-экономические показатели* (Москва: Росстат, 2013), сс. 32-33, 162-163.

60) Росстат, *Регионы России. Социально-экономические показатели* (Москва: Росстат, 2013), сс. 20-21, 32-33.

61) 다음 자료들에 기초하여 작성한 표임. 1995년은 다음 자료 참조. Росстат, *Регионы России. Социально-экономические показатели* (Москва: Росстат, 2011), сс. 148-149. 2000-2012년은 다음 자료 참조. Росстат, *Регионы России. Социально-экономические показатели* (Москва: Росстат, 2013), сс. 160-161.

62) Росстат, *Регионы России. Социально-экономические показатели* (Москва: Росстат, 2013), сс. 32-33.

63) Росстат, *Регионы России. Социально-экономические показатели* (Москва: Росстат, 2013), сс. 170-171.

64) 국민을 소득 순위별로 20%씩 끊어 5개 집단으로 나눈 다음 각 집단의 총 소득액을 계산했을 때 제일 부유한 집단의 총소득 비율.

65) 다음 자료들에 기초하여 작성한 표임. 1970~90년까지는 다음 참조. Росстат, *Российский статистический ежегодник* (Москва: Росстат, 1999), с. 155. 1995~2011년은 다음 참조. Росстат, *Российский статистический ежегодник* (Москва: Росстат, 2012), с. 186. 2012년은 다음 참조. Росстат, *Российский статистический ежегодник* (Москва: Росстат, 2013), с. 162.

66) '소득격차율'은 최고 소득 20% 집단 주민 내의 평균소득과 최저 소득 20% 집단 주민 내의 평균소득의 격차 비율을 뜻한다. 지니계수는 통상 0.4가 넘으면

상당히 불평등한 소득 분배 상태임을 뜻한다.

67) Росстат, *Регионы России. Социально-экономические показатели* (Москва: Росстат, 2013), сс. 176-177.

68) OECD 기준에 따르면, 중산층 가구란 가구를 소득순으로 나열했을 때, 한가운데에 있는 가구소득(중위소득)의 50~150% 범위에 속한 가구를 뜻한다. 또한, 중위소득 50% 미만인 가구를 빈곤층으로, 중위소득 150% 이상인 가구를 고소득층으로 분류한다. "통계용어지표이해," http://kostat.go.kr/portal/korea/kor_ki/2/6/index.board(검색일: 2012.02.03.).

69) 다음 자료에 기초하여 산정한 표임. Росстат, *Регионы России. Социально-экономические показатели* (Москва: Росстат, 2013), сс. 178-179. 러시아 통계청 자료에서 제시하고 있는 소득 수준의 계층 비율과 OECD 기준의 계층 비율 산출 단위가 다소 달라서 OECD 기준에 맞는 정확한 계층 비율을 산출할 수는 없다. 하지만 각 계층 비율을 정확히 산출하는 것이 이 글의 목적이 아니라, 지역별로 양상을 비교하는 것이 목적이기 때문에 이 글에서는 근사치를 산출하여 표에 제시하고 비교한다.

70) 소득 수준만을 고려한 중산층이 아닌, 여러 사회적 지표나 문화, 의식 등을 고려한 중간계급 관련 연구들에 따르면, 학자마다 다소 견해 차이는 있지만 '중심적인 중간계급'은 러시아에 약 25%가 있는 것으로 추산된다. 최우익, "러시아 부정선거 규탄시위지역 주민의 사회·경제적 특성과 중산층 비율," 러시아연구, 제22권 제2호(서울: 서울대학교 러시아연구소, 2012), pp. 285-289. 이렇게 볼 때 [표 11]의 '고소득층'이 현실적으로 중간계급과 상당히 겹치는 부분이며, [표 11]의 '중산층'은 사실 중하층 혹은 '주변적인' 중간계급이라 할 수 있다.

71) Росстат, *Регионы России. Социально-экономические показатели* (Москва: Росстат, 2013), сс. 186-187. 이렇게 모스크바 시와 모스크바 주의 소비 비용이 큰 이유는 기본적으로 이 지역의 최저생계비가 많이 들어 전반적으로 소비 물가가 높기 때문이다. 2012년 기준 모스크바 시의 최저생계비는 83개 연방주체 중 8위, 모스크바 주는 19위이다. Росстат, *Регионы России. Социально-экономические показатели* (Москва: Росстат, 2013), сс. 180-181.

72) ПРООН, *Доклад о развитии человеческого потенциала в Российской Федерации 2011* (Москва: ПРООН в РФ, 2011), с. 137.

73) http://atlas.socpol.ru/indexes/(검색일: 2014.03.16).

74) ПРООН, *Доклад о развитии человеческого потенциала в Российской Федерации 2011* (Москва: ПРООН в РФ, 2011), с. 138-139.

75) 다음 참조. http://atlas.socpol.ru/indexes/index.shtml(검색일: 2014.03.06); http://gtmarket.ru/news/2013/06/17/6014(검색일: 2014.03.15).

76) ПРООН, *Доклад о развитии человеческого потенциала в Российской Федерации 2010* (Москва: ПРООН в РФ, 2010), с. 137.

77) ПРООН, *Доклад о развитии человеческого потенциала в Российской Федерации 2011* (Москва: ПРООН в РФ, 2011), с. 138.

78) 다음 사이트와 자료들에 기초하여 작성한 표임.
http://atlas.socpol.ru/indexes/(검색일: 2014.03.16);
http://www.protown.ru/information/hide/7927.html(검색일: 2014.03.15);
http://gtmarket.ru/news/state/2010/10/29/2715(검색일: 2014.03.14);
ПРООН, *Доклад о развитии человеческого потенциала в Российской Федерации 2010* (Москва: ПРООН в РФ, 2010); ПРООН, *Доклад о развитии человеческого потенциала в Российской Федерации 2011* (Москва: ПРООН в РФ, 2011); ПРООН, *Доклад о развитии человеческого потенциала в Российской Федерации 2013* (Москва: ПРООН в РФ, 2013). HDI는 보통 조사 실제 시점보다 2년 후에 보고서가 작성되어 발표되는데, 본 연구에서 기술되는 연도는 조사 시점의 연도라는 것을 밝혀둔다. 2010년 조사된 내용은 2013년에야 발표되었고, 현재로써는 그것이 가장 최근 지역 관련 보고서이다.

79) http://ru.wikipedia.org/wiki/ИРЧП субъектов Российской Федерации(검색일: 2014.05.23.).

80) Н. В. Колеченков, "Демографическая катастрофа: основные черты, причины и пути решения," Е. С. Троицкий, (ред.), *Демогафические проблемы России в обстановке кризиса и пути их решения* (Москва: Граница, 2009), сс. 16-26.

81) 다음 자료들에 제시된 83개 연방주체별 삶의 질 지수 순위를 필자가 연방관구 단위로 평균치를 산출하여 작성한 표임. http://atlas.socpol.ru/indexes/table_IRCHP.shtml(검색일: 2014.03.16.); ПРООН, *Доклад о развитии человеческого потенциала в Российской Федерации 2013* (Москва: ПРООН в РФ, 2013); Информационно-аналитическое агенство Восток России,

Уровень и динамика качества жизни в регионах России: 2006-2012 гг. (Москва, 2012); РИА Рейтинг, *Рейтинг регионов РФ по качеству жизни* (Москва, 2013).

82) 이에 대한 자세한 내용은 다음 참조. 최우익, "러시아 국민 삶의 지역적 변화와 양상: 다양한 지수측정 보고서의 비교 분석,"『러시아연구』, 제24권 제1호(서울: 서울대학교 러시아연구소, 2014).

83) 다음 자료에 기초하여 작성한 표임. РИА Рейтинг, *Рейтинг регионов РФ по качеству жизни* (Москва, 2013).

84) 이 글에서 상위권은 83개 연방주체중에서 1~25위, 중위권은 26~59위, 하위권은 60~83위로 범위를 구분하였다.

5장

1) См.: М. Лотман, "Символика Петербурга," Т. Кузовкина (ред.), *Внутри мысляших миров (М.: Языки русской культуры,* 1996), с. 275-295; 김수환, "도시 공간의 기호학: 페테르부르크 신화와 텍스트,"『책에 따라 살기』(서울: 문학과 지성사, 2014), pp. 177-187.

2) 지도에서 나타나는 바와 같이, 중앙연방관구 각 주체의 공간을 잇는 운송시스템은 모스크바를 중앙에 놓는 구심적인 형태를 갖추고 있다. 모스크바를 중심으로 분산되는 11개의 철도와 15개의 자동차 전용도로가 건설되어 있고, 관구 내 11개의 국제공항이 자리 잡고 있다.

3) 올랜도 파이지스,『나타샤 댄스』, 채계병 옮김 (서울: 이카루스미디어, 2005), pp. 237-238. 러시아적 도시로서의 모스크바에 관한 개념은 '유럽으로의 창'인 페테르부르크에 관한 개념에서 유발된 것이었다. 페테르부르크가 이국적이며 인위적인 공간이라는 문화적 인식은 1812년 이후 일반적인 것이었다.

4) 김상현, "모스크바-제 3로마 개념의 역사적 기원과 문학적 변주,"『슬라브학보』, 제29권 1호 (서울: 한국슬라브학회, 2014), p. 31.

5) См.: Б. Успенский, Ю. Лотман, "Отзвуки концепции <Москва - третий рим> в идеологии Петра Первого," *Избранные труды, том 1* (М.: Языки русской культуры, 1996), с. 124-141.

6) 이와 관련해서는 다음을 참조. 라승도, "공간의 문화정치학: 포스트소비에트 시

대 모스크바 재건의 문화적 함의,"『슬라브연구』, 제22권 2호 (서울: 한국외대 러시아연구소, 2006), pp. 165-186.

7) 1920~30년대 러시아 건축 문화와 관련해서는 다음을 참조. В. Паперный, *Культура два* (М: НЛО., 1996).

8) 형태상으로 이들 건물 운영 주체가 민간인 것처럼 보인다. "모스프롬스트로이" "모스캅스트로이" "모신지스트로이(표기법 재확인 필요)" 등. 하지만 실제, 이들의 대주주는 국가자본의 것이다. 이에 관해서는 다음을 참조. Григорий Ревзин, "Москва: десять лет после СССР," http://magazines.russ.ru/nz/2002/5/revz.html (검색일: 2015.1.5).

9) 이지연, "현대 러시아의 문화 정체성에 관한 소고," 김학준, 장덕준 편, 『현대 러시아의 해부』 (서울: 동북아역사재단, 2014), p. 144.

10) 본 챕터에서 인용되는 데이터는 모스크바 시 문화국의 문화 프로그램 '2010~2016', '2012~2018'의 자료에 기초해 작성되었음을 밝힌다. (http://kultura.mos.ru/legislation/metods/state_programs/838389/) (최종검색일: 2015. 2. 18)

참고문헌

2장

1. 국내문헌

강혜련.『러시아지방의 정치적 특성과 유형화』. 서울: 오름, 2005

유진숙. "러시아 선거제도 개혁: 권력관계, 확산, 제도변화."『국제정치논총』, 제49집 4호. 서울: 한국국제정치학회, 2009.

장세호. "푸틴 3기호의 출항과 2012년 러시아 국내정치." 장세호 편.『2012 Russia Report: Events & Analysis』. 용인: 한국외대 러시아연구소, 2013.

장세호. "러시아 지방선거의 운영 메커니즘과 정치적 함의: 2011-2012 사례를 중심으로."『슬라브학보』, 제28권 2호. 서울: 한국슬라브학회, 2013.

장세호. "2008~2014년 러시아 선거제도 변화 연구: 주요 동인을 중심으로."『슬라브학보』, 제29권 3호. 서울: 한국슬라브학회, 2014.

장세호. "2014 러시아 지방선거: 결산 및 평가."『2014 러시아학 관련 4개 학회 공동 학술대회 발표논문집』, 서울: 한국슬라브어학회, 한국노어노문학회, 한국러시아문학회, 한국슬라브학회, 2014.

2. 영어문헌

Golosov, Grigorii. "Building a New Political Machine." *Russian Analytical Digest*, No. 57 (2009).

Golosov, Grigorii. "Russia's Regional Legislative Elections, 2003-2007: Authoritarianism Incorporated." *Europe-Asia Studies*, Vol. 63 Issue 3 (2011).

Golosov, Grigorii. "Proportional Representation and Authoritarianism: Evidence from Russia's Regional Election Law Reform." *Representation*, Vol. 49 Issue 1 (2013).

Kynev, Aleksandr. "Electoral reform and democratization: Russian regional elections 2003-2006." in Cameron Ross and Adrian Campbell (eds.). *Federalism and Local Politics in Russia.* London: Routledge, 2009.

MacFarquhar, Rory A. "A Theory of Russian Regional Elections." American Political Science Association (Conference Papers, 2003).

McFaul, Michael, Stoner-Weiss, Kathryn. "The Myth of the Authoritarian Model." *Foreign Affairs,* Vol. 87 Issue 1 (2008).

Moraski, Bryon J., Reisinger, William M. "Eroding Democracy: Federal Intervention in Russia's Gubernatorial Elections." *Democratization,* Vol. 14 (2007).

Panov, Petr. "Russian political parties and regional political process." in Cameron Ross and Adrian Campbell (eds.). *Federalism and Local Politics in Russia.* London: Routledge, 2009.

Reisinger, William., Moraski, Bryon. "Regional Voting in Russia's Federal Elections and Regional Deference to the Kremlin." Midwestern Political Science Association (Conference Papers, 2009).

Reuter, Ora John. "The Politics of Dominant Party Formation: United Russia and Russia's Governors." *Europe-Asia Studies,* Vol. 62 No. 2 (2010).

Ross, Cameron. "Regional Elections and Electoral Authoritarianism in Russia." *Europe-Asia Studies,* Vol. 63 Issue 4 (2011).

Slider, Darrell. "Putin and the election of regional governors." in Cameron Ross and Adrian Campbell (eds.). *Federalism and Local Politics in Russia.* London: Routledge. 2009.

3. 노어문헌

Нисневич Ю.А. *Государственная власть современной России.* М., 2008.

Ортунг Р. "Отношения между Центром и периферией." Pro et Contra, том 14. No. 4-5 (2010).

Чувилина Н.Б. "Новые тенденции в региональных электоральных процессах России." *Политическая наука*, No 2 (2009).

Чувилина Н. "Тенденции развития российских региональных электоральных процессов на этапе централизации власти в Российской Федерации." *Власть,* No. 10 (2012).

Шпагин С.А. "Региональные партийные системы в современной Россий: К методолокии исследования." *Вестник Томского государственного университета,* No. 3 (2012).

3. 인터넷 자료

마리나 오브라스스코바. "모스크바, 페테르부르크, 모스크바… 러시아의 다음 수도는 어디?" 『RUSSIA포커스』, 2014년 9월 15일 http://russiafocus.co.kr/politics/2014/09/15/45557.html (검색일: 2014.10.5.).

Блохина, Мария. "День выборов." *ПОЛИТ.РУ,* 14.09.2014. http://polit.ru/article/2014/09/14/elections/ (검색일: 2014.09.16.).

Minchenko, Yevgeny. "Regional Elections in Russia: Interesting, Even Without Credible Opposition." *Valdai Discussin Club,* 19.08.2014. http://valdaiclub.com/politics/71240.html (검색일: 2014.09.16.).

Становая, Татьяна. "Единый день плебисцитарного голосования." *ПОЛИТКОМ.RU,* 15.09.2014. http://www.politcom.ru/18073.html (검색일: 2014.09.16.).

"Чуров: более 1,1 тыс нарушений было зафиксировано в день выборов." *РИА Новости* 16.09.2014. http://ria.ru/politics/20140916/1024303269.html (검색일: 2014.09.16.).

4. 관련 법

Конституция РФ - 러시아 연방 헌법 11장 72조, 77조

Федеральный закон No 184-ФЗ (6.10.1999) "Об общих принципах организации законодательных(представительных) и исполительных органов государственной власти субъектов Российской Федерации"

Федеральный закон "Об основных гарантиях избирательных прав и права на участие в референдуме граждан РФ(с изменениями на 5 апреля 2013 года) (редакция, действующая с 1 мая 2013 года)" 10조 3항

Федеральный закон от 2 мая 2012 г. N 40-ФЗ «О внесении изменений в Федеральный закон «Об общих принципах организации законодательных (представительных) и исполнительных органов государственной власти субъектов Российской Федерации» и Федеральный закон «Об основных гарантиях избирательных прав и права на участие в референдуме граждан Российской Федерации»»

Закон Белгородской области от 31 декабря 2003 г. N 108 "Устав Белгородской области" (принят областной Думой 24 декабря 2003 г.) (с изменениями и дополнениями) - 벨고로트 주 헌장 2장 7조 2항; 3장 18조 1항, 2항

Закон Брянской области от 26 января 1996 г. N 7-З "Устав Брянской области" (с изменениями и дополнениями) (прекратил действие) - 브랸스크 주 헌장 7장 51조 4항; 6장 42조 1항, 43조 1항, 3항

Устав (Основной закон) Владимирской области от 14 августа 2001 г. N 62-ОЗ (с изменениями и дополнениями) - 블라디미르 주 헌장 4장 24조 4항; 3장 10조 1항, 2항

Устав Воронежской области от 7 июня 2006 г. (с изменениями и дополнениями) - 보로네시 주 헌장 3장 35조 3항, 9항; 3장 27조 1항, 2항, 3항

Устав Ивановской области от 18 февраля 2009 г. N 20-ОЗ (принят Ивановской областной Думой 29 января 2009 г.) (с изменениями и дополнениями) - 이바노보 주 헌장 6장 42조 3항; 7장 46조 1항, 48조 1항1 49조 1항

Устав Калужской области от 27 марта 1996 г. (с изменениями и дополнениями) - 칼루가 주 헌장 7장 26조 2항; 6장 18조 1항, 19조 1항

Устав Костромской области от 24 апреля 2008 г. N 300-4-ЗКО (с изменениями и дополнениями) - 코스트로마 주 헌장 4장 21조 2항, 2.1항, 3항; 3장 13조 1항, 2항, 3항, 4항

Закон Курской области от 2 октября 2001 г. N 67-ЗКО "Устав Курской области" (принят Курской областной Думой 27 сентября 2001 г.) (с изменениями и дополнениями) - 쿠르스크 주 헌장 10장 43조 1항; 7장 23조 1항, 2항, 3항

Устав Липецкой области Российской Федерации от 9 апреля 2003 г. N 46-ОЗ (принят постановлением Липецкого областного Совета депутатов от 27 марта 2003 г. N 222-пс) (с изменениями и дополнениями) - 리페츠크 주 헌장 5장 40조 3항; 4장 25조 1항, 2항

Устав города Москвы (утв. Московской городской Думой 28 июня 1995 г.) (с изменениями и дополнениями) - 모스크바 연방시 헌장 7장 40조 2항; 6장 33조 1항, 34조 4항

Устав Московской области от 11 декабря 1996 г. N 55/96-ОЗ (принят решением Московской областной Думы от 5 ноября 1996 г. N 5/108 и решением Московской областной Думы об отклонении заключения Главы администрации от 4 декабря 1996 г. N 6/112) (с изменениями и дополнениями) - 모스크바 주 헌장 4장 48조 3항; 4.1장 40조 1항, 41조 1항

Устав (Основной Закон) Орловской области (принят Орловской областной Думой 26 февраля 1996 г.) (с изменениями и дополнениями) - 오룔 주 헌장 7장 66조 2.1항; 6장, 49항, 50항

Устав (Основной Закон) Рязанской области от 18 ноября 2005 г. N 115-ОЗ (принят постановлением Рязанской областной Думы 2 ноября 2005 г.) (с изменениями и дополнениями) - 랴잔 주 헌장 6장 47조 3항; 5장 1항, 3항, 33항

Устав Смоленской области от 15 мая 2001 г. N 37-з (с изменениями и дополнениями) - 스몰렌스크 주 헌장 5장 34조 2항; 4장 23조 2항

Устав (Основной Закон) Тамбовской области Российской Федерации (принят Тамбовской областной Думой 30 ноября 1994 г.) (с изменениями и дополнениями) - 탐보프 주 헌장 22장 66조 5항; 11장 49조 2항

Устав Тверской области (принят 5 ноября 1996 г.) (с изменениями и дополнениями) - 트베리 주 헌장 23장 111조; 16장 84조

Устав (Основной Закон) Тульской области от 12 ноября 2001 г. N 265-ЗТО (принят постановлением Тульской областной Думы от 1 ноября 2001 г. N 18/382) (с изменениями и дополнениями) - 툴라 주 헌장 4장 29조 1항; 3장 16조 2항

Закон Ярославской области от 23 мая 1995 г. N 5-з "Устав Ярославской области" (с изменениями и дополнениями) (утратил силу) - 야로슬라블 주 헌장 5장 80조; 4장 44조, 45조

Закон Калужской области "О выбороах депутатов Законодательного Собрания Калужской области" (Принят постаовлением Законодательного Собрания Калужской области от 26 марта 2009 года N 1242)) - 칼루가 주 법 "칼루가 주 의회 의원 선거에 대하여" 1장 2조 1항, 2항

ЗАКОН ЛИПЕЦКОЙ ОБЛАСТИ "О ВЫБОРАХ ДЕПУТАТОВ ЛИПЕЦКОГО ОБЛАСТНОГО СОВЕТА ДЕПУТАТОВ" (Принят постановлением

Липецкого областного Совета депутатов от 30 мая 2006 г. N 1260-пс) - 리페츠크 주 법 "리페츠크 주 의원 회의 의원 선거에 대하여" 1장 3조 1항, 2항, 3항

ЗАКОН РЯЗАНСКОЙ ОБЛАСТИ от 30 июля 2009 года N 85-оз "О выборах депутатов Рязанской областной Думы" (Принят Рязанской областной Думой 22 июля 2009 года) - 랴잔 주 법 "랴잔 주 두마 의원 선거에 대하여" 1장 3조 1항, 2항

ОБЛАСТНОЙ ЗАКОН "О выборах депутатов Смоленской областной Думы" (Принят Смоленской областной Думой 30 мая 2007 года) - 스몰렌스크 주 법 "스몰렌스크 주 의회 의원 선거에 대하여" 1장 3조 1항, 2항.

5. 선관위 자료

1) 연방 차원

러시아 연방 중앙선거관리위원회 2014년 9월 14일 지방선거 자료

http://www.cikrf.ru/banners/vib_arhiv/electday/vib_140914/index.html

2) 지역 차원(주지사 선거)

알타이 공화국 선관위 http://www.altai_rep.izbirkom.ru/

바시코르토스탄 공화국 선관위 http://www.bashkortostan.izbirkom.ru/

칼미키야 공화국 선관위 http://www.kalmyk.izbirkom.ru/

코미 공화국 선관위 http://www.komi.izbirkom.ru/

사하(야쿠티야) 공화국 선관위 http://www.yakut.izbirkom.ru/

우드무르티야 공화국 선관위 http://www.udmurt.izbirkom.ru/

알타이 변강주 선관위 http://www.altai_terr.izbirkom.ru/

크라스노야르스크 변강주 선관위 http://iksrf24.ru/

연해주 선관위 http://www.primorsk.izbirkom.ru/

스타브로폴 변강주 선관위 http://stavizbirkom.ru/

아스트라한 주 선관위 http://www.astrakhan.izbirkom.ru/

볼고그라드 주 선관위 http://www.vologod.izbirkom.ru/

볼로그다 주 선관위 http://www.vologod.izbirkom.ru/

보로네주 주 선관위 http://www.voronezh.izbirkom.ru/

이바노보 주 선관위 http://www.ivanovo.izbirkom.ru/

키로프 주 선관위 http://www.kirov.izbirkom.ru/

쿠르간 주 선관위 http://www.kurgan.izbirkom.ru/

쿠르스크 주 선관위 http://www.kursk.izbirkom.ru/

리페츠크 주 선관위 http://www.lipetsk.izbirkom.ru/

무르만스크 주 선관위 http://www.murmansk.izbirkom.ru/

니제고로트 주 선관위 http://www.nnov.izbirkom.ru/

노보시비르스크 주 선관위 http://www.novosibirsk.izbirkom.ru/

오렌부르크 주 선관위 http://www.orenburg.izbirkom.ru/

오룔 주 선관위 http://www.orel.izbirkom.ru/

프스코프 주 선관위 http://www.pskov.izbirkom.ru/

사마라 주 선관위 http://samara.izbirkom.ru/way/940961.html

첼랴빈스크 주 선관위 http://www.chelyabinsk.izbirkom.ru/

튜멘 주 선관위 http://www.tyumen.izbirkom.ru/

상트페테르부르크 선관위 http://www.st-petersburg.izbirkom.ru/

네네츠 자치구선관위 http://www.nenetsk.izbirkom.ru/

3) 지역 차원(지역 의회 선거)

알타이 공화국 선관위 http://www.altai_rep.izbirkom.ru/

카바르디노-발카리야 공화국 선관위 http://www.kabardin-balkar.izbirkom.ru/

카라차예보-체르카시야 공화국 선관위 http://www.karachaev-cherkess.izbirkom.ru/

크림 공화국 선관위 http://www.crimea.izbirkom.ru/

마리엘 공화국 선관위 http://www.mari-el.izbirkom.ru/

타타르스탄 공화국 선관위 http://www.tatarstan.izbirkom.ru/
티바 공화국 선관위 http://www.tyva.izbirkom.ru/
하바롭스크 선관위 http://www.khabarovsk.izbirkom.ru/
브랸스크 주 선관위 http://www.bryansk.izbirkom.ru/
볼고그라드 주 선관위 http://www.volgograd.izbirkom.ru/
툴라 주 선관위 http://www.tula.izbirkom.ru/
모스크바 선관위 http://www.moscow_city.izbirkom.ru/
세바스토폴 선관위 http://www.sevastopol.izbirkom.ru/
네네츠 자치구 선관위 http://www.nenetsk.izbirkom.ru/

3장

1. 국내문헌

권세은 외.『중앙연방지구』. 서울: 경희대학교 출판국, 2006.

김성휘. "러시아의 미래 스콜코보, 실리콘밸리를 꿈꾸다."『러시아지역정보지 Vol.02 –02』, 러시아연구소, 2011.

2. 노어문헌

Стратегия социально-экономического развития ЦФО на период до 2020 годаУтверждена распоряжением Правительства Российской Федерации от 6 сентября 2011 г. No. 1540-р

Стратегия социально-экономического развития Центрального федерального округа на период до 2020 года. Москва, 2010.

3. 1차 자료

Росстат, *Регионы России. Социально-экономические показатели.* Москва: Росстат, 2012.

Росстат, *Регионы России. Социально-экономические показатели.* Москва: Росстат, 2013.

Росстат. *Российский статистический ежегодник.* Москва: Росстат, 2010.

Росстат. *Российский статистический ежегодник.* Москва: Росстат, 2011.

Росстат. *Российский статистический ежегодник.* Москва: Росстат, 2012.

Росстат. *Российский статистический ежегодник.* Москва: Росстат, 2013.

4. 인터넷 자료

http://cfo.gov.ru/acts/president-addresses/3 (검색일: 2015.01.16.).

http://specagro.ru/obzor_novostei_APK_Rossiya_i_mir?apk_news_id=3105&pid=726&pref=140 (검색일: 2015.01.14.).

http://webmvc.com/show/article/show.php?id=88(검색일: 2015.02.16.).

http://ru.wikipedia.org(검색일: 2015.02.16.).

http://www.yandex.ru(검색일: 2015.02.20.).

http://www.gks.ru (검색일: 2015.02.20.).

http://bs-life.ru/rabota/zarplata/srednyaya-zarplata2013.html, (검색일: 2015.02.20.).

http://www.gks.ru/free_doc/new_site/business/invest/in_inv3.htm (검색일: 2015.02.25.).

http://www.grandars.ru/shkola/geografiya/centralnyy-federalnyy-okrug.html (검색일: 2015.02.25.).

http://cfo.gov.ru/cfo/about (검색일: 2015.03.12.).

http://webmvc.com/show/article/show.php?id=88 (검색일: 2015.03.11.).

http://specagro.ru/obzor_novostei_APK_Rossiya_i_mir?apk_news_id=3105&pid=726&pref=140(검색일: 2015.03.12.).

http://www.globalwindow.org/gw/overmarket(검색일: 2014.09.12.).

http://demotivation.me/images/20111028/6rg4em2xflce.jpg(검색일: 2014.09.11.).

http://aviapanorama.su/wp-content/uploads/2011/08/44.pdf (검색일: 2014.08.22.).

http://kolzocm.ugmk.lgg.ru/ru/about/ (검색일: 2014.08.22.).

http://ru.wikipedia.org/wiki/Владимирская область(검색일: 2014.08.22.).

http://www.ccitula.ru/?id=region_economics (검색일: 2014.09.22.).

http://www.tula-forum.ru/tula_region/science/himprom/ (검색일: 2014.08.16.).

http://www.befungin.co.kr(검색일: 2014.11.22.).

http://invest.kaluga.ru/news/546(검색일: 2014.11.22.).

http://old.dcnews.in/news_list.php?code=economy&id=309115 (검색일: 2014.12.20.).

http://invest.kaluga.ru/press/photos/vorsino/page_5/#prettyPhoto (검색일: 2014.12.20.).

http://invest.kaluga.ru/press/photos/vorsino/page_3/(검색일: 2014.11.20.).

http://www.kristallsmolensk.ru/about/kristall_today(검색일: 2014.12.02.).

http://www.eon-russia.ru/RU/Branches/SmolenskayaGRES/SitePages/default.aspx/(검색일: 2014.11.10.).

http://investkostroma.ru/promyshlennost/struktura-promyshlennosti-kostromskoy-oblasti(검색일: 2015.02.20.).

http://rufact.org/media/attachments/wakawaka_wikipage/385/19136539_chernozem_2.JPG(검색일: 2015.02.20.).

http://metalloinvest.com(검색일: 2015.03.10.).

http://adm.rkursk.ru/index.php?id=38(검색일: 2015.03.10.).

http://apk.rkursk.ru/economic.htm (검색일: 2015.03.15.).

http://spb-venchur.ru/regions/20.htm(검색일: 2015.03.18.).

http://www.rosenergoatom.ru (검색일: 2015.03.21.).

http://www.rosatom.ru/wps/wcm/connect/rosenergoatom/kunpp (검색일: 2015.03.12.).

http://www.gubkin31.ru/stati/gubkin.html(검색일: 2015.02.10.).

http://www.derbo.ru/docs/pokazateli-ekonomicheskogo-i-soczialnogo-razvitiya-belgorodskoj-oblasti (검색일: 2015.02.15.).

http://inbitek.ru/part/glavnaya_2/belgorodskaya_oblast_inbitek_tolko_fakty.htm (검색일: 2015.02.15.).

http://www.magput.ru/?id=295&viewprog=5284(검색일: 2015.02.18.).

http://www.ryazanreg.ru/ (검색일: 2015.03.12.).

http://guide.travel.ru/russia/briansk_region/ (검색일: 2015.03.14.).

http://nlmk.com (검색일: 2015.02.15.).

http://www.admlr.lipetsk.ru(검색일: 2015.02.28.).

http://meat-tambov.ru/(검색일: 2015.01.11.).

http://wikimapia.org(검색일: 2015.01.11.).

http://www.invest-tambovregion.ru(검색일: 2015.01.21.).

http://www.tambov.gov.ru/(검색일: 2015.01.22.).

www.orel-region.ru(검색일: 2015.01.30.).

www.i-gorod.com(검색일: 2015.03.11.).

www.rt.com(검색일: 2015.04.11.).

4장

1. 국내문헌

권세은 외. 『중앙연방지구』. 서울: 경희대학교출판국, 2006.

정치학대사전편찬위원회. 『21세기 정치학대사전』. 서울: 아카데미아리서치, 2010.

최우익. "소비에트 시대의 인구변천과 러시아 연방관구별 인구 변화." 『슬라브연구』, 제26권, 2호. 서울: 한국외국어대학교 국제지역연구센터 러시아연구소, 2010.

최우익. "러시아 부정선거 규탄시위지역 주민의 사회·경제적 특성과 중산층 비율." 『러시아연구』, 제22권, 제2호. 서울: 서울대학교 러시아연구소, 2012.

최우익. "러시아 중앙연방관구 주민의 시장개혁기 사회·경제적 변화와 특성." 『동북아문화연구』, 제35집. 부산: 동북아시아문화학회, 2013.

최우익. "러시아 국민 삶의 지역적 변화와 양상: 다양한 지수측정 보고서의 비교 분석." 『러시아연구』, 제24권, 제1호. 서울대학교 러시아연구소, 2014.

최우익. "러시아 국민의 사회·경제적 상황과 삶의 질 변화: 중앙연방관구를 중심으로." 『국제·지역연구』, 제23권 제4호. 서울: 서울대학교 국제학연구소, 2014.

2. 영어문헌

Anielski, M. *The Economics of Happiness: Building Genuine Wealth. Canada:* New Society Publishers, 2007.

Bauer, R. *Social Indicators.* London: Cambridge, 1966.

Stoner-Weiss, Kathryn. *Local heroes: the political economy of Russian regional governance.* Princeton University Press, 2002.

3. 노어문헌

Алексеев, А. И. *География России: Хозяйство и географические районы.* Москва: Дрофа, 2003.

Алексеев, А. И., Николина, В. В. *География: население и хозяйство России.* Москва: Просвещение, 2003.

Глушкова, В. Г., Симагин Ю. А. *Федеральные округа России. Региональная экономика.* Москва: КНОРУС, 2013.

Голубицкая, М. В., Санин, И. И. *Социально-экономическое положение регионов России.* Москва: Сатурн-С, 2001.

Демченко, Т. А. "Тенденции смертности в России 90-х годов." *СОЦИС,* No. 10 (2002).

Зайончковская, Ж. "Миграционный кризис и миграционный взрыв." О. Глезер и П. Поляна, (ред.), *Россия и ее регионы в 20 веке: территория-расселение-миграции.* Москва: ОГИ, 2005.

Зинурова, Р. И. "Особенности репрдуктивного поведения в российских регионах." *СОЦИС*, No. 3 (2005).

Зубаревич, Н. В. *Социальное развитие регионов России: проблемы и тенденции переходного периода.* Москва: ЛИБРОКОМ, 2012.

Информационно-аналитическое агенство Восток России. *Уровень и динамика качества жизни в регионах России: 2006-2012 гг.* Москва, 2012.

Кинг, Л., Стаклер, Д. "Масовая приватизация и рост смертности в посткоммунистических странах." *Мир России,* No. 3 (2007).

Кистанов, В. В., Копылов, Н. В. *Региональная экономика России.* Москва:

Финансы и статистика, 2005.

Климанов, В. В. *Региональное развитие и экономическая самостоятельность субъектов Российской федерации.* Москва: Эдиториал УРСС, 2000.

Климанов, В. В. *Региональные системы и региональныое развитие в России.* Москва: Едиториал УРСС, 2009.

Колеченков, Н. В. "Демографическая катастрофа: основные черты, причины и пути решения." Троицкий, Е. С. (ред.), *Демогафические проблемы России в обстановке кризиса и пути их решения.* Москва: Граница, 2009.

Коротаев, А. В., Халтурина, Д. А. "Российский демографический крест в сравнительном аспекте." *Общественные науки и современность,* No. 3 (2006).

Лексин, В. Н., ШвецовА. Н. *Реформы и регионы: Систенмный анализ процессов реформирования региональной экономики, становления федерализма и местного самоуправления.* Москва: ЛЕНАНД, 2011.

Морозова, Т. Г. *Экономическая география России.* Москва: ЮНИТИ-ДАНА, 2002.

Пациорковский, В. В., Пациорковская, В. В. "Большая семья в демографической ситуации России." *СОЦИС,* No. 3 (2009).

ПРООН, *Доклад о развитии человеческого потенциала в Российской Федерации 2010.* М.: ПРООН в РФ, 2010.

ПРООН, *Доклад о развитии человеческого потенциала в Российской Федерации 2011.* М.: ПРООН в РФ, 2011.

ПРООН, *Доклад о развитии человеческого потенциала в Российской Федерации 2013.* М.: ПРООН в РФ, 2013.

РИА Рейтинг, *Рейтинг регионов РФ по качеству жизни.* Москва, 2013.

Рыбаковский, Л. Л. "Сравнительная оценка демографического неблагополучия регионов России." *СОЦИС,* No. 10 (2008).

Рязанцев, И. П. *Экономическая социология: Региональный аспект.* Москва: Академический Проект, 2005.

Хрущев, А. Т. *Экономическая и социальная география России.* Москва: Дрофа, 2002.

4. 1차 자료

Росстат. *Демографический ежегодник России.* Москва: Росстат, 1999.

Росстат. *Демографический ежегодник России.* Москва: Росстат, 2005.

Росстат. *Демографический ежегодник России.* Москва: Росстат, 2006.

Росстат. *Демографический ежегодник России.* Москва: Росстат, 2007.

Росстат. *Демографический ежегодник России.* Москва: Росстат, 2008.

Росстат. *Демографический ежегодник России.* Москва: Росстат, 2009.

Росстат. *Демографический ежегодник России.* Москва: Росстат, 2010.

Росстат. *Демографический ежегодник России.* Москва: Росстат, 2012.

Росстат. *Демографический ежегодник России.* Москва: Росстат, 2013.

Росстат. *Труд и занятость в России.* Москва: Росстат, 2011.

Росстат. *Труд и занятость в России.* Москва: Росстат, 2013.

Росстат. *Регионы России. Социально-экономические показатели.* Москва: Росстат, 2009.

Росстат, *Регионы России. Социально-экономические показатели.* Москва: Росстат, 2011.

Росстат, *Регионы России. Социально-экономические показатели.* Москва: Росстат, 2012.

Росстат, *Регионы России. Социально-экономические показатели.* Москва: Росстат, 2013.

Росстат. Российский статистический ежегодник. Москва: Росстат, 1999.

Росстат. Российский статистический ежегодник. Москва: Росстат, 2008.

Росстат. Российский статистический ежегодник. Москва: Росстат, 2012.

Росстат. Российский статистический ежегодник. Москва: Росстат, 2013.

Росстат. Россия` 2014: статистический справочник. Москва: Росстат, 2014.

5. 인터넷 자료

http://atlas.socpol.ru/indexes/(검색일: 2014.03.16.).

http://atlas.socpol.ru/indexes/index.shtml(검색일: 2014.03.06.).

http://atlas.socpol.ru/indexes/table_IRCHP.shtml(검색일: 2014.03.16.).

http://en.wikipedia.org/wiki/Quality_of_life_index(검색일: 2014.03.10.).

http://gtmarket.ru/news/2013/06/17/6014(검색일: 2014.03.15.).

http://gtmarket.ru/news/state/2010/10/29/2715(검색일: 2014.03.14.).

http://kostat.go.kr/portal/korea/kor_ki/2/6/index.board(검색일: 2012.02.03.).

http://riarating.ru/infografika/20131217/610601622.html(검색일: 2014.03.15.).

http://ru.wikipedia.org/wiki/ИРЧП субъектов Российской Федерации (검색일: 2014.05.23.).

http://www.protown.ru/information/hide/7927.html(검색일: 2014.03.15.).

Уровень и динамика качества жизни в регионах России 2006~2012 гг. http://www.perspektivy.info/rus/gos/uroven_i_dinamika_kachestva_zhizni_v_regionah_rossii_2006__2012_gg_2014-03-12.htm (검색일: 2014.03.20.).

찾아보기

저자 소개

최우익

모스크바 국립대학교 사회학 박사
한국외국어대학교 러시아연구소 HK교수

최우익 교수는 러시아 모스크바 국립대학교에서 사회학 박사학위를 취득하였고, 현재 한국외국어대학교 러시아연구소 HK교수로 재직 중이다. 주요 저서로는『현대 러시아의 해부』(공저: 동북아역사재단 2014),『북극의 별 네네츠: 툰드라와 순록, 그리고 석유의 땅』(한국외대출판부 2012),『북방의 등대: 러시아 북서연방관구』(공저: 한국외대출판부 2012),『현대 러시아 문화연구』(공저: 한울 2009) 등이 있다.

김선래

세계경제 및 국제관계 연구소 정치학 박사
한국외국어대학교 러시아연구소 HK연구교수

김선래 교수는 러시아 세계경제 및 국제관계연구소(IMEMO)에서 정치학 박사학위를 취득하였고, 현재 한국외국어대학교 러시아연구소 HK연구교수로 재직 중이다. 주요 저서로는『북방의 등대: 러시아 북서연방관구 』(공저: 한국외대출판부 2012),『중국과 러시아의 현재 』(공저: 한울 2011),『푸틴의 러시아 』(공저: 한울 2007) 등이 있다.

김준석

러시아국립학술원 러시아문학연구소 문학 박사
한국외국어대학교 러시아연구소 HK연구교수

김준석 교수는 러시아국립학술원 러시아문학연구소에서 문학 박사학위를 취득하였고, 현재 한국외국어대학교 러시아연구소 HK연구교수로 재직 중이다. 주요 논문으로『M. 조센코의 시학에 나타난 문화 패러다임』(2014),『A. 그린의 단편시학에 나타난 신낭만주의적 구원 연구』(2013),『N. 고골의 전통과 M. 조센코: '양식화'의 계승적 함의를 중심으로』(2013) 등이 있다.

장세호

상트페테르부르크 국립대학교 정치학 박사
한국외국어대학교 러시아연구소 HK연구교수

장세호 교수는 러시아 상트페테르부르크 국립대학교에서 정치학 박사학위를 취득하였고, 현재 한국외국어대학교 러시아연구소 HK연구교수로 재직 중이다. 주요 논문으로는 "2008~2012년 러시아 선거제도 변화 연구: 주요 동인을 중심으로"『슬라브학보』 제29권 3호(2014), "푸틴 3기 내각·대통령행정실 인적 구성의 특징과 함의"『슬라브학보』 제28권 4호(2013), "러시아 지방선거의 운영 메커니즘과 정치적 함의: 2011-2012 사례를 중심으로"『슬라브학보』 제28권 2호(2013) 등이 있다.

황성우

한국외국어대학교 정치학 박사
한국외국어대학교 러시아연구소 HK교수

황성우 교수는 한국외국어대 노어과를 졸업하고 동 대학원에서 정치학 박사학위를 받았다. 현재 한국외국어대 러시아연구소 HK교수로 재직 중이다. "러시아 소볼호 사건의 의미"(논문, 슬라브학보 2013), "소비에트 달력개혁과 일상생활의 변화"(논문, 동유럽발칸학 2012) 및『러시아 인문공간: 자연·인간·사회』(공저: 한국외대출판부 2012),『세계인의 에티켓 문화』(공저: 한국외대출판부, 2008) 등 다수가 있다.

한국외국어대학교 러시아연구소
HK 연구사업단 학술연구총서 16

러시아의 심장부

중앙연방관구

초판 인쇄 2015년 5월 19일
초판 발행 2015년 5월 26일

지은이 최우익 · 김선래 · 김준석 · 장세호 · 황성우
발행인 김인철
발행처 한국외국어대학교 지식출판원
130-791 서울특별시 동대문구 이문로 107
전화 02)2173-2495~7
팩스 02)2173-3363
홈페이지 http://press.hufs.ac.kr
전자우편 press@hufs.ac.kr
출판등록 제6-6호(1969. 4. 30)
디자인 · 편집 디자인퍼브 02)2254-4308
인쇄 · 제본 상지사피앤비 031)955-3636

ISBN 978-89-7464-576-2 94920 정가 18,000원
ISBN 978-89-7464-650-9 (세트)

HUINE은 한국외국어대학교 지식출판원의 어학도서, 사회과학도서, 지역학 도서 Sub Brand이다. 한국외대의 영문명인 HUFS, 현명한 국제전문가 양성(International +Intelligent)의 의미를 담고 있으며, 휴인(携引)의 뜻인 '이끌다, 끌고 나가다'라는 의미처럼 출판계를 이끄는 리더로서, 혁신의 이미지를 담고 있다.